JN296656

笹田栄司・亘理格・菅原郁夫［編］

司法制度の現在と未来

しなやかな紛争解決システムを目指して

信 山 社

司法制度の現在と未来

はじめに

　現在が「制度改革の時代」であることを否定することはできない。戦後改革に匹敵すると言っても過言ではなかろう。司法についてみれば，70年ぶりの民事訴訟法改正（1996年）が行われ，また，昨年，司法制度改革審議会が発足し，制度的インフラ，そして人的インフラの整備・拡充が議論されており，司法改革の機運も一気に高まっている。このような時期に，本書は，司法制度の現状を分析し，その未来を展望しようとする。したがって，冷静な現状認識と解釈論的作業を踏まえてのことではあるが，制度設計もまた本書の関心対象として浮かび上がってこよう。

　ところで，近時，法学においては各研究領域の孤立傾向が薄れ，部分的ではあるが，研究領域の接触とでもいうべき現象が見られる。とりわけ司法は，各研究領域が重なるところであり，本書は，憲法学，行政法学，そして民事訴訟法学（さらに国際私法学）の研究者を執筆者として，司法の現状と問題点を析出し，さらに今後の展望を行おうとする。もちろん，この構成は，編者の人的関係，一冊の本に収めるテーマの数ということもあるが，積極的に言えば，次のような問題意識がある。つまり，行政法は憲法の具体化という側面を持っているから憲法と行政法は言わずもがなとしても，民訴法改正をきっかけとして憲法と民事訴訟法は互いに関心を持ちはじめており，また，行政訴訟と民事訴訟の関係は，行政訴訟は戦後の司法制度改革によって行政裁判所が廃止されたことにより，行政事件訴訟法は民事訴訟法の特例法から出発し，以後その独自の展開を見たのである。このように，三つの法分野の関係性を考え，さらに，国際裁判管轄など，近時，憲法及び民事訴訟法にとって重要な問題を提起している国際私法にも加わっていただいた。

　また，比較的若手の執筆陣に，司法制度の問題点を踏まえて，将来の展望を率直に表明して頂くことも，本書のねらいの一つである。もちろん，そのために意を尽くせない説示等があるかもしれないが，そういった点についても忌憚のないご批判を賜れば幸いである。

はじめに

　この本の効用として，一つのテーマから派生する，あるいは関心が向かうテーマについて，それぞれの専門家が検討を加えている点をあげておきたい。例えば，「裁判へのアクセス」をみると，行政法編の「3」そして「4」が，民事訴訟法編の「2」が扱い，審級についても，憲法編の「3」，行政法編の「11」，そして民事訴訟法編の「10」が関わっている。さらに，憲法編の「12」と行政法編の「9」そして「10」，行政法編の「8」と民事訴訟法編の「9」というように，密接な関係を有するものもある。このように，三領域（あるいは二領域）の論稿を合わせ読むことによって理解が深まり，問題点が浮き彫りにされるのではないだろうか。また，分野を越えた，各項目の結びつきが明らかになるよう，編集のうえからも工夫をこらしている。

　各々の項目は，読者の理解が容易になるよう，「現状分析」，「問題点」，そして「展望」に明確に分けている。「現状分析」及び「問題点」では判例・学説についての客観叙述がなされ，「展望」では各テーマについてこれからの方向性が執筆者によって示される，という構成である。制度設計にまで踏み込むことができたかどうかはいろいろと評価の分かれるところであろうが，そのような問題意識は行間に読みとって頂けるのではなかろうか。

　本書は，憲法学，行政法学，民事訴訟法学，そして国際私法学の研究者の論稿によって構成されている。それだけに，各領域間の連携が重要にならざるをえず，信山社の村岡命衛氏のさまざまなご助力がなければ，本書は日の目を見ることが難しかったように思われる。衷心より，感謝の意を表したい。

　2000年6月20日

編　者　　笹　田　栄　司

亘　理　　　格

菅　原　郁　夫

司法制度の現在と未来

目　次

はしがき

I　憲　法　編

1　解　題 ……………………………………… 笹 田 栄 司　2
2　裁判の公開 ……………………………………… 日野田浩行　6
3　三審制（審級制） ……………………………… 片 山 智 彦　15
4　陪審制・参審制 ………………………………… ジョージ・R・ハラダ　21
5　違憲審査制 ……………………………………… 笹 田 栄 司　29
6　最高裁判所裁判官の国民審査 ………………… 笹 田 栄 司　35
7　最高裁判所と少数意見 ………………………… ジョージ・R・ハラダ　41
8　最高裁判所裁判官の選任 ……………………… ジョージ・R・ハラダ　48
9　判例の変更 ……………………………………… 片 山 智 彦　55
10　違憲判断の方法と違憲判決の効力 …………… 笹 田 栄 司　62
11　行政機関による裁判 …………………………… 日野田浩行　69
12　客観訴訟の限界 ………………………………… 片 山 智 彦　80
13　司法行政 ………………………………………… 日野田浩行　86

II　行政法編

1　解　題 ……………………………………… 亘 理 　 格　96
2　行政訴訟制度の現在と未来 ── 行政訴訟
　　制度史を振り返って …………………………… 亘 理 　 格　101
3　行政訴訟へのアクセス(1) ── 原告適格 …… 神 橋 一 彦　111
4　行政訴訟へのアクセス(2) ── 処分性 ……… 亘 理 　 格　120

v

目次

5	実効的権利救済(1)——仮の権利保護 …………大貫裕之	127
6	実効的権利救済(2)——高度の専門技術的争点に関する審理のあり方 ……井坂正宏	135
7	訴訟形式(1)——抗告訴訟の訴訟形式 ………神橋一彦	143
8	訴訟形式(2)——抗告訴訟とそれ以外の訴訟形式との選択問題 ………大貫裕之	152
9	住民訴訟 …………………………………井坂正宏	161
10	「機関」訴訟 ……………………………大貫裕之	170
11	司法国家制と行政訴訟制度改革 …………亘理格	178

III 民事訴訟法編

1	解題 ………………………………………菅原郁夫	188
2	民事訴訟へのアクセス——訴訟にかかる費用の問題を中心に ……菅原郁夫	194
3	非訟事件手続の手続保障 …………………松村和德	201
4	ADR——裁判外紛争解決制度 ……………菅原郁夫	209
5	集中審理 …………………………………勅使川原和彦	218
6	訴訟における情報の収集——文書提出命令・当事者照会を中心に ………西川佳代	227
7	訴訟上の和解 ……………………………勅使川原和彦	235
8	現代型訴訟 ………………………………西川佳代	243
9	多数当事者訴訟 …………………………松村和德	250
10	上告制限 …………………………………勅使川原和彦	258
11	少額訴訟 …………………………………松村和德	268
12	民事執行とその実態 ……………………西川佳代	276
13	国際裁判管轄と裁判を受ける権利 ………元永和彦	284
14	外国法の適用と憲法 ……………………元永和彦	290
15	法曹人口 …………………………………菅原郁夫	296

索引 巻末

I 憲法編

1 解題　笹田栄司
2 裁判の公開　日野田浩行
3 三審制（審級制）　片山智彦
4 陪審制・参審制　ジョージ・R・ハラダ
5 違憲審査制　笹田栄司
6 最高裁判所裁判官の国民審査　笹田栄司
7 最高裁判所と少数意見　ジョージ・R・ハラダ
8 最高裁判所裁判官の選任　ジョージ・R・ハラダ
9 判例の変更　片山智彦
10 違憲判断の方法と違憲判決の効力　笹田栄司
11 行政機関による裁判　日野田浩行
12 客観訴訟の限界　片山智彦
13 司法行政　日野田浩行

1 解題

[笹田栄司]

1 「Ⅰ　憲法編」で取りあげている項目は，憲法が関係するもののなかでも司法の"これから"に深く関わっている。そのため，近時の司法改革論議を含めて，実際に注目を集めているものが多く含まれている。

　周知のことであるが，わが国の司法制度は，憲法が制定されて50年余りの間，1996年の民事訴訟法の改正を除けば，大きな変化はない。「変わらないもの」の象徴としては最高裁判所がその最たるものであろう。最高裁判所発足当時は，裁判官就任時の年齢は50歳代が過半数を占めていたが，現在は，60歳代後半が主体となっているし，人的構成も裁判官出身が増え，実務的なものとなっている。制度改革ではなく，人的構成で最高裁判所の任務増大に対処しているといえる。このような例は最高裁判所に限らないが，はたして司法は今後も同様の手法で課せられた任務を果たしうるのかについては，疑問がある。司法の制度的・人的インフラの整備・拡充を目指す司法制度改革審議会の設置は，このような司法の従来型手法の変更を意図するものであろう。

　Ⅰで取りあげる項目は，上にも簡単に触れた現在の司法制度の現状に鑑み，憲法学の観点から議論すべき点の多いものを選んでいる。その内容は，(1)裁判制度の枠組み，(2)最高裁判所裁判官，(3)憲法判例，(4)司法の守備範囲，という柱からなる。もっとも，(2)も「裁判制度の枠組み」と言うことができるが，そこでは，最高裁判所裁判官に焦点を合わせて論じようとする。

2 (1)のテーマについては，「2　裁判の公開」，「3　三審制（審級制）」，「4　陪審制・三審制」，「5　違憲審査制」，そして「13　司法行政」が関わる。

「2」は，例えば，訴訟を提起して営業の秘密を守ろうとする当事者は，侵害の対象である営業秘密を主張・立証する必要があるが，一方で憲法82条

2項によって裁判が公開されることから，この場合，訴訟そのものが意味をなくしてしまうのではないか，という問題を提起する。「2」は今回の民事訴訟法の改正に際し検討の対象となり，訴訟記録の閲覧制限（民訴法92条）等が導入されたが，非公開審理は導入されていない。継続して憲法論的及び立法論的検討がされねばならないテーマである。なお，「2」は非訟事件についても論究しており，民事訴訟法編「3」と合わせて読んで頂きたい。
　「3」も今回民事訴訟法改正において検討がなされたテーマである。ここでは，上訴の憲法的基礎づけに関し，「裁判所による権利侵害と権利保護」という視点から，裁判所による権利侵害に対しても憲法32条を根拠に，上訴などの他の裁判所に対する不服申立てによって，その救済を求めることができることが主張されている。また，今回の上告制限の導入についても憲法的観点から検討を加えており，民事訴訟法編「10」と合わせ読むことにより，その全体像がつかめるのではないかと思う。
　「4」は，今回の司法制度改革審議会の主要な検討対象となっており，近時，注目を集めているテーマといってよい。陪審・参審制については，通説がその本来の意味の導入については憲法上疑義があるとしていることから，まずは憲法上の議論を乗り越えることが必要であり，さらに，その後，陪審・参審の導入による現行訴訟手続の変更が検討されねばならない。「4」は，後者について比較法的検討を加えているが，アメリカにおける「科学的陪審員選任手続」を素材にして，それが伝統な意味での陪審裁判といえないことを指摘する。陪審・参審の導入には，訴訟制度の在りよう，さらにその国の司法文化との接合が重要である，という視点が浮かびあがってくるであろう。
　「5」は，現在の違憲審査制の問題点を指摘し，その解決のためには，憲法裁判所の導入ではなく，最高裁判所の機構改革を行うべきとする。その際，最高裁判所の有する上告審機能と違憲審査機能の切り離しがポイントとなる。即ち，上告審の役割の軽減を図るため，その大部分を最高裁判所とは別の裁判所に担わせ，また，最高裁判所は9名に減員したうえで全員が一つの合議体を形成し，違憲審査及び判例変更について判断するとともに，これまで最高裁判所の判断が示されていない新しい法律問題も管轄する，というものである。このテーマは，憲法編の「3」「6」「7」「8」「11」「12」，そして民事訴訟編「10」とも関わる。

I 憲法編

　司法改革が現在の主要な課題であることは明らかであるが，それをいったい誰が担うのかについていろいろな見解があろう。そして，その担い手として下級裁判所裁判官に光をあてることも十分可能と思われる。もっとも，その主体的活動の前提として，彼らに直接・間接に関わるコントロール，換言すれば，「13　司法行政」に検討を加える必要がある。ここでは，「司法行政も『行政』の一種であり，そこには行政の一体性の原則が働くとの前提」を疑問とし，「司法権の概念と本質的に結びついた裁判官の職権行使の独立性を基礎とした法制度の構築」が主張されている。行政と司法作用の差異に着目し，司法はデュー・プロセスを機軸とした法の支配の原理によって基礎づけられ，従って裁判に直接携わる裁判官を中核とし，（司法行政の外延に位置する）最高裁判所による規則制定および監督は，適正手続条項や平等原則からする必要最小限の規制に限定されるとする。

　3　「最高裁判所裁判官」は，司法制度全体そして違憲審査制の活性化を考えるうえで重要な意味を持つことは明らかである。「6」は，「国民審査」が，裁判官の政治問題・社会問題に対するアプローチの仕方が民意と決定的にずれていないかの判断に関わる「本来的機能」とともに，裁判官自身が自らの判決に対する国民の評価を受けとめ，セルフコントロールのための一つの資料とする意味での「派生的機能」が存在することを指摘し，国民審査の改善は後者に影響する可能性があることを指摘する。

　また，「7」は，最高裁判所裁判官の少数意見を，多数意見をより納得できる意見とするために求められ，「より実り多い未来への種をまく」ための手段と評したうえで，少数意見活性化のための方策として，調査官制度の見直し，そして，アミカス・キュウリィ（裁判所の友）の導入を提案する。

　「最高裁裁判官の選出」問題は，違憲審査制の活性化を考えるうえで欠くことのできないものであろう。「8」は，「政治的」と指摘されるアメリカにおける裁判官選任制度の検討を踏まえて，「手続が透明であるからこそ，裁判官の選考に政党や多くの利益団体が関心・利害をもち，それに絡んでくる」と指摘する。もっとも，秘密裏にことが運ぶよりも，手続を透明にしたうえで，さまざまなファクターを明らかにするほうが適切という見方もある。「8」は，アメリカの事例を引きながら，かりに最高裁判所裁判官選出のための諮問委員会を作るとすれば，委員会の構成や委員会の選任制度について慎重に検討すべきとしたうえで，国民審査制度を「最高裁判所裁判官の選

任」に関連づけることを指摘する。

4　ところで,最高裁判所による違憲審査権の行使は,本来的には大変なインパクトを持つものである。そのことは,わが国の最高裁判所のモデルと言ってよいアメリカ連邦最高裁判所が,1929年に始まる「大恐慌」対策のために制定されたニュー・ディール立法を次々に違憲と断じ,大統領そして議会と厳しく対立するに至った,という歴史的事実からも明らかである。

このような状況の出現はわが国においても潜在的には可能であるが,現状はそういう気配さえない。とはいっても,最高裁判所による憲法判例の形成は決して低く評価すべきものではなく,派手な舞台こそつとめていないが,実際には多くの場面で重要な役割を演じているのである。「9」は,最高裁判例の持つ下級裁判所に対する拘束力の大きさを前提にして,それを「法的」なものとみなすか,あるいは「事実的」なものとみるかについて,さらに,憲法判例変更の要件について論じ,「10」は,違憲判決の効力を,既判力などとは異なる違憲審査制に由来するものと考えたうえで,将来無効判決,違憲確認判決,そして違憲確認判決について検討を加えている。

5　(4)の司法の守備範囲は,行政法編の「9　住民訴訟」,「10　『機関』訴訟」,そして民事訴訟法編の「4　ADR―裁判外紛争解決制度」とも関係するが,憲法学の立場からは,司法権の本質論との関係で議論される余地がある。つまり,「具体的紛争の当事者がそれぞれ自己の権利義務をめぐって理をつくして真剣に争うことを前提に,公平な第三者たる裁判所がそれに依拠して行う法原理的な決定に当事者が拘束される構造」(佐藤幸治『現代国家と司法権』)と司法権の本質を解するならば,客観訴訟の導入には限界があるとの議論がでてくるからである。「12」はまさにこの問題に関わる。そして,そこで指摘されているように,客観訴訟の拡大が当然に違憲審査権の拡大をもたらすとすれば,客観訴訟における違憲審査の憲法上の限界も議論されねばならない。このテーマについては,行政法編「9」が直接関わる。

また,内閣に付与された行政権(憲法65条)の侵害という観点から議論されることもある「11　行政機関による裁判」も,司法の守備範囲に関係する。このテーマは,「12」とは逆の視点から検討を加えるものであるが,行政改革および司法制度改革との関連を視野に入れつつ,行政審判手続と司法手続との機能・役割分担をどう図るかについて検討を加えている。

2　裁判の公開

［日野田浩行］

I　現状分析

　口頭主義，直接主義，公開主義，および自由心証主義は，相互に密接に関連した近代司法の諸原則といわれるが，日本国憲法は，裁判所の活動のあり方に関する規定として，82条1項において「裁判の対審及び判決は，公開法廷でこれを行ふ」と規定し，公開裁判の原則を定めている。しかし，「対審」については，同条2項において，公開の例外と，さらにはその例外があてはまらない絶対公開が必要とされる場合について，次のように規定されている。「裁判所が，裁判官の全員一致で，公の秩序又は善良の風俗を害する虞があると決した場合には，対審は，公開しないでこれを行ふことができる。但し，政治犯罪，出版に関する犯罪又はこの憲法第三章で保障する国民の権利が問題となつてゐる事件の対審は，常にこれを公開しなければならない」。公開裁判の要求は，刑事被告人の裁判を受ける権利について定めた37条1項でもなされているが，これは82条の定める公開原則を，刑事裁判における被告人の権利の観点から規定したものと解されている。したがって，37条1項の要求する公開の範囲も，対審と判決の言渡しに限定され，82条2項に定める公開の制限は37条にも適用されると考えられているが，37条と82条の保障の趣旨の違いから，微妙な違いが生ずる可能性も示唆されている（野中ほか『憲法I〔新版〕』（有斐閣，1997年）397頁）。

　82条1項にいう「対審」とは，訴訟で対立する当事者が裁判官の面前で，口頭で，互いにそれぞれの主張を述べることをいい，民事訴訟における「口頭弁論」（証拠調べをも含む意味に解されるべきであろう），刑事訴訟における「公判手続」がこれにあたる（したがって，例えば公判の準備手続は「対審」

にあたらない（最大決昭23・11・8刑集21巻2号1498頁））とされる。そして「判決」とは，裁判所が対審に基づいて，民事訴訟及び行政訴訟においては原告，刑事訴訟においては検察官の申立てに対して判断し，それを言い渡すことをいう。こうした「対審」と「判決」が訴訟手続の核心的段階であり，本条は，この核心部分が公開されるべきであることを要求するものであると理解されているのである。但し，審級制の下では，対審とその公開は，全審級のいずれかの段階で保障されていれば足りると解されている。また，「公開」とは，いわゆる当事者公開ではなく，憲法57条1項に定められた国会両議院本会議の公開の要求と同じく，一般公開の意味であり，具体的には国民一般の傍聴の自由を意味する（以上，佐藤功『ポケット註釈全書・憲法（下）〔新版〕』（有斐閣，1984年）1069-79頁参照）。さらに，裁判の公開は，裁判についての報道の自由をも含むものと解されている（樋口陽一ほか『註釈日本国憲法（下巻）』（青林書院，1988年）1291頁〔浦部法穂執筆〕）。

2　裁判公開の原則は，裁判を民衆の直接の監視のもとにおくことによって，裁判の公正さと裁判への信頼を確保するために重要な意義をもつと一般にいわれる（伊藤正己『憲法〔第三版〕』（弘文堂，1995年）572頁）が，これを憲法原理との関係で，民主主義的意義，法治国的意義としてとらえたうえで，国民全体の正当な関心事に属する事件については，裁判の公開に，国民全体にとっての「適正手続」としての意義を認め，法治国的意義の拡大解釈を図る見解もある（棟居快行『憲法講義案Ⅰ〔第二版〕』（信山社，1995年）159頁以下）。

前述のとおり，裁判の公開は，まずは国民一般が裁判を傍聴する自由を意味するが，法廷の施設・設備の物理的制約から傍聴人の人数を制限することは，もとよりさしつかえない。さらに，傍聴人の法廷内での行為に関しては，公正な裁判の実現という目的に必要な範囲で，傍聴の自由も制約を受ける。例えば，法廷で裁判官の職務の執行を妨げる者に対する退廷命令や，裁判長が法廷の秩序維持のために必要な命令・処置をとることは，上記目的との関連で必要である限り82条1項違反とはならない（公判廷における写真撮影に関する最大決昭33・2・17刑集12巻2号253頁）が，傍聴人の行為を不当に制約する措置がなされた場合，これを憲法上の権利・自由の侵害であるとして争うことができるであろうか。この点，メモ行為を禁止する傍聴人規則の合憲性が争われた事案において，最高裁は，82条1項が裁判の公開を制度とし

I　憲法編

て保障したものであるとの理解の下に，傍聴人に対して法廷においてメモを取ることを権利として保障するものではないとの判断を示している（最大判平元・3・8民集43巻2号89頁）。しかし学説においては，知る権利の保障規定となる憲法21条と82条をかけあわせることによって（奥平康弘『なぜ「表現の自由」か』（東京大学出版会，1988年）265頁），あるいは憲法82条を抽象的権利たる「知る権利」を具体的権利化する規定ととらえることによって（佐藤幸治『憲法〔第三版〕』（青林書院，1995年）536頁），国民が裁判を傍聴し取材する活動を憲法上の権利としてとらえ，裁判所がその活動を制限するについては，必要最小限の規制手段が妥当するとの見解が有力である。

　傍聴の自由は，当然に裁判書以外の訴訟記録の閲覧の権利まで包含するものではない。前者は，なおこれを消極的な自由権として構成することができるが，後者は積極的請求権といわざるをえないため，憲法上，訴訟記録の閲覧権が保障されているか否かが問題となる。最高裁は，刑事確定訴訟記録の閲覧に関してこれを否定した（最判平2・2・16判時1340号145頁）が，学説においては，「裁判の公開の要求は，訴訟記録の公開の要求を当然に内包しているもの」（松井茂記『裁判を受ける権利』（日本評論社，1993年）306頁）との見解も示されている。その場合，刑事訴訟法53条及び刑事確定訴訟記録法，並びに民事訴訟法92条における閲覧制限の正当性が，憲法の観点から問い直されなければならなくなる。

　　※　本条にいう「裁判の対審及び判決」という文言は，明治憲法59条のそれをそのまま引き継いだものであるが，ここでいう「裁判」とは何かが，従来，いわゆる非訟事件の非公開との関係で争われてきた。この点，判例は，「性質上純然たる訴訟事件につき，当事者の意思いかんに拘らず終局的に，事実を確定し当事者の主張する権利義務の存否を確定するような裁判」については，公開の法廷における対審及び判決によってなされることが，憲法82条のみならず，同32条によって要求されている（最大決昭35・7・6民集14巻9号1657頁）とする一方で，例えば家事審判法の定める夫婦の同居義務に関する審判は，実体的権利義務自体の確定ではなく，その存在を前提として，同居の時期・場所・態様等につき具体的内容を定める趣旨だと解し（最大決昭40・6・30民集19巻4号1089頁），あるいは非訟事件手続法による過料の裁判に関して，民事上の秩序罰としての過料を科する作用は，その実質において一種の行政処分としての性質を有するから，純然たる訴訟事件としての刑

事制裁を科する作用とは異なるとの理由で(最大決昭41・12・27民集20巻10号2279頁)、これらの手続の非公開を82条・32条違反ではないとしている。なお刑事裁判については、憲法82条は、「刑罰権の存否ならびに範囲を定める手続について、公開の法廷における対審および判決によるべき旨を定めたもの」であり、したがって再審を開始するか否かを定める手続はこれに含まれないとされる(最大判昭42・7・5刑集21巻6号764頁)。近時、少年法22条2項の定める少年審判手続の非公開の合憲性が問題とされているが(参照、松井茂記「少年事件と報道の自由」民商法雑誌120巻2号(1999年)220頁以下)、少年法にいう保護処分は上記判例にいう刑罰ではないと解されている(参照、笹田栄司「青少年保護」法学教室236号(2000年)35頁)。

　他方、学説の多くは判例のこのような訴訟・非訟峻別論に対して批判的であり、現代社会における訴訟の非訟化という現象の増加という状況の下で、32条の「裁判」には非訟事件の裁判も含まれるという前提の下に、「82条の公開・対審の原則を指導原理として、それぞれの事件の性質・内容に相応した適正な手続の保障」がなされなければならない(芦部信喜『憲法〔新版・補訂版〕』(岩波書店、1999年)231-2、301頁)との主張がなされる。

II 問題点

　1　裁判公開の原則に関しては、今日、次の二つの方向から様々な問題点が指摘されている。すなわち、口頭弁論の形骸化をはじめとして、とりわけ民事訴訟の実態が公開裁判の憲法上の理念にそうものとはなっていないことが指摘される一方で、情報化が進んだ現代社会において、公開裁判の要求を厳格に貫こうとする場合に、逆に無視しえない問題が生じることが指摘されるのである(佐藤幸治「公開裁判原則と現代社会」佐藤幸治ほか『ファンダメンタル憲法』(有斐閣、1994年)26頁)。とりわけ後者に関しては、特に次の問題をめぐって議論がなされてきた。すなわち、①地方公共団体の情報公開条例に基づく住民の情報開示請求に対して不開示決定がなされ、それを争う訴訟が提起された場合の非公開審理の可能性、②個人のプライヴァシー権や営業秘密の侵害を理由に差止請求訴訟が提起される場合の非公開審理の可能性についてである。例えば①については、裁判官が公開請求の対象となった公文書に直接目を通すことなく、推認の手法によって処分権者の主張を受け

Ⅰ　憲法編

入れて不開示決定の取消請求を退ける場合，公正な裁判がなされたとはいえないとして，裁判官限りでの当該文書の検討の制度化（いわゆるインカメラ審理）の主張がなされる（戸松秀典「裁判の公開と非公開文書の裁判」堀部政男編『情報公開・個人情報保護』（ジュリ増刊号，1994年）49頁以下）。また②については，公開法廷における審理過程の中で営業秘密等の侵害を具体的に立証することにより，相手方当事者のみならず第三者に対しても当該秘密利益が失われることをおそれた当事者が出訴をためらうような事態は，憲法32条の裁判を受ける権利が制度的に確保されていないことを意味するが，こうした問題点を克服するための秘密保護手続としては，非公開審理が不可欠となるとの主張がなされたのである（伊藤眞「営業秘密の保護と審理の公開原則（上）（下）」ジュリ1030号78頁以下，1031号77頁以下参照）。

　②　憲法82条の公開裁判の原則との関係で，こうした問題を克服するためのなんらかの非公開手続の導入を合憲とする学説としては，現在主として次の三つの見解が有力である。

　Ａ　公序説　　権利や法律上の利益を保護することは，憲法82条2項本文にいう公序良俗の中に含まれるとし，例えば営業秘密を憲法29条の財産権としてとらえたうえで，この財産権という憲法上の基本的人権を，公開原則を排除する根拠たる公序の内容とするもの（伊藤眞・前掲論文及び同「民事訴訟における秘密保護」後掲160頁）。

　Ｂ　例示説　　82条2項の「公序良俗」を例示的列挙と解したうえで，「民事裁判については，刑事裁判について特に憲法37条1項があることとの対比において，憲法13条も加味しつつ，厳密には『公の秩序又は善良の風俗』に該当しない場合であっても公開制限が可能な場合がありうる」とするもの（佐藤幸治『現代国家と司法権』（有斐閣，1988年）432頁，同・前掲論文319頁以下）。特に情報公開訴訟において，インカメラ審理と，いわゆるVaughn Index の組合せの可能性が示唆される。

　Ｃ　「非公開審理を求める権利」説　　憲法32条の「裁判を受ける権利」を，非刑事手続におけるデュー・プロセスを保障したものと解し，その一要素としての実効的な救済を求める権利を内包するものととらえたうえで，プライヴァシーや営業秘密の侵害の場合のように，公開審理によって実効的救済が妨げられる場合には，原告は，裁判を受ける権利の内容として，非公開審理を求める権利を有すると解するもの（松井茂記『裁判を受ける権利』（日

本評論社，1993年）253頁以下）。この場合，こうした非公開審理を求める権利については，あくまで32条の問題として，82条2項とは別の枠組みで考えるべき問題であるとされ，したがって裁判官の全員一致も必要ないとされる。

III 展望

1　こうした学説の状況の中で，1998年1月より施行された新民事訴訟法，および1999年5月に成立した国の情報公開法は，訴訟段階での非公開審理の導入には踏み切らなかったものの，いずれも上記の問題を意識した一定の制度を導入している。すなわち，前者については，訴訟記録閲覧等の制限制度（92条1項）や，文書提出命令における提出義務の例外（230条4号）といったものの他，新たに整備された争点整理手続も当事者の秘密保護のために一定の機能を果たすことが可能であろう（ただし，争点整理手続が憲法82条にいう「対審」にあたらないとは単純にいえないことを指摘するものとして，長谷部由起子『変革の中の民事裁判』（東京大学出版会，1999年）136-7頁）。また，後者については，開示決定等に対する不服申立てがなされた際の情報公開審査会の手続に，インカメラ審理及び Vaughn Index 方式が採用され（27条），審査会の調査の過程で得られた資料を訴訟段階で活用する手法等による現行制度の合理化の必要性が説かれている（岩崎健定「情報公開法18条～36条」ジュリ1156号73頁）。

2　しかし，これらの制度をもってしても，上記の秘密保護等の必要性はなお残るとの見方も十分ありうる。したがって，非公開審理導入の可能性についての憲法論的・立法論的検討は，なお引き続きなされなければならないであろう。

(1) 情報公開訴訟については，公開請求をなす者の知る権利の保障と並んで，行政庁が公開法廷において立証責任を十分なしえないことから不開示決定を取り消された場合の個人情報や法人情報，あるいは第三者情報の秘密保護の問題も重要であると思われる。その際，インカメラ審理の導入については，一般非公開（当事者公開）の方式に比べて，相手方の手続的権利保障の観点からより慎重に検討されなければなるまい。

(2) 非公開審理の導入を合憲とする上記三つの学説のうち，C説については，①営業秘密にもとづく差止請求権等の有無は，本案判決によって初めて

I 憲法編

確定されるのに，当初から原告が非公開審理を求める権利を有するというのは不自然であり，また②憲法82条が非公開を一定の場合に限定しているのに，それとは別に32条にもとづいて非公開審理を求める権利が存在するのは，条文の解釈としては無理があるといった批判がなされる（伊藤眞・前掲ジュリスト1031号79頁）。さらに，実効的救済を求める権利にいう「実効的」とは，そこで問題となっている基本権の実現・確保のレベルを意味するとして，実効的救済を求める権利を手続的デュー・プロセスの権利の一要素として組み込むことに疑問を呈する見解も示されている（笹田栄司「裁判の公開」後掲書240-41頁）。

また裁判の公開を「目的に対する手段」と割り切って考えるB説にも問題があるように思われる。この点で，裁判の公開の固有の価値を，裁判という重要な公共の関心事についての個人の自律的判断を可能にすることに求める見解が注目される（長谷部・前掲書133頁以下）。他方でA説に対しては，82条2項本文にいう「公序良俗」とは，必ずしも民法90条のそれと重なるわけではなく，むしろ明治憲法59条にいう「安寧秩序又ハ風俗ヲ害スルノ虞アルトキ」に相当するもので，公衆を直接に騒擾その他の犯罪の実行をあおるなど，公共の安全を害するおそれのある場合，猥褻その他の理由で人心に悪い影響を及ぼす場合が想定されているとの批判がとりわけB説からなされている。

こうした状況の中で，例示説的理解に立ちつつ，「営業の秘密を差止請求権を内包する権利としての財産権と構成し，その訴訟での実現を裁判を受ける権利が非公開審理という形で保障するという枠組み」（笹田・後掲書241頁）を提示する見解が注目に値する。この見解は，C説とは異なり，憲法32条が実現・確保しようとする法益のレベルを問題とし，非公開の要件として「侵害利益の重大性」および「著しく回復困難な損害」の2点を示唆する（笹田栄司『裁判制度』（信山社，1997年）127頁以下，134頁以下）。非公開審理の許容性を「公序を害する虞」と比較しうるケースに限定するという意味においてはA説に近いが，財産権が公序と結びつけられることはないのが，A説とは異なる点である。ただ，裁判の公開の意義を，すでに述べたように，統治過程の一部である裁判過程の状況を市民が知り議論するというコミュニケーション過程の文脈においても認めなければならない（参照，奥平康弘『なぜ「表現の自由」か』（東京大学出版会，1988年）256頁以下）としたら，憲

法上価値衡量がすでになされている82条2項但書の絶対公開の場合を指針として、秘密保護の重要性と並んで、当該事件における公開の必要性・可能性も考慮されるべき要素として挙げられるべきであろう。

3　訴訟・非訟をめぐる議論も、判例がなおこの基本的枠組みを維持している以上、引き続き議論がなされていく必要があるだろう。この点については、そもそも非訟事件の本質が行政処分であるというのなら、そして行政概念について控除説の立場をとるなら、何故にこれを裁判所の権限に取り込みうるのか、という疑問も提示されている（安念潤司「司法権の概念」前掲『憲法の争点〔第三版〕』225頁）。先のB説の論者が主張するように、82条の公開裁判の原則の意味は、「司法権」とは何かを問うなかで考えられねばならないというべきであるが、この点、従来の司法権概念が司法作用の及ぶ事項的対象に着目して組み立てられていたのに対して、その手続構造に着目して、司法権の新たな形式的概念を主張する見解が注目される（高橋和之「司法の観念」樋口陽一編『講座憲法学6』（日本評論社、1995年）13頁以下）。例えば、非訟事件手続において過料に処すること自体は一種の行政処分であるから公開の対審を必要としないとしても、これに対する不服申立手続においては、公開の対審が必要となるのではないかとの議論（前掲最大決昭41・12・27における入江裁判官の反対意見参照）は、非公開での決定手続に対する抗告審を、司法権の作用と構成する意味を持つものととらえることができるであろう（同様に、裁判官の分限裁判手続が問題となった最大決平10・7・24民集52巻9号1761頁における尾崎裁判官の反対意見参照。本決定に関して、君塚正臣「裁判官の政治的表現と分限裁判」法学教室234号別冊付録『裁判セレクト'99』（2000年）11頁四のコメントを参照）。そうでなければ、そして即時抗告という不服申立手続以外に裁判所の決定に対して別に抗告訴訟を提起できるのでなければ、「行政」処分の違法性を公開・対審構造の判決手続で主張し裁判を受ける途が閉ざされてしまうことになるが、このような事態は、本当に憲法32条及び82条の許すところなのだろうか（新堂幸司「非訟事件手続法による過料の裁判の合憲性」芦部信喜＝高橋和之編『憲法判例百選〔第3版〕』273頁）。

I 憲法編

◇ **参考文献**

営業秘密の非公開審理の可能性については，笹田栄司「裁判の公開」高橋和之・大石眞編『憲法の争点〔第3版〕』(ジュリ増刊号，1999年) 240-41頁，および伊藤眞「民事訴訟における秘密保護」青山善充・伊藤眞編『民事訴訟法の争点〔第3版〕』(ジュリ増刊号，1998年) 160頁によって，問題点の概要をつかむことができる。また，情報公開訴訟との関係では，佐藤幸治『現代国家と司法権』(有斐閣，1988年) 第5章が詳しいが，近時の学説の整理としては，常本照樹「情報公開法と司法審査」ジュリ1107号 (1997年) 57頁が参考になろう。

なお，民事訴訟法「3」及び「6」も参照のこと。

3 三審制（審級制）

［片山智彦］

I 現状分析

1 裁判所を複数の階層に分け、それぞれの階層に属する裁判所が、具体的事件に関して段階的に審理を行う制度を審級制というが、この審級制に関して、日本の裁判所制度の下では、いわゆる三審制が採用されている。すなわち、地裁の判決に対して高裁への控訴を、高裁の判決に対しては最高裁への上告を許すというように、民事事件、刑事事件のいずれについても、原則として、2回の不服申立てを許すのが日本の審級制の基本型となっているのである。

この制度の下で、とりわけ、民事事件については上訴が極めて広範に許され、日本の民事上訴制度は、上訴制限のほとんどない「円筒型的上訴制度」と評されてもいる（三ヶ月章「上訴制度の目的」同『民事訴訟法研究第8巻』（有斐閣、1981年）115頁以下）。こうした状況の下で、特に民事事件に関しては、従来から上訴制限の必要性が指摘されてきた。そして、周知のように、平成10年施行の新民事訴訟法において、最高裁への権利としての上告が、憲法違反と重大な手続違反に限定されるという形で（民訴法312条）、一定程度の上訴制限がなされることになったのである。また、同時に導入された最高裁への許可抗告制度（民訴法337条）も、上訴制限としての一面を持つものである。

2 日本国憲法は、審級制、上訴制度に関しては、明文規定としては、81条をおいているのみである。この点について、最高裁は、昭和23年3月10日の大法廷判決において、事実誤認や量刑不当を上告理由から除外する、日本国憲法施行に伴う刑事訴訟法の応急的措置に関する法律13条2項の合憲性に

I 憲法編

関して，「……憲法は審級制度を如何にすべきかに付いては第81条において『最高裁判所は，一切の法律，命令，規則又は処分が憲法に適合するかしないかを決定する権限を有する終審裁判所である』旨を定めて居る以外何等規定する処がないから此の点以外の審級制度は立法を以て適宜に之を定むべきものである」と判示している（刑集 2 巻 4 号175頁）。こうした，憲法から何らかの上訴の保障を導くことに極めて消極的な最高裁の判例は今日では確定したものと理解されている。

学説においても，通説は，最高裁の判例と同様の立場に立っている。その代表的な学説によれば，「憲法32条の保障も，審級制度につき法律が憲法81条の範囲内で定めることを予想している以上，そういう制約を内含したものとして『裁判を受ける権利』も保障されているにとどまる」とされているのである（三ヶ月章『判例民事訴訟法』（弘文堂，1974年）20頁）。

ただし，このような議論状況の中でも，裁判を受ける権利が三審制を含む近代法治国家の裁判制度を前提としていると解されること，紛争の正しい解決のために審級制が必要であること，さらに憲法76条 1 項などを根拠に，審級制の保障が憲法上の要請であるとする学説（石川明「審級制と裁判を受ける権利」同『民事法の諸問題』（一粒社，1987年）428頁以下）が見られたことは注目すべきであるが，一般に憲法と上訴制度の関係についての議論は極めて少なかったといえる。

しかし，新民事訴訟法における上訴制限は，こうした学説の状況を徐々に変えつつある。裁判を受ける権利の観点から，上訴制度のあり方を議論する学説が次第に増加しつつあるのである。もっとも，こうした傾向は，単に，民事事件について新たに上訴制限がなされたということだけによるわけではない。最高裁への上訴制限が憲法の視点から論じられることが多くなりつつあることの背景には，公正な手続を求める権利や実効的権利保護請求権の提唱など裁判を受ける権利に関する議論が，過日とは比較にならないほど豊かなものになっているという事情もある。

II 問題点

最近憲法学で特に問題とされているのは，民事事件において新たに導入された，最高裁への上告の制限である。新民事訴訟法においては，312条に

よって，権利としての上告は，憲法違反または重大な手続違反を理由とする場合に限定され，それ以外の場合には，判例違反その他の「法令の解釈に関する重要な事項を含む」事件について，上告受理の申立があれば，最高裁は上告審として事件を受理することができるとされることになった（民訴法318条）。

では，この制度は，最高裁へ上告する憲法上の権利を侵害するものと解すべきであろうか。この問題を解決するためには，まず，憲法が上訴を保障しているか否かという問題について考察する必要がある。この点，憲法が，81条において，憲法違反を理由とする場合には，常に最高裁への不服申立ての機会を保障していることは，一般に承認されているところである。もっとも，そうした最高裁への不服申立てが「権利」として保障されているか否かは必ずしも明確ではない。いずれにせよ，現在議論の対象とされるべきは，憲法違反を理由としない場合についても，憲法上，上訴が保障されているのかという点である。

憲法と上訴制度の関係を論じる場合にまず念頭に置かれているのは，いうまでもなく，憲法32条の裁判を受ける権利である。もちろん，裁判を受ける権利から上訴の保障を導く学説には，いくつかのバリエーションがある。そうした学説のうち極めて先駆的な見解についてはすでに触れた。また，別の学説は，裁判を受ける権利を，非刑事裁判手続に関する手続的デュー・プロセスの権利として再構成した上で，訴訟手続が，そうした権利から導かれる告知と意味ある聴聞の要請を満たしていない場合には憲法32条違反になるとし，審級制度についても，一定の事件について最高裁への上告を一切許さない制度は裁判を受ける権利を侵害するとする（松井茂記『裁判を受ける権利』（日本評論社，1993年）159頁以下）。

さらに，新民事訴訟法における上訴制限の合憲性に関わって，新たに次のような見解が主張されている。そのうちの一つは，憲法76条1項，81条から，憲法が審級制を前提としていることは明らかであり，一定の事件について一切上訴を許さない制度は違憲であるとした上で，裁判を受ける権利は，民事に関しては，「適正な手続による裁判を受ける権利」ないし「公正な手続を求める権利」としてとらえるべきであり，憲法32条は，裁判を受ける権利を侵害する判決や公正さに重大な問題がある手続による判決に対して上訴を保障していると解している（市川正人「上告制限と裁判を受ける権利」同『ケー

I 憲法編

スメソッド憲法』（日本評論社，1998年）196頁以下）。

　さらにもう一つの学説は，裁判を受ける権利が裁判所への実効的なアクセスを保障しているのであれば，審級制度のあり方もそうした観点から検証される必要があるとした上で，憲法違反を理由とする場合について裁量上告制または許可上告制を定めることは違憲であり，一定の事件について最高裁への上告を一切許さないことは裁判を受ける権利を侵害するとしている（渋谷秀樹「最高裁への上告制限 ― 審級制度と裁判を受ける権利」法学教室189号（1996年）43頁）。

　もっとも，こうした最近の学説に対しては，異論も提起されている（笹田栄司『裁判制度 ― やわらかな司法の試み』（信山社，1997年）107頁以下）。この説は，たとえば，手続的デュー・プロセスから上訴の保障を導く学説については，手続的デュー・プロセスの保障から直ちに一定の事件について上訴を一切許さないことが違憲といえるのかという疑問を呈した上で，憲法32条が保障しているのは，上訴を制限する制度（法律）の違憲性を主張して最高裁の審理を求めることまでであるとする。しかし，この説が，制度の違憲性を理由に最高裁に特別上告ができるという場合，裁判を受ける権利が一定程度の上訴を保障していることを否定するとすれば，制度の違憲性をいかなる憲法上の保障との関係で問うのかが不明確である様に思われる。

III　展　望

　確かに，上訴制度が公正な裁判を確保するために一定の役割を果たすものであるとしても，手続の「公正さ」，デュー・プロセスといった，必ずしも明確とはいえない概念から上訴の一般的保障を導くことには困難が伴う。むしろ，「裁判所による権利侵害と権利保護」という視点が一つのキーになりうるのではないだろうか。

　一般に上訴制度の目的は，違法な裁判からの当事者の救済と法令の解釈・適用の統一にあるとされている。そのうち，とりわけ，前者の面は，裁判を受ける権利の保障と密接に関わるものである。そもそも，裁判を受ける権利は，一般に，国家機関による権利・利益の侵害に対して，独立した裁判所に救済を求める権利とされている。そうであれば，裁判所による権利侵害に対しても，憲法32条を根拠に，上訴などの他の裁判所に対する不服申立てに

3 三審制（審級制）

よって，救済を求めることができてしかるべきではないだろうか（片山智彦「裁判を受ける権利と上訴制度」阪大法学47巻6号133頁以下参照）。裁判を受ける権利などの手続的基本権，その他の法律で保障された手続上の権利は，基本的には，裁判所によってのみ侵害されることからも，上訴の保障の必要が肯定されるべきであろう。もちろん，憲法上の上訴の保障については，憲法上の上訴権の有無だけでなく，その内容や制限の可否及び限界についてもさらに立ち入った考察がなされなければならない。

もっとも，今回の最高裁への上告の制限に限っていえば，憲法81条が定める場合以外にも憲法上上訴が保障されていることを肯定する学説も，それが憲法に反するものではないと見ている（市川・前掲198頁，渋谷・前掲43頁など）。確かに，最高裁への権利としての上訴が一切許されないわけではなく，また，法令解釈に関する重要な事項を含むと最高裁自身が判断すれば上告を受理することができること，最高裁への上告が基本的には2回目の上訴であることなどを勘案すれば，憲法32条の観点からも問題が少ない制度といえよう。

ただし，今回の上訴制限が，最高裁の過重負担の軽減をその一つの目的としている点には，若干の問題が含まれている。確かに，とりわけ，最高裁の裁判事務の負担を示す数値は，近年ますます悪化の一途をたどっており，負担の増大が，憲法判断などの重要な仕事に割くエネルギーを奪っているとされている（竹下守夫「最高裁判所に対する上訴制度（下）」NBL575号（1995年）40頁以下）。しかし，最高裁を含めて，裁判所の加重な負担が，常に上訴の否定やその制限を正当化するとはいえない。実際のところ，今回の上訴制限によって最高裁の負担軽減が達成されるかどうかを疑問視し，また，最高裁の負担軽減によって違憲審査の（望ましい方向での）活性化が達成されるとは必ずしもいえないことが指摘されている（市川・前掲199頁）。そうした点を踏まえて考えれば，最高裁への上訴の制限ではなく，最高裁の機構改革がむしろ真っ先に必要だったのではないか，という点も検討する必要があろう。

最後に，最高裁による上告受理及び最高裁に対する許可抗告の制度が合憲であるとしても，むろん，民事訴訟法318条（上告受理），同337条（抗告許可）の解釈・適用が憲法問題にならないというわけではない。憲法上の上訴権が承認されるとすれば，上訴制限規定を含めて上訴に関する諸規定の解釈・適用が，そうした権利を侵害しないかどうかが問われることになるからである。

I　憲法編

このことは，当然，上訴制限規定それ自体が合憲であるか否かとは無関係である。

さらに，法の下の平等を保障した憲法14条との関係も問題となる。もちろん，法律の解釈・適用の誤りが全て憲法違反となるわけではない。しかし，たとえば，抗告許可規定の解釈・適用が恣意的になされた場合には，その合憲性に重大な疑念が生じることになる。

さらに，憲法32条との関係では，「法律上の裁判官」の保障との関わりも問題となる。この点，確かに，最高裁は，憲法32条は法律上管轄権を有する具体的な裁判所による裁判を受ける権利を保障したものではないとしている（最大判昭24・3・23刑集3巻3号352頁）。しかし，近年では，むしろ学説上は，憲法32条が，管轄権を有する具体的な裁判所の裁判を受ける権利を保障したものであるとする見解が有力である（芦部信喜「裁判を受ける権利」同編『憲法Ⅲ人権(2)』（有斐閣，1981年）290頁以下参照）。後者の立場を前提とすれば，上訴規定の解釈，適用の誤りは，少なくともそれが恣意的な場合には，法律上管轄権を有するはずの上訴裁判所の裁判を受ける権利を奪うことになるのではないかという問題が生じることになるのである。

◇　参考文献

審級制の歴史と日本の上訴制度の問題点については，三ヶ月章「上訴制度の目的」同『民事訴訟法研究第8巻』（有斐閣，1981年）が詳しい。また，裁判を受ける権利と上訴制度の関わりについては，石川明「裁判を受ける権利と審級制」同『民事法の諸問題』（一粒社，1987年），松井茂記『裁判を受ける権利』（日本評論社，1993年）が先駆的な研究である。最高裁への上訴の制限については，山本克己「最高裁判所による上告受理及び最高裁判所に対する許可抗告」ジュリ1098号（1996年）で要をえた解説がなされている。また，最高裁への上訴の制限の合憲性については，笹田栄司『裁判制度 ― やわらかな司法の試み』（信山社，1997年）において議論状況の整理と新たな視点からの検討がなされている。

なお，行政法編「11」及び民訴法編「10」も参照されたい。

4　陪審制・参審制

［ジョージ・R・ハラダ］

I　現状分析

1　陪審・参審制は，いずれも市民の司法参加の一形態である。両制度についての議論は，1988年の憲法記念日の記者会見における，以下の最高裁判所の矢口長官の発言から活発になった。

「私は，欧米でなぜ裁判というものが，司法というものが国民の間に定着しているように見えるかというと，やはり，それは裁判そのものへの国民の参加があるからだと思います。……現実の司法制度への国民の参加は，場合によって陪審制となり，あるいは参審制となっています。ですから，国民には法曹と一体となって，自分たち各人が正義を実現し，真実を発見している，そういう気持ちがあるからではないでしょうか」（『法学セミナー増刊・今日の最高裁判所』8頁を参照）。

この発言の後，最高裁判所は，欧米に係官を派遣して陪審・参審制の研究を続けてきたが，いまだに具体的な提案に至っていない。

1999年6月9日に「司法制度改革審議会設置法」が公布され，司法の果すべき役割を再検討すべく，新しく設置された審議会が，そこでの多数の課題のうち，陪審・参審制の両制度を採用すべきか否かを検討する必要に迫られている。このため，これらの問題は，再び注目を引くようになった。

2　この陪審・参審制採用論議は矢口長官の発言によって突然現れたものではない。戦前の日本では陪審制を採用していたことがある。当時の陪審法は，大正デモクラシーのもとで，1923年4月18日に公布，5年の準備期間を経て，1928年10月1日から施行された。この裁判所法の下，刑事事件における一定の事件につき，被告人の意思により陪審裁判を受けるか否かを決定

I 憲法編

できることになっていた。陪審員の資格については、2年以上直接国税3円以上を納めている30歳以上の男子と定め（陪審法12条），その数は12名とされた（陪審法29条）。陪審員の答申は過半数によるものとされていた（陪審法91条）が，この答申には裁判官を拘束する効力が認められていなかった。したがって，裁判官は答申を不当と思えば，納得できる結果がでるまで何度でも陪審を更新して別の陪審で審理を行うことができた（陪審法95条）。そのためか，陪審裁判の数は年々減少し，1938年には4件のみであった。陪審法は1943年に，戦争終了後再施行するものとして施行停止となった（安村勉「参審・陪審制度」法学教室228号（1999年）27頁を参照）。

戦後，憲法の制定過程，裁判所法および刑事訴訟法の制定過程において，陪審・参審制に関する議論が行われていたが，導入に対しては消極的意見が強く，最終的には，陪審制については裁判所法3条3項において「……刑事について，別に法律で陪審の制度を設けることを妨げない」と規定されたのみであった。しかも，この規定はGHQ側の強い要求によるもので，刑事事件における陪審制度の導入に将来の途を残しておくためであったといわれている。参審制については，陪審制の議論が弱まったところで登場した。参審制は，専門の裁判官と素人の裁判官である参審員とで行う裁判で，陪審制と異なった角度から司法の民主化および国民参加の一手段として提案されたのだが，しかし，最終的には，この制度も疑問視され，導入されることはなかった（憲法制定過程での議論については，笹田栄司『裁判制度』（信山社，1997年）22-28頁，166-189頁を参照）。

3 現在の陪審・参審制を憲法上いかに評価すべきか。推進派はメリットとして，①国民主権原理の徹底，②司法の権力性に対するチェック機能，③行政・国賠・労働事件の閉塞状態の打開，④裁判への市民的常識の導入，などをあげている。

このようなメリットがあるにもかかわらず，学説の立場は依然として消極的である。陪審制については，いくつかの条件，すなわち，陪審は事実認定のみにかかわること，被告人に陪審を拒否できる自由を認めること，および裁判官は陪審の評決に拘束されないという条件がクリアーできれば，日本国憲法のもとでも，可能であるといわれている。参審制については，陪審制より日本の国民性に適しているという考えもあるが，日本国憲法のもとで採用することはかなり困難である，といわれている。すなわち，憲法に参審制を

認める規定がないこと，そして，憲法80条で規定している「裁判官の任期，報酬，身分保障」等が，参審員（「素人の」臨時裁判官）ではなく，「専門の」裁判官のみを予想していることなどが問題として指摘されている（伊藤正己『憲法〔第3版〕』（弘文堂，1999年）570-571頁を参照）。

4　ところで，最近の学説の中には，陪審・参審制の導入は憲法上問題がないとするものがみられる。日本国憲法32条は，「裁判官」ではなく，「裁判所」の裁判を受ける権利を保障しているので，裁判所を陪審を構成要素とする裁判所と解することができ，「法律の定めるところにより設置する下級裁判所」（76条1項）として司法権を行使することができるというものである。実は，このような解釈は，憲法制定過程で憲法改正草案を枢密院と帝国議会の審議にかけるために，政府が当時準備した想定問答の考え方と軌を一にするものである。また，参審員に関しても，陪審と同様に，裁判所の構成員とみることができ，憲法にいう「裁判所」とは専門の裁判官のみをもって審判する機関と解すべき根拠はないと指摘され，さらに，憲法では，裁判官以外の者が裁判に関与することを禁ずる趣旨が見当たらないため，違憲ではないという考えである（常本照樹「司法権 ― 権力性と国民参加」公法研究57号（有斐閣，1995年）73-75頁を参照）。これに関連して，ドイツでは参審制を採用しているが，裁判官の任期や身分保障にかかわるボン基本法97条には参審・陪審についての明示的な条文は見当たらない。これらについては，法律で規定されており，したがって，憲法は「専門の」裁判官のみを予想しているとは必ずしもいえないのではないかと考えられよう（笹田・前掲書178頁を参照）。

II　問題点

1　陪審制の復活・参審制の導入に関する議論のなかに，実は，難問が潜んでいる。すなわち，官僚司法体制に対して裁判を民主化するために，国民の司法参加を考慮する必要がある一方で，政治的多数者が司法権を操作する危険を伴うことである（下村幸雄『刑事司法を考える』（勁草書房，1992年）20頁，手島孝『憲法解釈二十講』（有斐閣，1980年）288頁をも参照）。これに対して，常本教授は，二つの対応策をあげている。第一は，市民は司法に直接参加することで，権利・義務について深く考えることになり，「デモクラ

I 憲法編

シーにコミットした市民の育成が期待される」という点である。第二は，司法行政権の統制を受けない「自由な」陪審，あるいは参審のような国民参加制度の影響は，むしろ官僚司法体制からの裁判官の独立に寄与しうるという点である（常本・前掲論文73頁を参照）。司法の本来の意義が，多数決によって不当に少数者の人権が侵された場合における保護にあるとすれば，前述の二つの対応策は重要となる。

② 陪審・参審制ともに原理の問題，または憲法適合性の問題がクリアーされるとしても，日本での陪審制の復活・参審制の実現を考えた場合，なお慎重に制度設計がなされるべきと思われる。推進派は，陪審・参審制の「伝統的」な理念やメリットを強調するが，現在のアメリカやドイツの陪審・参審制はその原形からさまざまな司法改革を踏まえて変身している。例えば，陪審員の選任手続の一つをとってもいわゆる「伝統的」なものとは異なっていることに注意する必要がある。

アメリカのある有名な陪審コンサルタントは，「陪審員というのは，自分たちの育った環境を基礎に行動するものであり，したがって，自分たちの周辺の人々，自分たちの経験およびライフスタイルに影響を受けることになる」と指摘している。このことから，陪審員を選任するための予備尋問は裁判で非常に重要なものとなっている。彼女は，「弁護士は，陪審員の選任手続に対して，法廷での弁論準備と同じくらい多くの労力を注ぐべきである」と考えている（J. Abramson, WE THE JURY p. 150 (Basic Books, 1994) を参照）。弁護士の間には，イギリスとアメリカの裁判の違いについて，「イギリスでは，陪審員の選任手続が完了してから裁判が開始することになるが，アメリカではこの時には既に裁判は終わっている」といわれることがある。実際のところ，この「ユーモア」はアメリカでは多くの弁護士にとっての重要な戦略を示している。弁護士は，陪審員選任手続において，その制度の裏をかいて，いわゆる人格的不適格者という理由で，「都合の悪い」候補者を陪審員から除外することにより，陪審員の人的構成を自分たちに有利にし，評決を自分たちに有利であるように操作することに力を注ぐ。この手続は，「科学的陪審員選任手続（scientific jury selection）」と呼ばれている（科学的陪審選任手続の詳細ついては，藤田浩「アメリカにおける陪審裁判の現代的位相」阪本昌成編『立憲主義——過去と未来の間』（有信堂高文社，2000年）を参照）。

今日では，弁護士の多くは，誰が陪審員になるかで評決の結果が決まると

考えているようである。しかしながら，必ずそのようにいくという実証的な保証は何もないという有力意見も存在する。それにもかかわらず，科学的陪審員選任手続の成功例が多くなるにつれて，民事事件で被告側に立つ大企業，また，刑事事件においてさえ，被告側の弁護士は，この分野を専門とするコンサルタントに依頼して，自分たちに都合のよい陪審員を求めるようになっている。1982年には25名の陪審コンサルタントがいたのに対して，1994年にはその数は250名にも達している。また，重大事件でのコンサルティング料は，1万ドルから25万ドルにものぼるといわれる（Abramson, 前掲書 p. 149 を参照）。このような高額なコンサルティング料から裕福な人々や大企業は，この科学的陪審員選任手続をお金で手に入れることができるが，多くの中間層や貧しい訴訟当事者は，そうはいかず，不利な立場におかれることになる。結果として，陪審裁判を受ける権利は，個々人の経済状況によることにならざるを得ない。有名な O. J. Simpson 事件での陪審員による評決がこのよい例である。

　現在行われている科学的陪審員選任手続は，陪審を選任する過程での無条件忌避権なくしては不可能である。従来の無条件忌避権は，両当事者に，自分たちに対して偏見をもっている疑いのある者を排除することにより，陪審制の最終的な公正・中立さを高めるためのものであった。ところが，科学的陪審員選任手続では，弁護士は，自分たちのクライアントをひいきするような陪審員を戦略的に選任し，えこひいきのない陪審員を避けている（Abramson, 前掲書 p. 174 を参照）。したがって，ある意味では，陪審裁判を受ける権利が，公正・中立な陪審により審理される権利を意味するのであるとすれば，科学的陪審員選任手続は，逆に，陪審裁判を間違った方向に向かわせるものではないかとも考えられる。また，伝統的な意味での陪審裁判における証拠によって示された事実から厳格に導き出された結論による解決とはいえず，したがって，陪審員の評決による裁判が行われたとしても，それはもはや伝統的な意味での陪審裁判とはいえないであろう。日本では，このような結果を十分に認識したうえで陪審選任手続が構想されるべきである。

　③　アメリカの陪審制度をそのまま導入できないのと同様，ドイツの参審制度を導入する場合についても，慎重に検討し日本的工夫を加える必要がある。ここでは，過去にドイツ連邦共和国で指摘されてきた参審制の問題点を2点ほど紹介する。一つは，参審裁判に参加する参審員の選任手続に関する

I 憲法編

問題である。この参審員選任手続は、管理経費の削減を目的にしばしば改正されてきたが、依然として複雑であらゆる段階で不都合が生じているといわれている。

　必要な参審員の数と在職期間が確定された後、各自治体における参審員選任委員会は参審員候補者名簿を作成する。出来上がった名簿は、各自治体議会の3分の2の多数によって承認されなければならない。ところが、参審員選任手続を規定する裁判所構成法は、各自治体の住民の中からどのようにして参審員を選任するかを規定していない。裁判所構成法36条は、名簿作成にあたり、「性別、年齢、職業および社会的地位」を考慮してバランスよく選任しなければならない、と規定するのみである。そのため、各地域は統一的選任手続ではなく、独自の選任手続によって選任を行っている。例えば、ある地域では、参審員候補者はその住民登録局の管轄区域に居住している一般ドイツ国民の中から無作為抽出によって決定される。また、議会に議席を有する各党にその議席数に応じて候補者を推薦させ決定する地域もある。参審員候補者名簿を各自治体で決定した後、この名簿は1週間公開され、地域住民は候補者に対する異議申立ての機会を与えられる。参審員選任手続が複雑かつ統一されていないため、裁判官構成が正しく行われていないとして連邦通常裁判所に上訴される場合もある。実際、1980年代には多数の都市（フランクフルト、ハンブルク、コブレンツ、そしてアウグスブルクなど）で手続の瑕疵を争う裁判が発生している（ウァズラ・ネレス「ドイツの参審裁判所」鯰越溢弘編『陪審制度を巡る諸問題』（現代人文社、1997年）177-181頁を参照）。

　(4) もう一つしばしば指摘される問題は、刑事司法への「素人」の参加に関するもので、政治的および法律上の観点から議論がなされている。まず、政治的な観点から、「素人」の参加は司法への一般市民の信頼を強化するものであるという主張に対し、司法の民主主義的な正当化根拠は、国民の直接的な参加と必ずしも一致するものではないとするものがある。また、法律上の観点からは、「素人」裁判官は司法に果たしてどれだけの影響を及ぼし得るか、という議論がある。実際問題として、司法への参審員の影響力は非常に小さく、合議での関与も控えめで、ほとんどが「専門」職業裁判官の説得に従う状態であり、ただの「お飾り」としか考えられないという批判も存する（ネレス・前掲論文184-186頁を参照）。そして、影響力に関する別の視点からは、「素人」裁判官は場合によっては、マスコミを通した世論に強く影

響され,「司法の独立」を内部から掘り崩す危険があると批判されている（高田昭正「ドイツ刑事訴訟における参審制」刑法雑誌33巻726頁を参照）。

5 しかし，このような厳しい批判にもかかわらずドイツの参審制が続いている理由は何か。これについては，シンボリックな意義の他に，職業裁判官は，合議に際して「素人」裁判官に法律の意味を説明せざるを得ないため，一定の方法で彼らに理解させ，納得させるように努力しなければならないこと自体が，司法をよりよい方向へ向かわせるのではないか，と考えられている。すなわち，民衆に対する教育効果もあり，国民の裁判に対する理解を高め，法規範の遵守に導くことになる，といわれているのである（平良木登規男「参審制度について（続）」法学研究69巻2号283頁を参照）。

III 展望

1 明治時代の陪審制は，前述した点と合わせて，対象が限定的で（陪審法4条），控訴を認めていなかったため（陪審法11条），法曹界もこの制度に消極的で，次第に空洞化し，1943年に停止を余儀なくされた。この点について，矢口元長官は，「制度上に問題があったにせよ，戦前の陪審制の不振は国民の『お上』依存の体質に起因したのではないか」，と述べている（矢口洪一『最高裁判所とともに』116頁）。長官の発言がもっともならば，当時の陪審制の欠陥を改善し，憲法制定当時に復活させようとしなかった根本的な理由は，「お上」への依存と，そのような状態から抜け出せなかった国民の法意識の欠如にもあったのではないかと考える。

現在，再び陪審・参審制をとりあげている理由として，行政裁判に対する疑問，裁判官の官僚化の弊害，さらには，司法の透明性などが指摘されている。これに加えて，他国と比べて，司法への国民参加の機会が著しく乏しいといわれ，一般市民が司法制度にかかわる機会があるにしても（例えば，検察審査員，調停委員，司法委員，参与員など），狭義の司法機能である判断採用への市民の関与はほとんどないに等しい状態である（渡部他『現代司法〔第4版〕』(日本評論社，2000年) 203頁）。現在は，明治時代や日本国憲法制定当時と異なって，国民の法意識および国民の司法への参加の意義に対する理解度も高く，法曹界や国民自身が参加を可能にする司法改革に強く期待しているのである。

I 憲法編

2 近年のこのような期待に応えるために,司法制度改革審議会は従来の日本の裁判形式を抜本的に変えることを考えなければならないであろう。すなわち,陪審・参審制度を復活または採用する場合,文書の交換を中心とする従来の裁判は,直接主義や口頭主義の原則にもとづくものに,または集中審理に変わっていかなければならない。このため,法曹界全体もこれまでとは異なった訴訟の進め方に対応する必要があろう。このように,陪審・参審制が憲法上可能であるとしても,その採用に当たっては積極的に周辺整備を行わなければならない。いずれにしても,今後の司法制度改革に期待したい。

◇ 参考文献

本文に引用された文献以外で参考になる最近のものとして以下のものがある。丸太隆編『日本に陪審制度は導入できるのか』(現代人文社,2000年),諸根貞夫「陪審制・参審制」『ジュリスト増刊・憲法の争点〔第三版〕』(1999年)242頁,日本弁護士連合会編『市民に身近な裁判所へ』(日本評論社,1999年),指宿信「司法改革と陪審・参審制度」甲斐=紺谷編『国民の司法参加と司法改革』(成文堂,1997年)109頁,渥美東洋「陪審・参審制を導入するときの問題点」『法律のひろば』2月号(1993年)48頁。

5 違憲審査制

［笹田栄司］

I 現状分析

1 最高裁判所の違憲審査権の行使については，その消極的なありようが批判されることが多い。これまで法律の規定そのものを違憲とする最高裁判決は5件にとどまることから，とりわけ立法権との関係でその抑制的な態度が指摘されるのである。しかし，この点の検討に入る前に，まずは違憲審査制についての理解を確認しておきたい。

違憲審査権の性質については，具体的な争訟についてその解決に必要な限りでその事件に適用される法令の合憲性を通常裁判所が審査するという考え方と，具体的な事件を離れて法令の憲法適合性を特別な憲法裁判所が抽象的に判断するという考え方がありうる。前者がアメリカ型，そして後者がドイツ型と称されているが（こういう見方が相対的であることについては，参照，笹田栄司『裁判制度』（信山社，1997年）146頁以下），日本国憲法81条は前者の方式を採用していると判例・通説を見ている。警察予備隊違憲確認訴訟判決（1952年）において最高裁判所は，「わが裁判所が現行の制度上与えられているのは司法権を行う権限であり，そして司法権が発動するためには具体的な争訟事件が提起されることを必要とする」とし，また，「わが現行の制度の下においては，特定の者の具体的な法律関係につき紛争の存する場合においてのみ裁判所にその判断を求めることができる」（最大判昭27・10・8民集6巻9号784頁）と判示していたのである。

具体的な事件に付随して違憲審査権を行使するということは，見方を変えれば次のような説明になる。司法権の行使のためには，事件または争訟として司法判断になじむ紛争の存在が必要とされ，それは「事件性の要件」と呼

ばれる。一方，裁判所法3条1項は裁判所権限として「一切の法律上の争訟」の裁判を規定し，それが，事件性の要件と同義と解されることにより，「『法律上の争訟』とは何かという解釈問題は，憲法上の司法権の範囲ないし限界を決することにな」り，また，それが，裁判を受ける権利（憲法32条）の内容そして範囲を決することにもなる（佐藤功「『法律上の争訟』と司法権の限界」民事研修237号（1977年）8頁）。

2　違憲審査制の導入によって司法の地位が飛躍的に向上したことは確かであるが，それがどのように機能しているかについて，司法消極主義の存在が指摘されるのが常である。わが国の裁判所にこの司法消極主義的態度をとらせるものは何かについては，多くの議論がなされているが，その中で伊藤正己教授は，その10年にも及ぶ最高裁裁判官としてのキャリアを経て，次のような興味深い指摘を行っている。

①意見の相違が激突せず，むしろ調和が重んじられるわが国の精神風土では，最高裁内部での「和」の尊重にとどまらず，政治部門への礼譲の意識が存在している（立法部や行政部の判断の尊重）。②裁判の長期化から争点となる法令にもとづく状況が既成事実化し，裁判所がこれをくつがえすことは難しい。③最高裁の処理件数の多さから，とくに小法廷にあっては，通常事件の最終審という意識が強く，憲法の裁判所であるという考え方は生まれにくい。④大法廷回付を慎重にする傾向があり，結局のところ小法廷で憲法事件が処理される。その結果，憲法判断の回避，判例を引用しての合憲判断をすることになる（参照，伊藤正己『裁判官と学者の間』（有斐閣，1993年）116頁以下）。

伊藤教授は上記の分析をふまえて，現状を不満とすれば，「通常の事件の最終審は，官僚裁判官制を前提とする最高裁であるとしつつ，憲法裁判はそれとは別の憲法裁判所に委ねる大陸型のほうが望ましい」（伊藤・前掲書136頁）とする。

II　問題点

1　伊藤分析の③④に関わるが，最高裁判所の負担という視点は重要である。わが国の最高裁判所は，「上告審」であると同時に「違憲審査権」を行使するという役割を併せ持つ。「上告審としての機能」と「違憲審査権の行

使という役割」に注目すれば，両者を一つの裁判所に担わせるというシステム(a)，両者を全く切り離して別々の裁判所に担わせるというシステム(b)，そしてその中間のシステム(c)，つまり，一つの裁判所に違憲審査機能と上告審としての機能の一部を担わせ，その他の上告審としての機能を他の裁判所に担わせようとするものが考えられる（参照，笹田・前掲書77頁以下）。

　わが国の裁判制度は，簡易裁判所を一審とする場合に高等裁判所を例外的に上告審とするのだから，(a)のシステムに極めて接近した(c)のシステムと言えよう。比較法的にみれば，違憲審査を行う憲法裁判所と，通常事件を担当する五つの連邦通常裁判所に分けられるドイツは，(b)のシステムに近い。また，アメリカの司法制度においては，上告審機能の多くを州の最高裁判所が担い，さらに憲法によって与えられた権限の枠内でのみ連邦最高裁判所は裁判を行い，加えて裁量上訴制（サーシオレイライ）を通じてのみその審理を受けられるとするのであるから，連邦最高裁判所の位置づけは(c)のシステムに入るとはいえ，(a)のシステムにかなり接近しているのである。連邦制か否か，どういう任務を憲法が裁判所に割り当てているか（抽象的違憲審査制の存在），上告制限の導入といった要素も考慮にいれねばならないとしても，比較法的にみてわが国の最高裁判所の負担は大きいと思われる。

　❷　次に，最高裁判所の既済件数から最高裁判所の負担を考えてみたい。1997年の統計によれば，民事・行政事件が3,344件，刑事事件が1,434件で合計4,778件になるが，これを（最高裁判所長官を除いて）裁判官1人あたりに換算すると，341件を主任事件として最高裁裁判官が担当していることになる。さらに，所属する小法廷の事件を考えれば，主任事件の341件に加え1,365件に関与しなければならない（法曹時報50巻11号，51巻2号）。田中二郎元最高裁判官（東大名誉教授）は，「私は恐らくほかのどの職場に比べても，一番つらい職場じゃないかという感じがしますね」と回顧しているのである（参照，法セミ増刊『最高裁判所』(1977年) 44頁)。

　❸　こうしてみると，小法廷にあっては憲法の裁判所であるという考え方は生まれにくく，また，大法廷回付を慎重にする傾向から，憲法判断を避けるか，判例を引用しての合憲判断をすることになる，という伊藤教授の指摘は正鵠を射ているのである。さらに最高裁調査官の役割も重大なものとなる。上告審としての役割を明治憲法下の大審院と比較すれば，大審院では45名の裁判官なのに対し最高裁判所においては大幅な事件の増加と権限の増大（違

I 憲法編

憲審査権，司法行政権）にもかかわらず，15名の裁判官で対応しなければならないからである。「調査官抜きの最高裁判所というのは，現在の実情のもとでは考えられない」（田中二郎『日本の司法と行政』（有斐閣，1982年）70頁）と言ってよい。

III 展望

1 我が国の司法審査に見られる消極主義の解消のための方策として，憲法裁判所の導入が提言されている。伊藤教授がアメリカ式の司法審査制に代えて憲法裁判所をと言いだしたのは，裁判所が政争の場となる危惧が現在ではほとんど消滅したとの理解にもとづく。しかし，政策問題を裁判所が真っ正面から扱わなければならない「裁判の政治化」，そして憲法裁判所の判例を念頭におく立法過程という意味での「政治の裁判化」について考えるなら（参照，芦部信喜「憲法学における憲法裁判論」法学協会雑誌113巻8号（1996年）20頁以下），憲法裁判所の導入に至るまでにはまだまだ検討の余地があると思われる。さらに読売憲法改正試案が提示する憲法裁判所は，抽象的審査，具体的審査，そして異議申立てを扱うものであり，一審かつ終審の裁判所である。これは「速やかな判断を下しうる憲法裁判所」（読売新聞社調査研究本部編『憲法を考える』（読売新聞社，1993年）30頁）を志向するものであり，右の伊藤分析の②に対応する。しかし，「憲法裁判の迅速化・積極化が，それ事態プロパーに『いいこと』だと考えるのは，幻想」であって，「かえって，市民不在の，体制適合的な憲法裁判を招来する可能性があること」を考えてみる必要があろう（奥平康弘『憲法裁判の可能性』（岩波書店，1995年）6頁以下）。

2 さらに，上告制限等により小法廷の負担を減らすことによって大法廷を中心に最高裁判所の活動が継続的に行われ，その結果，憲法問題についても最高裁判所がより積極的に取り組む余裕がでてくるとの主張もなされている（園部逸夫「最高裁判所大法廷と憲法裁判所」宮田豊先生古稀記念『国法学の諸問題』（嵯峨野書院，1996年）162頁。なお，憲法改正の必要のない制度改革として，最高裁判所の中に憲法問題を専門的に担当する「憲法部」を設置すべしとの提言（戸波）については，参照，笹田・前掲書155頁以下）。1998年施行の新民事訴訟法は，最高裁の負担軽減を図り「憲法判断や法令の解釈を統一する

という重大な責務を迅速に果たすこと」を目的として上告制限を導入した。それによってある程度の最高裁判所の負担軽減は可能であろうが、「最高裁への許可抗告制度」が採用されたこと、今回の改正と類似の考えに立つ民事上告特例法（1949年から1954年まで施行）の実績（参考、竹下守夫「最高裁判所に対する上訴制度（上）」ＮＢＬ557号（1995年）48頁）、そして上告理由に憲法違反を付ける事例の増加が予想されることに鑑み、その著しい負担軽減は難しいであろう。また、今回の改正による上告件数の削減によっても、「憲法の裁判所」ということより、「通常事件の最終審」という意識が主流にとどまるのではなかろうか。したがってより積極的に、最高裁判所の持つ上告審としての役割と違憲審査権の行使という二重の役割に焦点を合わせる「最高裁判所の機構改革」を検討してみる余地は十分にある。

③　わが国においては、訴訟の遅延が重大な問題となった時期（1950年代前半）に最高裁判所の機構改革が試みられたことがあり、それは法案として第26回国会に提出されたのである（詳細は、笹田・前掲書38頁以下）。①最高裁判所は、最高裁判所長官及び最高裁判所判事8人で構成し、全員の合議体（大法廷）で審理及び裁判をする。②最高裁小法廷は、最高裁判所に置き、最高裁小法廷首席判事6人及び最高裁小法廷判事24人で構成する。小法廷は、憲法問題について判断をする場合及び従来の判例を変更する場合等においては裁判をすることができない。③小法廷の裁判に対しては、その裁判に憲法の解釈の誤りがあることその他憲法の違反があることを理由とするときに限り、大法廷に異議の申立てをすることができる。

後にこの法案は廃案となるのであるが、これをベースにして次のような「機構改革」が考えられうる。上告審はその大部分を最高裁判所とは別の裁判所に担わせる（東西二ヵ所に置き、一つの裁判所は30名の裁判官で構成する。以下では「特別高裁」と仮称する）。最高裁判所は9名に減員され全員が一つの合議体を形成し（ワン・ベンチ）、違憲審査及び判例変更について判断するとともに、これまで最高裁判所の判断が示されていない新しい法律問題も管轄する。この結果、上告審としての機能も一部持つことになる。

地裁→高裁→「特別高裁」→最高裁となるが、「特別高裁」は上告審としての役割が期待され、最高裁は判例変更等の機能を有することで司法裁判所の系列ともつながると思われる。ただし「特別高裁」は、法律などの憲法適合性についての判断が従来の最高裁判例から明らかでない場合、及び憲法の

I 憲法編

解釈適用についての従来の最高裁判例を変更しようとする場合には，最高裁判所に事件を移送する。したがって，「特別高裁」は移送決定を行うという意味において違法判断を行ったことになる。また，「特別高裁」の裁判に対しては，法律などの憲法適合性の判断が問題になっている限りで，最高裁判所への上訴が憲法81条によって可能である。

このプランは裁判所法の一部改正により可能であり，それによってワン・ベンチによる最高裁判所の活性化，キャリア出身裁判官の比率を低めた裁判官構成，「憲法の裁判所」であるという裁判官の意識の高まりが期待される。また，現在は第一線の裁判官が調査官となっているが，上記のプランによると，この調査官30名を下級審に戻すことにより「特別高裁」の裁判官30名を確保し，一方で最高裁判所の負担軽減による若手法曹の調査官登用が可能になると思われる（参照，笹田栄司「憲法裁判のあり方」ジュリスト1133号（1998年）143頁以下）。

◇ **参考文献**

憲法裁判所論の主張を考えるうえで，伊藤正己『裁判官と学者の間』（有斐閣，1993年）が示唆にとむ。また，わが国の違憲審査制の在り方を戦後から遡り，読者に新たな思考を問うものとし，奥平康弘『憲法裁判の可能性』（岩波書店，1995年）があるほか，戸波江二「最高裁判所の憲法判例と違憲審査の活性化」（法曹時報51巻5号）が本テーマについての最新の研究状況を明らかにする。さらに最高裁の構造改革に関して，園部逸夫「最高裁判所大法廷と裁判所」宮田豊先生古稀記念『国法学の諸問題』（嵯峨野書店，1996年），笹田栄司『裁判制度』第1章II（信山社，1997年）を参照されたい。最後に，アメリカ及びドイツの状況については，それぞれ，大沢秀介「最高裁判所と憲法裁判所」公法研究59号，畑尻剛「批判にさらされるドイツの連邦憲法裁判所(上)(下)」ジュリ1106～1107号を参照のこと。

なお，民訴法編「10」もあわせて検討して頂きたい。

6 最高裁判所裁判官の国民審査

[笹田栄司]

I 現状分析

1　現在に至るまで，国民審査によって実際に罷免された最高裁判所裁判官は1人もいない。最も新しい審査結果を見ても（1996年10月），罷免を可とする投票割合は8.7〜9.3％程度であり，過去において最高でも15％程度である。こういった数字の読み方も国民審査をどう理解するかによって異なるのであるが，国民審査不要論はさておくとしても，議論の盛り上がりに欠ける所があるのは確かである。

憲法は79条2項において，最高裁判所裁判官について，その任命後初めて行われる衆議院議員総選挙の際に審査に付し，その後10年を経過した後に初めて行われる衆議院議員総選挙の際に再び審査に付し，その後も同様とすると定める。さらに，同条3項において，投票者の多数が裁判官の罷免を可とするときは，その裁判官は罷免されることが規定されている。また，具体的手続は最高裁判所裁判官国民審査法が定める。それによると，罷免を可とする裁判官の欄に×印をつけ，罷免を可としない裁判官には何らの記載をしないという方式がとられ（同法15条），×印のついた投票数が過半数を超える場合に裁判官の罷免が成立する（同法32条）。

「国民審査」制は，その導入について憲法制定時にいろいろ議論のあったものである。最高裁判所は明治憲法下の大審院に比し強大な地位を持つに至った。それは，違憲法令審査権，裁判官の人事権，行政事件の裁判管轄（行政裁判所の廃止）が付与されたことに端的に示されるが，一方で，そのような最高裁判所の地位の飛躍的上昇に鑑み，「その地位を主権者である国民の意思に基礎づけよう」（田中英夫「最高裁判所の裁判官の任命と国民審査」

法セミ増刊『最高裁判所』(1977年) 88頁) という試みがでてきたのである。その際，裁判官を国会が任命する，あるいは，裁判官の任命を国会の承認に係らしめるという直接的な方法も考えられたのであるが，最終的に，「選出」ということから言うと間接的な色合いの国民審査制が選択されている（ここでは消極的な選択という側面が見て取れる）。これはまた他方で，最高裁裁判官の罷免権を内閣あるいは国会に与えることの不都合さ，そして，にもかかわらず罷免の途を残しておく必要性に鑑みて，国民審査ということでもって「国民に最後の鍵を授くるの外はない」（衆議院での金森徳治郎国務大臣の答弁）という判断でもあった（清水伸編著『逐条日本国憲法審議録』第3巻（有斐閣，1962年）526頁）。

2 国民審査の法的性質については学説上対立が見られるが，それをリコールと解する点についてはほぼ一致が存在する。即ち，通説はリーコルとだけ解する（宮沢俊義著・芦部信喜補訂『コンメンタール全訂日本国憲法』（日本評論社，1978年）642頁）のに対し，リコールに加え適任と認められる者の地位を民意の背景のもとに強化するとする説（清宮四郎『憲法Ⅰ〔第三版〕』（有斐閣，1979年）349頁）があり，さらに，リコールに加え第1回目の審査については内閣の任命についての事後審査たる性格を併せ持つとする説（法学協会編『注解日本国憲法下巻(2)』1185頁）がある。もっとも，今日では支持されることの少ない，国民審査によって最高裁判所裁判官の任命が完成されるとする説をとらない限りは，上述のような学説の相違は本質的な意味を持つのではなく力点の相違というほどのものと考えられる。

判例の立場も上記の通説と同一である。「最高裁判所裁判官任命に関する国民審査の制度はその実質において所謂解職の制度と見ることが出来る。……このことは憲法第79条3項の規定にあらわれている。同条2項の字句だけを見ると一見そうでない様にも見えるけれども，これを3項の字句と照し会せて見ると，国民が罷免すべきか否かを決定する趣旨であって，所論の様に任命そのものを完成させるか否かを審査するものでないこと明瞭である」（最大判昭27・2・20民集6巻2号125頁）。

Ⅱ 問題点

1 国民審査の問題点はいくつも指摘されている。まずは，国民審査「不

要」論の立場からの代表的な見解を見てみよう（憲法調査会事務局『憲法調査会報告書の概要』(1964年) 174頁)。①国民は裁判官の人格・識見・意見などを知った上で，その適否を判断するということはできない，②この制度は政治的に悪用されるおそれがあり，また，それによって裁判官の独立がおびやかされることになること，③多額の費用を要すること，④この制度は裁判所と国民の間につながりをつけるものであるとされるが，国民が形式的に投票するだけで果たしてつながりができるのか，またそもそもそういうつながりが必要なのか，⑤国民審査の手続にも非常に欠陥および弊害があること，などである。この中で，⑤についてはさらに検討しておく必要がある。問題とされるのは，(a)裁判官の罷免について可否の判断がつかないため何の記載もしない場合（白票）には，罷免を可としない票となる（審査法15条1項)，(b)国民審査の投票が衆議院議員選挙と同時に行われるため，投票所において前者についてだけ棄権することが困難となっている，という点である。

(a)について前記最高裁判決は，国民審査が解職（リコール）の制度であることから，「積極的に罷免を可とするものと，そうでないものとの二つに分かれるのであって，前者が後者より多数であるか否かを知らんとするものであって，……罷免する方がいいか悪いかわからない者は，積極的に『罷免を可とするもの』に属しないこと勿論だから，そういう者の投票は前記後者の方に入るのが当然」（前掲最大判）とする。しかし，この点については，「審査制の性質が解職にあるとしても，そこから，論理必然的に，判旨のような白紙の取扱いが導き出されるわけではない」という指摘（高見勝利「最高裁判所裁判官の国民審査」憲法の基本判例〔第二版〕192頁）が学説においては一般に受け入れられている。

次に(b)については，「通常の選挙の場合における所謂良心的棄権というようなことも考慮しないでいい」と最高裁は判示する。その背景には，罷免した方がいいか悪いかわからない者が，「総て棄権する様なことになると，極く少数の者の偏見或は個人的憎悪等による罷免投票によって適当な裁判官が罷免されるに至る虞があり，国家最高機関の一である最高裁判所が極めて少数者の意思によって容易に破壊される危険が多分に存する」（前掲最大判）という理解がある。この問題はしかしながら，「最低有効投票数を現行数値より高く設定することで未然に防げる」であろう（芹沢斉「最高裁判所裁判官の国民審査」憲法判例百選Ⅱ385頁)。

I 憲法編

② 国民審査制の機能については二つの見方がありうる。その一つは次の見解から明らかである。「国民審査制は，司法部と立法部・執行部の間にデッドロックが生じたときの，非常口的存在」であり，したがって，「一般人が裁判官の法律家としての能力を判定しうるかという，この制度に対してしばしば投げかけられる疑問は，理由がない。国民審査で求められているのは，……その裁判官の政治問題・社会問題に対するアプローチの仕方が民意と決定的にずれていないかの判断なのだからである」（田中・前掲88頁）。これを国民審査制の「本来的」機能と名づけるが，一方で，「派生的」機能とでも言うべきものもある。小島武司教授は，「例えば2割，3割ぐらい×がつくということになりますと，もちろん罷免という効果は生みませんが，最高裁裁判官にとっては，自分の裁判がどう評価されているかを内省し，自らの判決の国民一般に対するインパクトを問い直す契機となり，セルフコントロールの一つの資料としては，相当の価値があるのではないか」と述べている（井上正仁＝小島武司＝竹下守夫＝野中俊彦「〈座談会〉国民と最高裁判所」法学教室154号11頁以下）。これは国民審査制について本来的に予定されたものではないが，審査制に随伴するものと言ってよく，「派生的」機能として取りあげる意味があると思われる。もっともこの機能は目に見える形で表れることは少ないであろう。

そうしてみると，上記①は「本来的」機能からして問題となりえず，④は「本来的」機能のみならず，「派生的」機能の観点から根拠づけられるものであろう。②は最高裁判決にもかいま見えるところであるが，既述のように「最低有効投票数の引き上げ」により回避されると思われる。③は考慮の一要因とはなりえても決定的な要因というものではない。いずれにしろ「本来的」機能が働く場面はこれまでもなかったし今後も希なことであろう。これからは「派生的」機能にも目をむけた国民審査制実効化の方策を考えることが必要ではなかろうか。

III 展望

① 国民審査制の実効化の問題は，少数意見の増加・最高裁裁判官の員数を含め最高裁判所の在り方にも関わるところがあるが，その点は他の項目に譲り（本編「5」「7」「8」），ここでは，「審査広報のありかた」と「投票方

式」について論じてみたい。

　最高裁判所裁判官の罷免の可否を判断するに際して審査人には審査広報が配布されるが，その内容が問題になる。争点となるのが個別事件における個々の裁判官の立場を明示するものが必要か否かであるが，最高裁判所は，「裁判官の取扱つた事件に関する裁判上の意見を具体的に表示せず，ただ事件のみを記載しても，毫も国民審査法施行令第26条の条件に反するものではない」と判示する（民集6巻2号128頁）。この点については，国民審査制の「本来的」機能，そして「派生的」機能の観点からも批判がだされよう。

　もっとも，最高裁裁判官に任命後初めて行われる衆議院議員総選挙の際に審査に付される方式については，上記の点は問題にならない。また，10年を経て再び審査するに際して，（どの裁判官にあたってもほぼ同じような判断が期待される）「顔のない裁判官」像（伊藤正己『裁判官と学者の間』（有斐閣，1992年）132頁）が尊重されるわが国の状況においては，各裁判官の裁判上の意見が生まれにくいことも確かである。しかし，審査広報以外に具体的な情報源がない以上，現状では国民に対し十分な情報が与えられているとは決して言えないのであり，各裁判官が関与した重要な訴訟の裁判とそこでの裁判官の意見を具体的に表示するなどの具体的方策が考慮されるべきである（したがって，審査広報の字数制限の緩和が要請される）。

　② 投票方法の改善も争点の一つである。最高裁判決の言うように，国民審査が解職の制度であるとしても，そのことから，罷免を可とする裁判官に×印をつけ白票は罷免を可としない票とする方式が唯一引き出されるものではない。例えば，大阪弁護士会の国民審査制度改善に関する立法案は次のような内容である。罷免を可とする裁判官のところに×の記号を，罷免を可としない裁判官のところには〇の記号を記載し，罷免を可とする投票の数が罷免を可としない投票の数よりも多い場合は当該裁判官は罷免されるが，有効投票数が選挙人名簿に登録されている者の総数の100分30に達しないときはその限りではない。また，無記入投票者は事実上棄権したものか，あるいは，自己の態度を記入投票者の決するところに委ねたものと解しうるとしている（法律時報45巻4号30頁以下）。

　このような改革が実現した場合，国民審査制の「本来的」機能よりも「派生的」機能に影響が及ぶ可能性がある。過半数には至らないとしても30％前後の数字がでてくることはありうるからである。アメリカの連邦最高裁判所

I 憲法編

にしろドイツの憲法裁判所にしろ，裁判官の選出には議会の関与がある。それは憲法と政治の狭間に立たされている裁判官の位置づけにも関わるのであるが，日本国憲法はそれに対し，裁判官を国会が任命する，あるいは，裁判官の任命を国会の承認に係らしめるという方法ではなく，国民審査制という方法を採用した。こういう経緯をみるなら，国民の意思を現行制度よりも一層明瞭にする上記改革案は，「その地位を主権者である国民の意思に基礎づけよう」（田中・前掲）とする日本国憲法制定時の議論に重なるところがあると言えるのではないか。

　もっとも，最高裁裁判官就任時の年齢の高さに起因するその任期の短さは，「投票方法の改善」を意味のないものとする可能性がある。近時のように，60歳代前半に裁判官に就任するとなると，任命後直近の衆院選挙の際に国民審査を受けるにすぎないからである。従って，最高裁裁判官就任時の年齢は50歳前半あたりに設定すべきであろう。

◇　参考文献
　全体の流れを知るうえでは，高見勝利「最高裁判所裁判官の国民審査」（憲法の基本判例〔第2版〕），中島茂樹「最高裁判所裁判官の国民審査」（憲法の争点〔第3版〕）が有益である。また，田中英夫「最高裁判所の裁判官の任命と国民審査」（法セミ増刊『最高裁判所』（1977年））は筆者ならではの見解が説得力をもって展開されている。最後に，座談会ではあるが，古賀正義＝小林孝輔＝佐藤功＝畑良武＝野村二郎「最高裁裁判官の国民審査」（法時45巻4号（1973年））が興味深いやりとりをしており，参考になる点が多い。

7 最高裁判所と少数意見

[ジョージ・R・ハラダ]

I 現状分析

1　裁判所法第11条は，「(最高裁判所の) 裁判書には，各裁判官の意見を表示しなければならない」と規定している。このように，本来，裁判の評議における各裁判官の意見は秘密事項であったにもかかわらず，英米の制度にならい最高裁判所に限ってそれを公表する例外を設けたのは，最高裁判所裁判官には下級裁判所裁判官にない国民審査の制度があり，国民にその審査の資料を提供する必要があるため，といわれている (中野次雄編『判例とその読み方』(有斐閣，1991年) 104頁，野中俊彦「個別的意見制の意義と役割」ジュリ1037号28頁)。

ところで，少数意見には，「反対意見」，「意見」，および「補足意見」の3種類がある。「反対意見」は，法廷意見である多数意見の結論に反対するものである。また，「意見」は，その結論には賛成するものの理由付けを異にする意見だとされているが，その取扱いは曖昧で，ほとんど使われていないか，あるいは「補足意見」の形で使われるケースが多い。「補足意見」は，法廷意見に加わった裁判官がさらに自分だけの意見をこれに附加して述べるものであり，法廷意見と補足意見の双方がその裁判官の意見である点に特色がある (中野・前掲書104頁，井上薫『判決理由の過不足』(法学書院，1998年) 186-187頁を参照)。

少数意見は，単独意見として書かれることもあれば，それに賛成する2人以上の裁判官の共同意見の形をとることもある。さらに，少数意見が共同意見として書かれた場合，それに加わった裁判官はさらに附加意見を述べることもある。これによって裁判官の少数意見が多くなり，またその意見の内容

I 憲法編

が説得力のあるものであれば，法廷意見はそれだけ「弱い判例」になると，といわれている（中野・前掲書98頁）。

② 日本の最高裁判所の判決では，少数意見の減少傾向が指摘されている（伊藤正己『裁判官と学者の間』（有斐閣，1993年）81-95頁，野中・前掲論文30，32頁，納谷廣美「大法廷判決の今日的意義」法学教室229号（1999年）9頁）。しかし，納谷教授が指摘されるように，「国民の側に立脚するならば，少なくとも大法廷事件においては多種多様な意見の表明を要請せざるを得ない」のである（納谷・前掲論文9頁）。この減少傾向については，各裁判官の負担問題，裁判官の精神構造や行動態様などがあげられているが，このことについては後で検討することにしたい。

③ その前に，そもそもなぜこのような少数意見は存在するのであろうか。ここでは，アメリカの議論を手がかりとしながら説明を進めていきたいと思う。アメリカでは，少数意見，特に反対意見を述べることに意味はないという者もいる。また，多数による法的判断の正当性を曖昧にするものであり，法を創造する権威を損なうものであるという者もいる。アメリカのラーニッド・ハンド裁判官はかつて，反対意見は「当該法廷の裁判官の多くが支持する一致した統一判断の意義を失わせる」ものであると非難した（L. Hand, THE BILL OF RIGHTS, p. 72 (Atheneum, 1958)）。それでは，なぜ裁判官が多数派に加わらないという事態が生じるのであろうか。

少数意見，とりわけ反対意見には重要な機能がいくつか存在する，といわれている。反対意見の意義は，多数派の法解釈に欠陥があるということを指摘することである。それは，裁判所に将来の事件において修正する可能性を残しておくことになる。さらに，反対意見は，単なる抗弁であるだけでなく，裁判所に多数意見でその判決の合理性および結論の妥当性を示すことを求めることによって，司法判断の形成手続の信頼性を維持しようとするものである。

また，少数意見は，訴訟関係者および下級審に実際的なガイドラインを提供し，場合によっては，訴訟関係者に次の訴訟に備えて，有益なヒントを与えることにもなる。また，司法関係者以外の，例えば，立法機関や行政機関に現実的な判断基準を与えることにもなる（Ginsburg, "Remarks on Writing Separately," 65 WASH. L. REV. 133, 145 (1990)）。

④ 少数意見の有するもう一つの意義としては，それらがある種の「予言

的」意見となることである。アメリカの連邦最高裁判所のブレナン裁判官はかつて，少数意見は，合衆国憲法と「成熟する社会の進歩に即した公序良俗概念の変遷」とが調和（一致）しているかどうかを明らかにし，「より実り多い未来への種をまく」ことを求めるものである，と述べている（Brennan, "In Defense of Dissents," 37 THE HASTINGS LAW JOURNAL 427, 431 (1986), 小島武司編『裁判キーワード（新版）』（有斐閣，1998年）69頁を参照）。

このことを示すよい例は，アメリカにおける1896年の有名な人種差別事件，プレッシー対ファーガソン事件判決（Plessy v. Ferguson, 163 U.S. 537 (1896)）におけるハーラン裁判官の書いた反対意見である。プレッシー事件で問題になったのは，ルイジアナ州議会が制定した「乗客の慰安を促進する法律」であり，この法律は鉄道会社に「平等ではあるが分離された施設」を提供することを義務づけるものであった。当時，鉄道会社は，白人と黒人の乗客のために別々の客車を用意しなければならなかった。黒人であるホーマー・プレッシーは白人しか乗れない車両に乗り，先のルイジアナ州法に違反したということで逮捕された。プレッシーは，合衆国憲法修正14条の保障する法の平等保護規定違反として同法の違憲性を主張したが，州の最高裁は全員一致で同法を合憲とした。また，連邦最高裁も7対1でプレッシーの上告を斥け，原審判決を支持した。しかし，ハーラン裁判官は，法の平等保護の要請を「分離すれども平等」と多数派の見解を拒否して，ただ1人反対意見を述べた。この反対意見の中で，彼は，自分の同僚だけでなく，社会，さらには，時間を隔てた後世の人々に向かっても語りかけていたのである。この意味で彼は未来の予言者であり，その「予言」は，プレッシー判決のずっと後の，ブラウン対教育委員会事件判決（Brown v. Board of Education, 347 U.S. 483 (1954)）に至るまで，アメリカ社会に影響力を及ぼした。

II 問題点

1　裁判組織としての統一性の確保こそが司法裁判所において最も正当な立場であるとすれば，少数意見，ことに反対意見は統一性の確保を侵害することになる，という批判がありうる。一般に少数意見，特に反対意見に対する批判である。それに対し，ブレナン裁判官はかつて次のように述べたことがある。

I 憲法編

「反対意見は多数派の理由付けに異議を唱え，その権威を試し，多数派の理由付けとして用いられている基準に対抗するものを確立し，やがてそれに取って代わるようになる。ただし，この交替にはかなり時間がかかり（数年を要する），……ブラウン事件においてプレッシー原則を覆した場合のように60年も要することすらある。反対意見が多数意見に取って代わるようになるのは，社会の進展と個々の裁判官の先見性に依存しており，それがいつ実現するかはケース・バイ・ケースである。たいていの反対意見は，ほとんどと言っていいほど『成果を生む』ことはないし，その価値すらない。しかしながら，将来的に多数意見に採用されることだけが反対意見を正当化するものでもない。」(Brennan, 前掲論文 p. 436)

② 反対意見は過去において下された判決に従う，いわゆる先例拘束という司法の原則を拒否するものであるという別の批判がある。これに対して，ブレナン裁判官は，「連邦最高裁の裁判官は，合衆国憲法の内容を最終的に解釈するものであるから，その見解は時間を経る中で修正を受けざるを得ない。もしそうでなければ，世代を経るとともに時代錯誤の見解に堕してしまうことになる。裁判官は社会に対する広範な憲法上の義務を負っており，憲法の条文の解釈が本来の意味からかけ離れていると認識したならば，その逸脱を明らかにし，他のとるべき判断を指摘する責任を負っているのである」(Brennan, 前掲論文 p. 437)，と述べている。

③ 少数意見は裁判所の意見の分裂を象徴するものであり，法の安定性を害するとか安定に対する国民の信頼感を弱めるものになる，と批判されている。これに対して，最高裁判所裁判官をつとめた伊藤正己教授は，アメリカの最高裁における5対4の判決で少数意見の表示のために，たとえ法の不安定な状態を印象づけるものであるとしても，そのことが法の不安定を招くとはいえない，と述べている。むしろ，法の不安定な状況を示唆することによって，将来の法の変化，判例の変更を予測させることもありうるということで，決してデメリットではないと考えている（伊藤・前掲書72頁）。

④ 少数意見の減少傾向について，伊藤正己教授は，いくつかの要因による結果であると説明しているが，ここでは3点のみをとりあげたい。

まずは，広い意味での裁判過程に関する要因である。最高裁判所発足当時においては，判例の確立している分野は少なく，各裁判官は自由に自己の意見を述べることができ，そのため，少数意見の生まれる可能性も高かった。

しかし，徐々に拘束力をもつ判例が確立され，先例を前提として判決が下されるようになった。判例の権威を維持するために全員一致の判決を出そうとする動きがなされ，少数意見はますます生まれにくくなってきたといわれている。伝統的な裁判観が支配的になり，判決文は簡潔であるべきであるとする立場からすれば，少数意見には不必要と思われる部分が多くあり，「反対意見」や「意見」はさておき，「補足意見」については法廷意見に尽くされているという理由から，消極的な態度がとられるようになった，といわれている（伊藤・前掲書83-85頁を参照）。

次の要因として，裁判官の精神構造や行動態様があげられる。日本社会では協調性志向が強いといわれ，和の精神が強く支配している。その反面，自己主張により他を説得しようとする態度は弱い。また，日本人は，しばしばグループ行動態様から得られる安心感を好むといわれている。伊藤教授は，最高裁判所裁判官という最高の法曹集団の中にもこのような精神構造や行動態様が存在すると指摘している。少数意見の一つの長所は裁判官の個性があらわれることである。しかし，少数意見には，同僚裁判官を説得できなかった結果であるという心理が強く働くため，反対意見，特に単独の反対意見は書けなくなり，最終的には合議の結果，多数意見の方へ流れてしまう場合が多くなる（伊藤・前掲書85-91頁を参照）。

最後の要因として，日本における司法制度に求められる裁判官の理想像があげられる。伊藤教授の説明では，一般的に，裁判官の理想像は，先例を尊重し，それに随順する保守性をもつ裁判官と考えられている。また，裁判官が身に着けている法服は裁判官の威信を象徴し，法の厳格性を暗示するともいわれ，その黒衣は，着用する人の個性を中立化させる効果をもつとされている。ヨーロッパ大陸や日本の裁判官はこのような理想像が典型的で，「顔のない裁判官，あるいは顔をみせない裁判官」を理想的としている。要するに，裁判官に個人差がなく，どの裁判官にあっても同じような判断が期待され，先例を尊重し，共通した画一性のある裁判官職のもつ良心で判断することが求められる。この理想像の追求も，少数意見が減少した大きな原因となっている（伊藤・前掲書91-95頁を参照）。

I　憲法編

III　展 望

1　終審裁判所である最高裁判所の判決は先例となるため，裁判官一人一人の意見は重要である。全員一致の判決であれば問題はないが，このような判決を毎回得ることは極めて難しい。そのため，裁判官の意見が分かれた場合，いかにして裁判に対する国民の信頼を高めることができるかが，最大のポイントになる。そこで，多様な価値観の存在する現代社会を反映し，さまざまな見解があることを認めて，法廷意見をまとめるべきであると考える。その際，少数意見を述べるということは，確固たる信念に基づき，安易に他者に同調しない個性の強さを示すものといえよう。かつて，藤林裁判官が津地鎮祭事件の追加反対意見として，地方公共団体が神社神道固有の祭祀儀礼に従って起工式を行えば，儀式に要する費用の額や一般市民への参加の強制の有無に関係なく，宗教的少数者の人権侵害となる，と述べたことは少数意見の一つの代表例であるといえよう（藤林益三『法律家の知恵』（東京布井出版，1995年）115-124頁を参照）。

2　前述したように，少数意見は，多数意見をより納得できる意見とするために求められるものであり，また，「より実り多い未来への種をまく」ための手段でもある。このような意味からして，少数意見は，判決の中の重要な位置を占めるものである。したがって，伊藤教授が述べるような原因で少数意見が減少傾向にあるならば，これを改善することを考えなければならない。少数意見は相当の自信とエネルギーをもっていないと書けるものではない。裁判官の中に，最初は法廷意見を疑問視していても，時間・労力を考慮し，あるいは，自らに対する批判を回避するために法廷意見にやむえず同調する（何人かの）裁判官がいるとしたら，そのような「法廷意見」は，本来の全員一致の「強い」法廷意見ではないと考えられる。そのような「全員一致」の法廷意見では，もともと少数意見者が抱いていた疑問点を根本的には解いておらず，「不安定な」法廷意見とならざるを得ないのではなかろうか。そこで，納谷教授は，少数意見制活性化のための方策として次の四つのことを提案している。それは，①大法廷における口頭弁論の積極的な活用，②現行調査官制度の見直し，③アメリカで採用されているアミカス・キュウリィ（Amicus Curiae）制度の導入，そして④負担軽減の促進，である（納谷・前掲論文10頁）。

この中で注目したい改善策として，現行調査官制度の見直しとアミカス・キュウリィの導入がある。まず，現在の調査官は法廷意見を形成するうえでは有意義に機能するといわれているが，少数意見を各裁判官において形成するに際してマイナスに作用すると思われる。なぜなら，アメリカの最高裁判所裁判官のロー・クラークのように個々の裁判官につくのではなく，調査官は，個々の受理事件を担当することになっている。納谷教授は，現行の調査官制度の存続に加えて，各裁判官に少なくとも1名の専属する調査官の併用を認めれば，少数意見を書きやすくなるのではないかと主張する。最高裁判所の裁判官に専属の調査官がつけば，少数意見を書くための時間および労力は短縮され，法廷意見の疑問点も調査官と相談することができ，少数意見を書きやすい環境になることは確かである。また，アミカス・キュウリィ制度を同時に導入すれば，少数意見を書きたい裁判官は自分の考えに同調するアミカス・キュウリィを利用することができ，少数意見を書くための手助けになる。このような改革を進めれば，少数意見を書く環境はかなり改善されると考えられる。

　英米においては，理想とする優れた裁判官は，周知の通り，日本と違って個性豊かな裁判官であり，「規格化」された裁判官ではない。裁判を通じて積極的に法を創造し形成していく裁判官，時代の要請を読みとって正義を実現していく「顔のある裁判官，あるいは顔をみせる裁判官」である。英米のシステムをそっくりそのまま取り入れることはもちろんできないが，少数意見の意義に関してそこから何かを学ぶことはできるであろう。

◇　参考文献

　引用された文献以外で参考になるものとして以下のものがある。中野次雄「最高裁判所における各裁判官の意見の表示」兼子博士還暦記念『裁判法の諸問題（中）』（有斐閣，1969年）60頁，谷口正孝『裁判について考える』（勁草書房，1990年），初宿正典「最高裁判所の裁判における個別意見表示制」法学教室164号（1994年）38頁。

　なお，民事訴訟法「10」も参照されたい。

8 最高裁判所裁判官の選任

[ジョージ・R・ハラダ]

I 現状分析

1　日本国憲法6条3項は，「天皇は，内閣の指名に基づいて，最高裁判所の長たる裁判官を任命する」とし，79条1項は，「……（最高裁判所の）長たる裁判官以外の裁判官は，内閣でこれを任命する」と規定している（裁法39条1・2項も参照）。したがって，最高裁判所裁判官の人選はいずれの場合でも，実質的な決定権は内閣にある。しかし，最高裁判所裁判官の選考方法については，「最高裁判所の指名した者の名簿によって」任命されるとする下級裁判所裁判官と異なり（憲80条1項），憲法は何ら要件を設けていない。

憲法制定当時，民主化の徹底が騒がれていた中，最高裁判所裁判官の任命に関する制度が問題となり，何らかの形で国民を関与させることの必要性が議論された。そこでは，アメリカの多くの州で採用されていた公選制や連邦裁判官の任命制度にみられるような議会の同意を要するものが考えられていたようである。しかし，当時，日本の民主主義が未成熟であったため，アメリカと同様の制度を採用すると多くの弊害を生ずることが懸念せられ，結局，最高裁判所裁判官の任命に際して，任命権者である内閣に助言を与える裁判官任命諮問委員会を設置すること，および任命に対する国民審査制（憲79条2項）を設けることの2点に落ち着いた（「(座談会)最高裁裁判官の任命問題」法律時報54巻4号18頁を参照）。

1947年の最高裁判所発足時，裁判官任命諮問委員会により推薦された30名の候補者の中から，内閣は15名を選び，任命を行ったといわれている。しかし，この委員会は内閣の任命権を拘束するとか，責任を不明確にするとの理由で廃止されている。その後，任命権者である内閣の恣意的判断を排し，

広く国民的英知を集めるために，「最高裁判所裁判官任命諮問委員会」を再び作ろうという提案がなされたが（大阪弁護士会「最高裁判所裁判官の任命制度に関する立法案」法律時報45巻4号10-15頁，畑博行「最高裁判所裁判官の選任」『憲法学6』（有斐閣，1977年）73頁を参照），反対意見も多く，結局，憲法制定当時の裁判官任命諮問委員会に代わるものが設置されないまま現在に至っている。ところで，最高裁判所裁判官の任命に際して，内閣は各方面の意見を非公式に徴していると思われるが，最高裁判所裁判官の選考過程の実態は不明瞭であり，したがって，その問題点自体を適切に把握することは難しい。選考過程の透明化が要請される所以である。

② 最高裁判所裁判官の任命資格は裁判所法41条に定められており，「最高裁判所の裁判官は，識見の高い，法律の素養のある年齢40歳以上の者の中から」任命されなければならない。さらに，15人のうちの10人は，高裁長官，判事，簡易裁判所判事，検察官，弁護士，または別途法律で定める大学の法律学の教授または助教授の地位に一定期間以上あった者であることなどを要求している。

また，一般的には，最高裁判所裁判官のうち，5名はキャリアの裁判官から，5名は弁護士から，そしてその他の5名は官僚，法律学教授等から選任する枠があるといわれている。この枠が時には崩れたりするが，各界のバランスを維持するためにも保たれることが望ましいといわれてきた（田中英夫「最高裁判所の裁判官の任命と国民審査」法セミ増刊『最高裁判所』（日本評論社，1977年）84頁）。その中で，弁護士や大学教授のような純然たる民間出身者の減少傾向が目立つようになり（1958年には7名，1968年には6名，1978年，1988年，1998年には5名），この点，注意する必要がある（兼子一＝竹下守夫『裁判法〔第4版〕』（有斐閣，1999年）243頁）。

③ その他の特徴として年功序列的発想が強いといわれている。例えば，裁判官出身者枠から任命された者の経歴を見るとほとんどは高等裁判所長官の経験者であること，また，弁護士出身者枠から任命された者の多くは弁護士会の会長または副会長の経験者であることは明らかである。この結果，最高裁判所裁判官に任命される時の年齢は高く，最高裁に在職する期間もそれだけ短くなっている。そのため，在職期間が短すぎることから，最高裁の判例の安定性を確保するうえで問題があると主張されることもある（田中・前掲論文85頁を参照）。

II 問題点

1　最高裁判所裁判官の選考過程は秘密のベールに覆われており，したがって，この選考過程の透明化を求める主張がある。違憲審査権を担い，上告審でもある最高裁判所の裁判官のもつ意味を考えれば当然のことであろう。ところで，日本国憲法の下での最高裁判所裁判官の選考過程に，「国民の代表者で構成される議会の関与が全くないことは，諸国の制度と比べ特徴的」である（戸松秀典「最高裁判所の役割」法学教室198号51頁）。そこで，透明化のための一般的方策ともいえる選任に際しての「議会等の関与」の問題を，アメリカの連邦最高裁判所裁判官の選任制度を素材にして検討を加えてみたい。アメリカ合衆国憲法第2条第2節は，連邦最高裁判所裁判官の選任につき，大統領の指名と連邦議会の上院の「助言と同意」とによって任命される，と規定している。

実際の連邦最高裁判所裁判官の選考過程はかなり複雑である。ここでは，概説的な説明をする。公式には，連邦最高裁判所裁判官の選考過程は他の連邦裁判所裁判官のそれと原則的に異ならない。すなわち，まず，司法長官や利害関係のある上院議員により作成された候補者名簿の中から大統領によって数名の候補者に絞られた後，FBIがそれらの候補者の経歴を調査するのである。アメリカ法曹協会の連邦司法委員会には，推薦「資格」を候補者に付与する機会が与えられ，各候補者につき「優れて適格」「適格」「不適格」という評価を付した推薦人リストを交付する。これを受けて，大統領によって最終候補者名簿が発表され，その名簿は連邦議会の上院に提出され，上院司法委員会による審理が行われる。委員会による承認を経た後，上院総会での賛同を得ることで選任され，それぞれ連邦裁判所裁判官の地位に就くことになる。このように，連邦最高裁判所裁判官の選任は公選制ではない。その選考過程において，高度に利害が絡むので，大統領の指名は非常に大きな影響力をもつ。エーブラハム教授によると，連邦最高裁判所裁判官の推薦の際に，大統領が考慮する最も大きなポイントは，①客観的な能力，②個人的な交際，③選出母体を均衡させること，および④政治的・イデオロギー的適合性の4点である（H. J. Abraham, THE JUDICIAL PROCESS, Sixth ed., p. 62 (Oxford Univ. Press, 1993)）。

2　ところで，アメリカの連邦最高裁判所裁判官の選任制度は，非常に

「政治的」であることがよく指摘されている。このことは，アメリカの裁判官選任制度全般にいえることであるので，ここでは，裁判官選任制度全般と「政治」との関係を説明する。

　三権のなかで，司法府は最も政治的色彩の薄いものであるべきと考えられることから，司法に対する政治的影響というのは問題になる。「誰」を裁判官として任命するのか，その任命された裁判官は「どのような」司法判断を下すのか，という二つの事柄に関連性があるというのは，政治家，政党や利益団体にとってはきわめて明らかで，かつ彼らがよく認識しているところである。そして，実質的な政治政策を決定する上で，後に述べるように，裁判官は重要な役割を演じている。

　ところで，なぜ政党は裁判官という職に関心を示すのであろうか。それは，裁判官の名誉ある地位が，政党支援者への役職授与によって党の機構を活性化するというシステムにおいて重要な意味をもつからである。また，単に裁判官の職は重要な政治的地位であるだけでなく，州あるいは連邦の裁判官は，党の影響力を増殖するうえで有意なポストの授与について重要な役割を果たす。このように，裁判官は，統治機構の様々な領域における実質的な政策動向の多くに潜在的な影響力を有することになる (Sheldon Goldman, "Judicial Selection," in R. Janosik, ed., ENCYCLOPEDIA OF THE AMERICAN JUDICIAL SYSTEM, p. 591 (Charles Scribner's Sons, 1987))。このことを示す有名な事例として，アダムス大統領が1800年の大統領選挙において敗北した後における司法権の拡大をあげることができる。大統領だけでなく連邦党もまた連邦議会において共和党に多数を奪われ，政府における連邦党の影響力を維持するための最後の手段として，アダムス大統領は，できるだけ多くの連邦党員や支持者（大統領の指名した者の中には，彼の国務長官のマーシャル（John Marshall）を連邦最高裁判所長官にするということも含まれていた）を司法府に「詰め込む」ように，指名したのである。

　主要な政治的利益団体もまた裁判官の選任および解任に関して「政治的」利害関係を有している。例えば，経済界は「企業の自由を優先する」ような方針をもっている裁判官を求め，逆に，労働組合は，裁判官の関心を労働者の方に向けようと努める。また，「死刑」や「中絶」のような問題を支持する団体は，自分たちの立場に賛同してくれるような裁判官を応援する。裁判官の地位に就くのに十分な能力があるのにもかかわらず，立法府または政策

I 憲法編

決定者への働きかけ，そして，利益団体による強力な圧力によって敗退するという例はこれまでにも多く存在している (Culver & Wold, "Rose Bird and the Politics of Judicial Accountability in California," 70 JUDICATURE 81-89 (1986))。州レベルでの裁判官選任は公選制を利用しているので，利益団体の投票者への影響力は特に大きい。さらに，利益団体の方から進んで，例えば，その就任を阻まれたボーク裁判官の時のように，裁判官任命のための戦いに勝利をおさめるということもある。

法曹協会（弁護士会）もまた裁判官選任の争いでは非常に重要な地位を占めている。事実，アメリカ法曹協会に設けられた裁判官指名を扱う連邦司法委員会は，裁判官選考過程に「政治」の影響力を阻止するために設置されたのである。法曹協会の指導者達は，合衆国憲法および制定法（法律）を誠実に解釈するには，高度な専門知識が要求されるという考えをとっているので，裁判において判断を下すには，資格を十分有する専門家，すなわち弁護士の中から最高の者を選ぶべきとする。したがって，裁判官としての適任者を推薦できる裁判官選考委員会が必要であると主張する (H. Glick, Courts, Politics & Justice 140 (McGraw Hill Inc, 1993))。

ドイツの場合，五つの連邦最高裁（連邦普通裁判所，連邦行政裁判所，連邦財政裁判所，連邦労働裁判所および連邦社会裁判所の各最高裁判所）の裁判官は，それぞれの専門分野を管轄する連邦大臣と裁判官選考委員会（それぞれの専門分野を管轄する各ラントの大臣およびこれと同数の連邦議会により選ばれた委員で構成される）の共同により決定する（基本法95条2項）。木佐茂男教授によると，各連邦最高裁裁判官の選考は，実際には，選考委員会の単純過半数投票制によって選ばれるため，その時の政権党に有利に行われることになる，といわれている（木佐茂男『個人の尊厳と司法権』（日本評論社，1990年）90-95頁を参照）。また，連邦憲法裁判所の裁判官は，それぞれ半数ずつ連邦議会および連邦参議院によって選挙される（同94条）。

III 展望

1 日本の裁判官制度はアメリカのそれとはかなり異なるものである。したがって，アメリカの制度の一部分をそのまま導入することはできない。ただ，日本のシステムを改善するうえで，いくつかの点で参考になると思う。

アメリカの最高裁判所裁判官の選考過程は非常に明快である。しかし，手続が透明であるからこそ，裁判官の選考に政党や多くの利益団体が関心・利害をもち，それに絡んでくるのである。果たして，日本の制度も裁判官の選考過程に何らかの改正を加え透明にした場合，アメリカのような「政治的」状況になるのだろうか。あるいは，日本の制度は影に隠れて実際に政治的な動きが既にあるとすれば，それを明るみに出す必要性があり，それを改善するためにアメリカの制度を参考に打開策を考えるべきか。

　かつて，田中英夫教授が，アメリカの多くの州が採用している「メリット・システム」を紹介しながら，当時，大阪弁護士会等が推進していた裁判官選考のための諮問委員会の設置を改善策として主張された（田中・前掲論文86-87頁を参照）。そこで，まず，注意しなければならないのは，このシステムは州の裁判官の選任制度として採用されているものであり，最高裁判所裁判官の選任のために採用されているものではない，ということである。この「メリット・システム」には三つの特徴があるといわれている。第1に，裁判官選考（諮問）委員会（通常，法律家，裁判官および一般市民により構成）が複数の候補者を指名する。第2に，選任権者（通常は，知事）は指名された者の中から候補者を選考し任命する。第3に，被任命者はある一定の期間を経た後信任投票を受ける。なお，裁判官を有権者の信任投票にかけるときには，「裁判官Xを信任しますか？」という単純な質問の形で行う，ということである。

　この制度を実施するに当たっては，裁判官選考委員会の構成に関し注意しなければならない点がある。この制度を採用しているアメリカのほとんどの州の場合，裁判官選考委員会の委員を選考するのは知事である。したがって，委員は必然的に知事の政党または知事の政策支持者等で固められることになり，「政治的」色彩から免れることはできない。その意味では，先に紹介した連邦裁判所裁判官の選任制度とほとんど変わらないように思われる。この制度を採用するとしても，さらに一工夫する必要があるであろう。

　2　大阪弁護士会やその他の団体により提案された諮問委員会の問題点は，候補者の推薦が内閣に対し拘束力をもつかどうかである。拘束力がなければ諮問委員会の設置の意味が弱くなるし，だからといって，拘束力をもたせれば，憲法が最高裁判所裁判官の任命権を内閣に与えていることと矛盾することになる。しかし，諮問委員会を推進する意見として，「長期にわたり一党支配が続く場合には，最高裁判所裁判官の構成に政治的片寄りを生ずる恐れ

I 憲法編

がある。その意味で，何らかの是正策が必要であろう。諮問機関の設置も，その機関が複数の候補者を推薦し，その中から最終的に内閣が選任するようなものであれば，憲法違反とまでは言えないと思われる」と述べている（兼子＝竹下・前掲書242頁を参照）。いずれにしても，前述のように，諮問委員会の構成や委員の選任制度という難しい問題を含んでおり，慎重に検討するべきであろう。

③　さらに，もう一つ触れておかなければならないことがある。最高裁判所裁判官の選任については，国民審査との関係を忘れてはいけない。日本国憲法が最高裁判所裁判官の国民審査制度を採用したのは，最高裁の地位を主権者である国民の意思に基礎づけようとしたためである，といわれている（田中・前掲論文88頁を参照）。もともと，裁判所は素朴な国民の意思に簡単に左右されると本来の役割を果たすことができない。だからといって，国民によって直接選ばれていない裁判所が国民の代表である国会の制定した法律を簡単に無効にしたり，国民の真の意思を全く無視するような行動をなすことは民主主義に反することになる。その相矛盾する点の妥協として案出された制度が国民審査制度である。つまり，国民審査制度を通じて裁判所を徐々に国民の意思に近づけていくことが期待されているのである。

また，別の視点から考えれば，この国民審査制度は内閣に対するチェック制度でもあり，内閣に「慎重」に裁判官を任命させようとする制度でもある。前述したように，仮に裁判官選考過程が不透明であった場合でも，国民審査制度を有効的に利用すれば，かなりの改善がみられるのではないかと考える。したがって，最高裁判所裁判官の選任を考える場合，国民審査制度をも考慮に入れて検討するべきある（「最高裁判所裁判官の国民審査」については，本編「6」を参照。）。

◇　**参考文献**

最高裁判所裁判官の選任を考えるうえで，「(座談会) 最高裁判官の任命問題」法律時報54巻4号18号，兼子一＝竹下守夫『裁判法〔第4版〕』(有斐閣，1999年) などを推薦する。また，アメリカの裁判官の選任制度については，ジョージ・R・ハラダ「司法審査と司法行動論」阪本編『立憲主義——過去と未来の間』(有信堂，2000年) を参照されたい。

9　判例の変更

[片山智彦]

I　現状分析

1　判例の変更とは，裁判所が，裁判の理由中において，自らの従来の判例とは異なる法的判断を下すことである。実際には，判例の統一をその重要な機能の一つとする最高裁の判例変更が議論の対象とされてきた。判例変更の問題，すなわち，判例の拘束力，判例の変更の可否，変更の要件，変更の手法といった論点を扱う場合，判例という言葉の意味がまず明らかにされる必要がある。確かに，判例という言葉は多義的であるが，最近では，判例変更との関係では，判例が，裁判の理由中の判断のうち，裁判の結論を導く上で必要不可欠な部分，すなわち，レイシオ・デシデンダイ（ratio decidendi）を意味することを議論の前提とすることが一般的になってきている。

その場合，裁判の結論を導く上で不可欠とはいえない部分は，傍論（obiter dictum）とよばれ，裁判上の先例としての意味を持たないとされることになる。もっとも，裁判の理由付けのどの部分がレイシオ・デシデンダイとされるべきかという問題については日本では未だ十分な議論がなされていない。

2　ところで，判例変更の可否・要件は，判例の法源性やその先例としての拘束力に関わる問題である。この点，従来は，イギリス，アメリカなど判例法主義の国と異なり，制定法主義の伝統をもつ日本では，判例は法的拘束力を持たない，という見解が一般的であった。その際，判例には全く拘束力がないと考えられてきたわけではなく，最高裁の判例と異なる判断をした場合には上訴を通じて取り消される可能性があるということから，最高裁の判例は下級裁判所に対して事実上の拘束力をもつとされる。また，こうしたこ

I　憲法編

とから，判例は純粋な意味での法源ではなく，「事実上の法源」として位置づけられるのが通例であった。

　こうした状況に対して，比較的最近，憲法学の立場から強い異論が有力に主張されている（佐藤幸治「憲法判例の法理」同『現代国家と司法権』（有斐閣，1988年）349頁以下など）。この近時の有力説は，通説が，憲法76条にいう「司法権」がアメリカ合衆国憲法の流れを汲むアメリカ流の観念であることを認めながら，先例拘束性については，日本とアメリカとの違いを前提とする議論をすることに疑問を提起し，法の下の平等などを根拠に，判例には，憲法上，法的拘束力が与えられていると主張されるのである。

　こうした見解の背後には，理論的な問題だけでなく，日本の裁判所における判例の取り扱われ方に対するクリティカルな評価が存在する。すなわち，事実上の拘束力といった不明確な観念ゆえに，判例の抽象的な理由付けが大きな力をもってきたのではないかとされるのである。

　③　もっとも，事実上の拘束力説，法的拘束力説のいずれも，判例の変更が可能であるという点では一致している。すなわち，法的拘束力説をとった場合でも，むろん，判例に絶対的拘束力が認められるわけではないのである。問題は，判例変更が許されるための要件と判例変更の方法である。

　この点，これまで，最高裁は，比較的柔軟に自己の判例を変更してきたといえる。そして，そのことについては，「黙示の先例変更と見られるものを含めて，先例との緊張関係を意識することなくその変更が行われている」とのネガティヴな評価が見られるところでもある（樋口陽一＝栗城壽夫『憲法と裁判』（日本評論社，1988年）93頁［樋口陽一］）。

　実際，憲法判例も含め最高裁の判例が変更された例は多い。そのうちの最も著名なケースとしては，いわゆる全農林警職法事件の最高裁判決（最大判昭48・4・25刑集27巻4号547頁）における判例変更をあげることができる。この事件は，判決の多数意見と反対意見の間に，判例変更の是非・要件・方法について，顕著な対立が見られるという意味でもきわめて注目すべきものである。

　この判決において，直接変更されたのは，いわゆる全司法仙台事件の最高裁判例（最大判昭44・4・2刑集23巻5号685頁）である。具体的には，後者では，国家公務員の争議行為のあおり行為を処罰する国家公務員法98条5項（旧規定）について，公務員の労働基本権の保障の観点から，いわゆる「二

重のしぼり」をかけるという形で合憲限定解釈が施されたのに対して，全農林警職法事件判決では，そうした解釈がむしろ憲法に違反するおそれさえあるとして放棄されることになったのである。この判例変更について，田中二郎裁判官ほか5名の裁判官は，憲法判例の変更は憲法の変更にも匹敵するものであるから慎重に行うべきであるが，全農林警職法事件においては，従来の判例を変更する必要は認められないとして多数意見を批判しているのである。

II 問題点

1　判例変更は判例の拘束力を破るものである以上，判例の拘束力の根拠，性質及び内容を明らかにすることが，判例変更の可否・限界を明らかにすることにつながるはずである。この点，まず，事実上の拘束力説については，法的拘束力の否定の根拠と，事実上の拘束力の根拠の双方を明らかにする必要がある。

前者としては，まず第1に，日本の法システムが制定法主義をとることがあげられる。また，裁判官は憲法と法律にのみ拘束されるとする憲法76条3項も根拠の一つとされることがある。さらに，「上級審の裁判所の裁判における判断は，その事件について下級裁判所を拘束する」と規定する裁判所法4条は，判例が他の事件においては裁判所の判断を拘束しないことを裏付けるものだと解されることがある。

後者については，法的安定性，訴訟経済などが根拠とされることもあるが，審級制のもとでは，最高裁の判例に反する下級裁判所の裁判は上訴によって取り消される可能性があるのであり，そのことが，判例の事実上の拘束力を支えることになるのである。もっとも，事実上の拘束力といっても，それは最高裁の判例に従うという下級裁判所の裁判官の職務上の義務に基づくもので，間接的には法的根拠があるとされることもある（中野次雄編著『判例とその読み方』（有斐閣，1987年）24頁［中野次雄］）。

他方で，法的拘束力説は，先例拘束主義の機能としての，「安定性，予見可能性，信頼性，平等性と処遇の統一性，司法的な便宜と効率性，経験の活用，裁判官の恣意性に対する抑制といった要素は，およそすべての立憲民主主義国の法体系に妥当し必要とされるものである」とする（佐藤・前掲351

I 憲法編

頁)。その上で、そうした認識の延長線上で、実定法上は、法適用の平等を規定する憲法14条、公正な裁判を前提とする憲法32条、罪刑法定主義によって、判例の法的拘束力が基礎づけられることになる。

また、先例拘束性の原理は、司法権の正当化根拠たる法の支配の概念、そして、「とりわけ司法審査制度の正当性にとって不可欠」であるとする指摘もなされている(松井茂記「憲法判例の法源性・先例拘束性と憲法判例の変更」樋口陽一編『講座憲法学6』(日本評論社、1995年) 215頁)。

このように鋭く対立する両説であるが、事実上の拘束力説の中にも、最高裁が示す抽象的な法理論が下級裁判所に対してものをいってきたという問題の認識あるいは判例の恣意性を排除する必要があるという、課題の設定自体を法的拘束力説と共有する学説が存在する。その場合には、両説の食い違いは、そうした問題に解決を与えるための手段の選択に存することになる。

すなわち、事実上の拘束力説は、法的拘束力を認めることが判例による不必要な法理論の提示の自制を促すことになるわけではなく、むしろ、下級裁判所に対する最高裁判例の拘束力を強めることになってしまうとするのである(芦部信喜「憲法判例の拘束力と下級審の対応」『国家学会百年記念 国家と市民』(有斐閣、1987年) 88頁)。

また、日本では、裁判官人事を中心とする最高裁の強力な司法行政権の行使がなされており、さらに、アメリカと異なり法曹一元制をとらないため裁判官が自立した地位を持たず、しかも異論の提起に対する社会的寛容度が低いことから、判例に法的拘束力を認めることは、「目的に対して適合的でない手段をとることといわなければならない」とする学説もみられる(樋口・前掲書119頁以下)。ここに、判例の拘束力をめぐる近年の議論の一つのポイントがある。

② では、判例の拘束力に関するそれぞれの立場から見て、判例の変更はどのような場合に許されることになるのかが次に問題となる。この点は、とりわけ憲法判例に関して議論の対象とされている。その際、憲法判例については、その変更の可否及び要件について特別の取扱いをすべきか否かがまず問題となる。これは、法律の解釈に関する判例については、立法者が判例と異なる内容を持つ法律を制定することによって、実質的に判例を覆すのと同じ効果を生じさせることができるのに対して、憲法判例の場合には、きわめて厳格な憲法改正の手続きを踏まない限り、同様の効果を発生させることが

できないということによる。

こうした憲法判例の特殊な性質は，憲法判例の変更は通常の判例の場合以上に緩やかに許されるべきだとする立場の根拠としてしばしば援用され，学説上は，そうした見解がかねてからの通説となっている（伊藤正己「憲法判例の変更」公法研究22号（1960年）1頁以下）。

では，こうしたことを前提として，具体的には判例変更はいかなる場合に許されることになるのか。事実上の拘束力説の立場に立つ有力な学説は，最高裁は自由に判例変更を行うことができるが，事情の変更，経験に基づく調節の必要，または，先例のきわめて明確な誤り，という判例変更の条件に適切な配慮を怠った場合には，判例変更が「不当」となるとしている（芦部信喜「憲法訴訟の理論と技術」同『憲法訴訟の現代的展開』（有斐閣，1981年）11頁）。

それに対して，法的拘束力説は，「①矛盾する先例を選択する必要があるとき，②先例の解釈が実行不能ないし重大な困難を帰結するとき，③先例に明白な誤りが存するとき，④明示的変更が以前の事実上の変更の宣言にとどまるとき」，あるいは，「①ある先例に従うかあるいは他の判例に示されるそれと相対立する哲学に従うかを選択しなければならないとき，②先例がその後の時代的要請に対応しなくなったとき，③慎重な再検討に基づき先例と違った解釈の妥当性を確信するに至ったとき」には判例の変更は正当と観念されるとしている（佐藤・前掲370頁）。

さらに，国民の権利・利益を拡大する方向での判例変更は比較的緩やかに許されるべきであるが，基本的人権を縮減する方向での判例変更は人権剥奪であり，原則として，許されないという見解もみられる（浦部法穂「判決の効力と判例理論」法セミ増刊『憲法訴訟』（日本評論社，1983年）238頁）。しかし，そうした考えに反対する学説も有力に主張されており，むしろそうした見解が多数であるといえる。もちろん，このことは，判例の不遡及的変更などの手法を用いて，後者のような形での判例変更が当事者に対して不意打ちになるという弊害をさける必要が残ることを否定するものではありえない。

III 展望

1　判例の拘束力の問題は，裁判所が先例に拘束されるべきか否かという

I 憲法編

問題であるという問題設定を共有するとすれば，事実上の拘束力説は，理論的には，判例の規範的な意味での拘束力を否定するものであるはずであるが，実際には，事実上の拘束力も一定の規範的内容を含むと理解される余地がある（松井・前掲214頁）。こうしたことを考えれば，法的拘束力か事実上の拘束力かという対立は，拘束力の強さの差異に還元しうるとする立場も成立しうる（高橋一修「先例拘束性と憲法判例の変更」芦部信喜編『講座憲法訴訟第3巻』（有斐閣，1987年）157頁）。

　もちろん，判例の拘束力は単に事実上のものにすぎないとして，実質的にそれを否定する立場もありうる。しかし，そうした立場に立った場合，判例変更が不当とされることはあっても，違憲とされることはないことになる。このことは，たとえば，刑罰法規に関する判例の変更によって処罰範囲が拡大される場合がありうることを考えても，容易に承認しがたいように思われる。

　確かに，最高裁判例に法的拘束力を与えることが，下級裁判所がひたすら判例に追従するという事態を強める危険はある。しかし，そうしたことは，すでに，事実上の拘束力説が通説とされている状況の下でも生じており，その原因は，判例の法的拘束力の有無ではなく，別のところにあるといえるのではないだろうか。

　もっとも，判例変更に伴う不都合をさける方策は，判例自体に法的拘束力を与えることに限られるわけではない。判例自体の法的拘束力を否定した上で，例外的にであれ，判例変更に憲法上の限界があると解することも不可能ではないからである。

　いずれにせよ，重要なのは，判例変更が許されるための要件である。一般には判例は十分説得的な理由があれば変更可能と解されているが，具体的事案における判例変更に際しては，先例拘束性の根拠としてしばしば援用される法的安定性，法適用の平等，公平といった要請と旧来の判例を裁判の中で再検討し，それをさらに修正または発展させていくことによる法の継続的形成の必要性などの調和点をどこに見いだすのかをさらに検討する必要がある。

　2　また，判例変更の要件については，憲法判例の変更は広く許されるべきだとされているが，先の全農林警職法事件における田中二郎裁判官ほか5名の裁判官の反対意見における「最高裁判所が最終審としてさきに示した憲法解釈と異なる見解をとり，右の先例を変更して新しい解釈を示すにあたっ

ては，その必要性および相当性について特段の吟味，検討と配慮が施されなければならない。けだし，憲法解釈の変更は，実質的には憲法自体の改正にも匹敵するものである……」，という主張にも留意する必要がある。

判例の法的拘束力の根拠が，憲法14条や31条，32条などに求められるとすれば，判例の変更は人権の制限としての側面を持つはずであり，そうであるとすれば，立法府と司法府の間の権限のバランスをとるという要請が，アプリオリに人権制限を正当化するものとはいえないのではないだろうか。

最後に，判例変更のいわば後始末の問題として，旧判例によって処理された事件の当事者及び権利・義務関係をどのように取扱うべきかという問題がある。この点は，たとえば，従来の判例を変更し，尊属殺重罰規定（刑法200条〔現在は削除〕）を違憲とした最高裁判決（最大判昭48・4・4刑集27巻3号265頁）に関しては，個別恩赦による救済が与えられた。しかし，内閣によってそうした配慮がなされなかった場合に，憲法上，どのような救済が与えられなければならないのかという点についての論議も必要であろう。

◇　参考文献

判例の研究書としては，代表的なものとして，中野次雄編『判例とその読み方』（有斐閣，1987年）をあげることができる。判例の拘束力に関しては，法的拘束力説を強く主張し，この問題についての議論をリードする論者によるものとして，佐藤幸治「憲法判例の法理」同『現代国家と司法権』（有斐閣，1988年）が重要である。判例の拘束力，判例の変更をめぐる近年の議論状況については，高橋一修「先例拘束性と憲法判例の変更」芦部信喜編『講座憲法訴訟第3巻』（有斐閣，1987年），松井茂記「憲法判例の法源性・先例拘束性と憲法判例の変更」樋口陽一編『講座憲法学6――権力の分立(2)』（日本評論社，1995年）が詳しい。

10 違憲判断の方法と違憲判決の効力

[笹田栄司]

I 現状分析

1 付随的違憲審査制を採用する日本国憲法の下において，具体的事件で問題となっている法令が憲法に適合しないと裁判所が判示する場合，違憲とされた法令の効力はどうなるのか，という問題がある。すなわち，「最高裁がある法令について違憲の判決を下した場合に，その効力は当該個別事件だけに及ぶのか，それともそれを超えて一般的にその法令を無効とすることになるのか」(野中俊彦『憲法訴訟の原理と技術』(有斐閣，1995年) 386頁) という問題設定である。

ところで，「違憲判決を下す」ということの意味を考えてみるなら，付随的違憲審査制の下では具体的事件に関して判決がなされることから（なお，判決に限らず決定においても同様であり，広く「違憲裁判」の効力というべきとする主張が正当にもなされている。竹下守夫「違憲判断の多様化・弾力化と違憲判決の効力」三ヶ月古稀『民事手続法学の革新（中）』(有斐閣，1991年) 671頁)，それは判決主文においてではなく判決理由の中で示された判断を指すものである。例えば，「薬事法事件」最高裁判決（民集29巻4号572頁）でも，判決主文は，「原判決を破棄する。被上告人の控訴を棄却する」であって，判決理由の中で，「薬局の開設等の許可基準の一つとして地域的制限を定めた薬事法6条2項・4項（これらを準用する同法26条2項）は，不良医薬品の供給の防止等の目的のために必要かつ合理的な規制を定めたものということができないから，憲法22条1項に違反し，無効である」と述べている。この点，ドイツの憲法裁判所においては憲法問題がもっぱら争点となることもあり，決定主文において違憲・合憲判断が下されることが多い。

② 違憲判決の効力は,「違憲審査制を根拠とし,その趣旨の実現を目的とするものであって,通常の既判力等とは性質を異にし,違憲審査制の趣旨に由来する特殊な効力と見るべき」(竹下・前掲701頁)であるが,その効力をめぐっては学説上の対立がある。これまで,次の3説が主張されてきた。個別的効力説は,違憲判決の効力は当該事件に限ってその法的効果が及ぶのであり,当該事件についてのみ法律の適用が排除される,と主張し,一方,一般的効力説は,違憲とされた法律は当該事件を超えて一般的に無効となる,と解する。また法律委任説は,憲法によっていずれとも一義的に決定されているのではなく法律に委ねられているとする。学説の対立としては個別的効力説対一般的効力説が中心となっており,それぞれ次のような批判を行ってきている。

一般的効力説から個別的効力説に対する批判としては,憲法98条から憲法に違反する法律は当然に無効となる,そして,最高裁判所によって違憲と判示された法律も,ある場合は無効で他の場合は有効となるのでは,法的安定性そして予見性を欠き,憲法14条の平等原則に反するのではないか,という点にある。一方,個別的効力説からは,一般的的効力を認めることが一種の消極的立法作用となり,国会を唯一の立法機関と定める憲法41条に反するのではないか,さらに付随的違憲審査制をとる日本国憲法の下では,具体的な事件についてその事件の解決に必要な限りで違憲審査権は行使され,したがって違憲判決の効力もその事件に限定される,という主張がなされている。

③ 学説間のこのような理論的争いは現在では影を潜めている。それは,両学説ともその論理を理念的に追求すれば困難な事態が生ずることになるからである。例えば,個別的効力説にしてみても,違憲判決の効力は他の事件には及ばないとすることが妥当なのか,一般的効力説についても,一般的遡及効を認めることがかえって法的安定性を害することになるのではないか,などである。さらに,憲法上の権利あるいは法律上の利益の救済という観点からも,伝統的な違憲判決の効力論は批判がありえる。即ち,「法律ないしそれに基づく国家行為が違憲だとしても,それを無効とすることによっては,なんらの法律上の利益の回復も得られず(議員定数訴訟の場合だと,当該選挙区選出の議員数の増加がむしろ望まれているのに,かえってゼロになるだけに終る),憲法上の利益の回復のためにはなんらかの新しい立法措置が必要とされる(議員定数訴訟の場合だと,国会における定数改正が必要である)場合

I 憲法編

があり，このような場合には違憲無効とするのは，当該具体的事件の解決にとって適切ではないのではないか」（野中・前掲書408頁）ということである。

この点は，衆議院議員定数不均衡訴訟についての昭和51年4月14日の最高裁大法廷判決（民集30巻3号223頁）からも明らかである。同判決は，憲法98条1項の「文言によつて直ちに，法律その他の国権行為が憲法に違反する場合に生ずべき効力上の諸問題に一義的解決が与えられているものとすることはできない。憲法に違反する法律は，原則として当初から無効であ」るが，しかし，そのように解することが，「かえつて憲法上その他の関係において極めて不当な結果を生ずる場合には，むしろ右の解釈を貫くことがかえつて憲法の所期するところに反することとなるのであり，このような場合には，おのずから別個の，総合的な視野に立つ合理的な解釈を施さざるをえない」と述べているのである。

結局，「違憲審査権の発動・行使の形式とその結果たる違憲判決の効力とは理論上一応別次元のもの」ということから，「いわゆる付随的違憲審査制にあっても，違憲判決の効力については様々なヴァリエーションがある」（佐藤幸治『現代国家と司法権』（有斐閣，1988年）335頁）と考えられるに至っている。そして現在においては，「個別的効力説を基本としながら一般的効力説要素も加味する折衷的見解が多数をしめる」（大沢「法令違憲判決の効力」『憲法の争点〔第3版〕』250頁）という理論状況にあるのである。

II 問題点

1 違憲判決の効力については従来の議論の枠組みでは新しい展開は期待されず，将来無効の判決，事情判決，違憲確認判決，さらに違憲警告判決のような新しい方式の検討に今後はシフトする，という点では大方の一致があると解される（野中・前掲書412頁参照）。この点について，一連の衆議院議員定数不均衡訴訟が多くの検討材料を提供する。

前掲昭和51年判決は，行政事件訴訟法31条1項が定める事情判決の法理に「一般的な法の基本原則に基づくものとして理解すべき要素も含まれている」として，それに基づき，「本件選挙は憲法に違反する議員定数配分規定に基づいて行われた点において違法である旨を判示するにとどめ，選挙自体はこれを無効としない」と判示する。もっとも事情判決の法理は，「議員定

数不均衡訴訟に対する特殊な方式であると性格づけることができ，他の様々な憲法訴訟に応用できるとは思われない」（戸松「違憲判断の方式」『講座憲法学6』（日本評論社，1995年）184頁）が，しかし，この判決を契機にして新しい展開が芽ぶきはじめたのも確かである。

また，同判決は，制定当時憲法に適合していた法律が，その後の事情の変化により，「その合憲性の要件を欠くに至ったときは，原則として憲法違反の瑕疵を帯びるというべきであるが，右の要件の欠如が漸次的な事情の変化によるものである場合には，いかなる時点において当該法律が憲法に違反するに至ったものと断ずべきかについては慎重な考慮が払われねばならない」とする。人口の移動によって選挙区における人口数と議員定数との比率の偏差が「選挙権の平等の要求に反する程度となったとしても，これによって直ちに当該議員定数配分規定を憲法違反とすべき」ではなく，憲法上要求されている「合理的期間内における是正」が行われない場合に始めて憲法違反と断ぜられるべきという「慎重な配慮」がなされている。このような，違憲判断と「合理的期間」論を結びつける手法は，次の「将来効判決」の考え方につながっていく。

将来効判決は，「違憲＝無効とはするが無効の発生は将来の一定時期以降にするという判決方法である」（野中・前掲書410頁）。この方式は，昭和51年判決を経て，定数是正が進行しないという国会の状況を踏まえたうえで，昭和58年11月7日判決（民集37巻9号1243頁）において，中村裁判官がその反対意見の中で示唆し，さらに昭和60年7月17日判決（民集39巻5号1100頁）において，寺田裁判官ら4名の補足意見の中で次のように展開されたのである。現行議員定数配分規定のままで施行された場合における選挙の効力については，「多数意見で指摘する諸般の事情を総合考察して判断されることになるから，その効力を否定せざるを得ないこともあり得る。その場合，判決確定により当該選挙を直ちに無効とするすることが相当でないとみられるときは，選挙を無効とするがその効果は一定期間経過後に始めて発生するという内容の判決をすることも，できないわけのものではない。けだし，議員定数配分規定の違憲を理由とする選挙無効訴訟（以下「定数訴訟」という。）は，公職選挙法204条所定の選挙無効訴訟の形式を借りて提起することを認めることとされているにすぎないものであって（昭和51年大法廷判決参照），これと全く性質を同じくするものではなく，……その判決についてもこれと別個

に解すべき面があるのであり，定数訴訟の判決の内容は，憲法によって司法権にゆだねられた範囲内において，右訴訟を認めた目的と必要に即して，裁判所がこれを定めることができるものと考えられるからである」。

② 学説においてもこの考え方は支持を得ている。芦部教授は，事情判決の考え方を押し進めて，「裁判所が選挙の違法を宣言するにとどまらず，選挙を無効とし，ただ，その効力を開会中の国会ないし近い将来開会される国会の会期終了前の時点から発生させる（その間に国会の自主的な是正を要求する）等の将来効判決を下すことも，少なくとも定数不均衡訴訟については，例外的に可能」と解している（芦部信喜『憲法新版補正版』(岩波書店，1999年) 351頁)。

しかし，「違憲判断の多様化・弾力化」を志向する最近の議論は基本的に適切なものであるが，そこには司法権の範囲・射程という問題がある。つまり，将来効判決を考えてみた場合，「かかる判決は，一種の条件付判決であり，将来，果たして立法府のとった措置が違憲状態を解消させたか否か疑われるときは，再び合憲・違憲の争いが生じ，前訴を無意味ならしめる危険がある。それ故，アメリカでは管轄権の留保がなされているのであり，また民事訴訟法学上も，裁判所の行為としての判決に条件を付することは許されない」（竹下・前掲693頁）との批判をどう考えるかである。議員定数不均衡訴訟にのみ関わるとしても以上の批判を招いているが，さらに一般化した形で進むとなると，エクイティの伝統を持たない我が国においては司法権観念の再検討が要請されるであろう。

III 展望

① 違憲判決の効力については，遡及効か将来効かという設定の他に，立法権そして行政権に対する働きかけに焦点を合わせる方向がある。

「違憲判決の効力」という場合，既述のように，判決主文においてではなく判決理由のなかで示された判断が問題であり，その際，①違憲無効，②「本件選挙は憲法に違反する議員定数配分規定に基づいて行われた点において違法である旨を判示するにとどめ，選挙自体はこれを無効としない」とする違憲確認類似のもの（最大判昭51・4・14民集30巻3号223頁），さらに，③「選挙区間における本件選挙当時の投票価値の較差は憲法の選挙権の平等の

要求に反する程度に至っていた」とするが,「憲法上要求される合理的期間」を引き合いにだして,定数配分規定を違憲とすることはできないとしたうえで,上記規定を「できる限り速やかに改正されることが強く望まれる」（最大判昭58・11・7民集37巻9号1243頁）とする違憲警告判決があると思われる。「違憲判断が当該訴訟で争点となっている法令や処分の効力に直接結びついているか否か」（戸松・前掲172頁）という視点からすれば,②ないし③は直接法令や処分の効力に結びつくわけではない。さらに,②と③の違いが違憲判断の「効力」の上からどこにあるかは明確なものではない。

　そもそも,この「効力」についても,「個別的効力説を基本としながら一般的効力説要素も加味する」とした場合,当該事件の効力に加え,「立法府に対し該法律の改廃を求め,行政府に対し該法律の執行をひかえるよう求める効果」（佐藤・前掲書340頁）を含めるものが考えられる。①についても,その立法・行政に対する効果を「違憲判決の効力」と敢えて呼ぶ意味を認めないとする見解もだされているが（高橋一修「違憲判決の効力論・考」藤倉編『英米法論集』（東大出版会,1987年）137頁以下）,なおさら②と③の区別については積極的な意味を見だすことは難しいであろう。

　② ドイツの事情を見てみると,違憲確認判決は判決主文で法律の違憲性を確認するがこれを無効としないとするものであり,違憲警告判決は判決主文で法律の違憲性を確認せず,判決理由のなかで違憲性についての重大な疑念を表明し,立法府に法律の改廃の義務のあることを強く警告するものである（野中・前掲書291頁）。両者の法的効果については,連邦憲法裁判所法31条2項2段が前者については「法律的効力」を持つと定めることから,その違いは明らかである。後者が立法者の義務を警告するのにとどまるのに対し,前者においては,判決時から立法者が新しい法律を制定するまでの期間,裁判所は訴訟手続を中断しなければならず,また違憲と確認された法律を適用しなければならない他の国家機関も同様の立場に置かれる。もっとも,法律の適用の禁止から生ずる不都合を回避する必要のある領域（身分法上や給与法上の事案）については,連邦憲法裁判所が違憲とされた法律の更なる適用を明示的に命ずるのである（宮地基「西ドイツ連邦憲法裁判所による規範統制判決の展開と機能」神戸法学39巻4号976頁以下,笹田栄司「西ドイツにおける立法不作為理論の展開」九大法学45号17頁以下参照）。

　ドイツのこのような在り方は我が国の議論にとっても参考になるが,その

I 憲法編

ドイツにおいても問題がないわけではなく，また憲法裁判所制度を前提にしない我が国にあっては，どのように違憲確認判決を導入するかは別に検討する必要がある。問題は違憲確認判決にいかなる「効力」を付与するかに係っているが，場合によってはあまりに強い効果は違憲無効の判決のそれを上回ることもある（判決主文または判決理由中で，立法者がとるべき対応の具体的な内容を連邦憲法裁判所が示唆するとすれば，それは，立法者の形成の自由を無効判決より深く侵害することになる（宮地・前掲1028頁参照））。一方，効力が弱すぎると，違憲警告判決との差がない。即ち，「最高裁判所が違憲確認の判断を下したとしても，それが当該訴訟・事件の解決に直接結び付かないかぎり，……最高裁判所による違憲の警告ないし傍論，つまり最高裁判所の憲法上の単なる見解にとどまり，具体的憲法秩序の形成に至らないのではないか」（戸松・前掲191頁）ということである。

近時主張されているのは，「違憲確認の判断は，最高裁判所裁判事務処理規則12条の違憲裁判に該当し，同14条に従って，その要旨の官報公告，裁判書正本の内閣および国会への送付」が確保されていなければならないとするものである（戸松・前掲191頁）。立法権そして行政権の対応が鍵となることから，その対応をどのように引き出すかは難しいテーマであるが，付随的違憲審査制をとる日本国憲法の下では，ドイツと異なり，いずれにせよ違憲警告との違いはこの程度のものにとどまらざるを得ないのかどうかは，なお検討すべき問題である。

◇ 参考文献

議論全体を見通すものとしては，戸松秀典「違憲判断の方式」樋口編『講座憲法学6』（日本評論社，1995年），そして大沢秀介「法令違憲判決の効力」高橋＝大石編『憲法の争点〔第3版〕』（ジュリ増刊，1999年）が有益であり，さらに，竹下守夫「違憲判断の多様化・弾力化と違憲判決の効力」三ヶ月古稀『民事手続法学の革新（中）』（有斐閣，1991年），野中俊彦『憲法訴訟の原理と技術』（有斐閣，1995年）385頁以下，佐藤幸治『現代国家と司法権』（有斐閣，1988年）301頁以下も，興味深い論点を指摘する。

11 行政機関による裁判

［日野田浩行］

I 現状分析

1 英米流の「法の支配」の原理を採用した日本国憲法の下では，司法権の限界にかかるものをのぞき，政府のすべての行為は，具体的争訟が提起された場合，その解決に必要な限りで，最高裁判所をはじめとする司法裁判所の審査を受けることとなる。行政権の行使によりその権利・利益の侵害を受けた個人は，憲法32条により実効的な司法的救済を受けうるという意味での裁判を受ける権利を保障され，当該行政行為等が法律に適合してなされたか否かについての司法審査も，行政事件訴訟法等の枠組みの中で，通常の司法裁判所によって行われねばならない。日本国憲法76条2項が，前段において「特別裁判所は，これを設置することができない」と定め，また後段において「行政機関は，終審として裁判を行ふことができない」と定めているのは，こうした法の支配の原理を基礎として，司法権の帰属について定める憲法76条1項，並びに何人も裁判所において裁判を受けることを妨げられないことを保障した32条の当然の帰結を示したものにすぎない（参照，佐藤功『ポケット注釈全書・憲法（下）〔新版〕』（有斐閣，1984年）963頁）。

しかし，「終審として裁判を行ふこと」が禁止されるということは，反対解釈としては，「前審」としてであれば，行政機関も裁判を行いうるということである。すなわち，不服があるときは通常の司法裁判所による裁判を求め，その最終的な判断を仰ぐことができるのであれば，行政機関による裁判も可能であると一般には理解されている。実際，社会国家の理念をとり入れた現代の立憲民主主義国家において，経済・社会過程に積極的に介入することを求められる行政活動とそれを規律する行政法規は，高度に細分化される

I 憲法編

とともに専門的かつ技術的なものとならざるをえず，こうした複雑かつ多岐にわたる行政過程をすべての面において司法府のみでコントロールすることは，必ずしも合理的なシステムとはいえない。こうしたことから，日本国憲法の下で，わが国においても，一般的な行政不服審査の制度のほか，特に専門技術的判断や政治的中立性が重んじられる分野において，前審として準司法的機能を営む行政委員会の制度が，導入されることになった。

ただ，「裁判」とは，下級審から終審に至るまでの全部を通じて完結するものを指すとすれば，行政機関の前審としての裁判的行為を「裁判」と称することは適当ではなく，こうしたことから，裁判所法3条2項は，「行政機関が前審として審判することを妨げない。」と定め，また個々の法律においても，「裁決」（たとえば土地収用法39条以下など），「裁定」（たとえば鉱業等に係る土地利用の調整手続等に関する法律（以下，土地利用調整法という）25条以下など），「審査」（たとえば特許法47条以下など），「審決」（たとえば独禁法54条以下など）の用語が用いられていると説明される（佐藤功・前掲書963‐4頁）。

2　こうした行政機関による準司法的手続は，講学上「行政審判」と呼ばれる。戦前からの制度である特許審判，海難審判もこれに含まれるが，それ以外は，戦後占領政策の一環としてわが国に導入された行政委員会によるものである。ただし，わが国における行政委員会制度の導入は，アメリカの行政審判制度の形成とは，ややその沿革を異にするものであることが指摘されている点，注意が必要である。すなわち，アメリカにおいては，19世紀後半から20世紀初頭にかけての産業，経済の高度の発展に伴い，連邦レヴェルでの規制の必要性が認識されるとともに，変動する社会・経済状況に機動的かつ柔軟に対応し，積極的な介入を行いながらも，デュー・プロセスの要求を満たすことができる新たな政府機関の形態が，鉄道問題に対処して制定された州際通商法によって設立された州際通商委員会（ＩＣＣ）という形に結実し，これがニュー・ディール期に準立法的機能および準司法的機能をそなえた合議体の行政機関という形で定着することになった（参照，鵜飼信成『行政法の歴史的展開』（有斐閣，1952年）205頁以下）。これに対して，わが国の行政委員会制度は，その所掌事務の特殊性からではなく，国レベルにおいては，官僚主義行政の排除や内閣への権限集中の排除を主たる目的として，また地方自治レベルにおいては，地方公共団体の長への権限集中の除外と住民

の行政参加の促進を主たる目的として採用されたといわれる（川上勝巳「行政委員会」田中二郎ほか『行政法講座』第4巻（有斐閣，1965年）51頁）。要するに，行政機構の官僚性を克服し，その民主化に寄与することが意図されていたのであって，そのため，「ひとり社会経済的な活動への干渉の部門においてだけでなく，あらゆる行政の部門で，行政委員会制を採用することが要求され」たのである（東京大学社会科学研究所編『行政委員会——理論・歴史・実態』（日本評論社，1951年）5頁）。

　このような意図の下導入された行政委員会制度は，しかしその後，組織の肥大化の弊害や行政の能率性の観点からする問題，および責任内閣制の原則に反するおそれなどの点から批判にさらされることになる。とりわけ1951年8月のいわゆる政令諮問委員会の答申は，公正中立的立場からの判断が必要とされる受動的な事務をその任務とする行政委員会については，整理簡素化して存置する一方で，能動的に行政目的を追求する事務を担う行政委員会は，原則として廃止すべしとする方向を打ち出した（以上の動向につき，参照，和田英夫『行政委員会と行政争訟制度』（弘文堂，1985年）13頁以下）。そしてこうした主張をうけて，1952年以降，多くの行政委員会があるいは廃止され，あるいは諮問機関化されるとともに，行政審判の制度も後退することになるのである。

　他方で，公正取引委員会，人事院，労働委員会，および1972年に設立された公害等調整委員会等の行政委員会は現在でも重要な活動を行っており，これらの行政機関による行政審判制度の運用は，行政手続に固有の価値を認めない大陸法的思考を受け継いできたわが国の伝統的な判例・学説が，日本国憲法の下での公正な行政手続の意義を認識するうえで少なからぬ役割を担ってきたといわれる。そして，社会国家的状況の進展の中，行政の担う課題がますます専門化し，行政レベルでの利害調整がますます重要になってくる状況の中で，行政の公正性・民主性を確保するうえでの行政審判の有する意義が，再び評価されるようになってきていることが指摘されている（参照，厚谷襄児「行政審判の法理」後掲78頁。世界的な動向については，日本法律家教会編『準司法的行政機関の研究』（有斐閣，1975年）20頁，および同書巻末資料一の第二参照）。

　3　わが国においてこうした展開をみた行政委員会による行政審判については，一般に，行政処分を受ける者や利害関係人の権利・利益を保護し，行

I 憲法編

政の公正性を確保すると同時に，関係者の手続参加という民主的意義を有し，その面において憲法31条ないし13条において要求される公正手続の履践という機能を語ることができる。しかし他方で，行政審判手続は，様々な行政領域において，それぞれ異なる行政目的の実現のために導入されたものであり，なお行政手続法や行政不服審査法といった統一的法典による規律対象とはなっていないことに注意が必要である。行政審判の概念は，行為の主体および手続の形式に着眼した形式的概念とされ，そこに一律に一定の法効果が結びつけられるものではないとされるのである（塩野宏・後掲書35頁以下参照）。

こうして様々な分野において，異なる目的のために機能する行政審判については，いくつかの基準による分類がなされているが（参照，厚谷襄児「行政審判の法理」後掲72頁以下），ここでは争訟としての性格との関係で，大きく次の二つの種類の区別を挙げておく（参照，厚谷「行政審判の法理」後掲72頁以下のほか，塩野・後掲書36頁以下）。

(1) ひとつは，実質的な争訟としての性質を有する行政審判であるが，これにはさらに(a)始審的争訟としてのものと(b)覆審的争訟としてのものがある。前者の例としては，労働委員会による不当労働行為の救済命令手続や，公害紛争処理法に基づく公害等調整委員会による裁定手続があり，後者の例としては，鉱業法に基づく鉱業権の設定処分に対してなされる不服申立てにつき，公害等調整委員会が土地利用調整法に依り行う裁定手続や，人事院が国家公務員に対する不利益処分について行う審査といったものがある。

(2) いまひとつは，具体的な紛争がいまだ生じていない場合に，行政機関が第一次的行政決定を行う際の事前手続としてとられる行政審判手続であり，これは形式上の争訟としての行政審判と呼ばれる。その代表例が，独禁法に基づく公正取引委員会の排除命令の手続であり，そのほか，電波法に基づき郵政大臣が無線局の予備免許等の取消し等を行うに当たって行われる電波管理審議会の聴聞手続や，破壊活動防止法に基づき公安審査委員会が行う破壊的団体の規制手続といったものがある。

4 上述の区別のうち，形式上の争訟としての行政審判については，告知と聴聞を中核とする行政手続一般の中に位置づけることができるが，次の諸点において，一般の行政聴聞手続とは異なる特質がみられる。①手続の主宰者たる行政機関は，特定の行政目的を達成するために設置された合議制の行政委員会である。②かかる合議制機関の一つの特色として，組織的には通常

の官僚機構のヒエラルヒーから一定の独立性が保持され，職権行使の独立性が認められると同時に，これを実質的に担保するものとして，その構成員について身分保障が定められているものがある。③行政審判手続においては，一般の行政聴聞手続に比してより厳格な，準司法手続といわれる慎重な手続を通じて事実認定が行われる。④行政審判に対して裁判所による司法審査がなされる際には，行政委員会等のした事実認定については，それを基礎づける実質的証拠の有無の審査に限定されるという「実質的証拠法則」が法定されている場合がある（参照，厚谷「行政審判の法理」後掲81頁）。

　他方で，実質的争訟としての性質を有する行政審判の場合には，司法手続との対比におけるその特殊性が問題となる。特に覆審的行政審判については，一般に行政上の不服申立てのうちで準司法的手続によって行われるものとの性格づけがなされる（塩野・後掲書36頁）が，基本的には，裁判所による司法手続が，行政事件のみならず，伝統的な民事・刑事事件を中心として，広く一般に国民の権利・自由に関わる「法律上の争訟」を対象とするものであるのに対して，行政審判手続は，行政作用の一環として，主として社会経済政策の領域における政策的・専門技術的判断を必要とされる分野において，または公正・中立的な立場からの判断が特に要請される分野において導入されていることから，次のような特徴を示すことができるであろう。①司法手続が，当事者の権利・義務の確定ないし法律関係の存否の確認等，法令等を解釈し，それを具体的事件に適用するという純司法的作用の発動のために行われるのに対して，行政審判手続においては，公益的な見地からの行政的な政策的な調整を図ることが目的とされる。②司法手続が，口頭主義・直接主義・公開原則といった訴訟原則に基づき，対審構造の下で厳格な手続的規律をうけてなされるのに対して，行政審判手続は公正手続の保障の下で，より柔軟な手続に依ることができる（参照，厚谷「行政審判の法理」後掲75頁以下）。

II　問題点

　1　行政委員会による行政審判の制度は，すでに述べたように，行政における公正で民主的な手続を確保するとともに，社会国家原理を背景としてますます多様化・複雑化する行政任務を実効的に遂行するための一つの処方箋として，多くの現代民主主義国家において導入されてきたものであるが，他

I 憲法編

方で，アメリカにおいてもまたわが国においても，当該制度が現代的な課題を担って登場してきたものであるだけに，それが伝統的な立憲主義の諸原則との関係ではらむ問題性もまた当初から指摘されてきた。わが国の場合，それはまず，内閣に対して一定の独立的地位を有する行政委員会制度自体が，憲法65条との関係で合憲といえるか否かという形で論じられてきた。すなわち，法制上は，行政委員会は，通常，国家行政組織法3条に基づき，府または省の外局としておかれ，内閣の所轄の下におかれる人事院を別として，主任の大臣の所轄の下にあるが，その職権行使については，上述のとおり独立性が認められ，さらに人事院および公正取引委員会の場合，任期および身分保障が法定されている。かかる制度が，「行政権は，内閣に属する」と定める憲法65条に適合的なものといえるか否かについて，今日では違憲論はほとんどみられないが，その理由づけについては諸説がみられる。基本的には，(a)65条は一切の例外を認めていないととらえたうえで，委員の任命権や予算編成権等を内閣が有することにより内閣の一定のコントロールがなお保持されていると考えるか，(b)65条は，立法権に関する41条や司法権に関する76条と異なり，行政権の帰属につき，一定の例外を認めているととらえたうえで，職務の性質上，政治的中立性が要請される事務や専門的技術的能力を必要とする事務について，内閣のコントロールの下におくのが適切でないと判断される場合には，内閣から独立して職務を行う行政委員会の制度を設けても憲法違反ではないと考えるか，という二つのアプローチから合憲性が導かれている（学説の状況については，参照，小嶋和司「行政委員会」同『憲法学講話』（有斐閣，1982年）271頁以下）。

また，行政委員会による準立法的権限および準司法的権限の行使についても，憲法の定める権力分立の観点から問題とされてきた（アメリカにおける議論につき，参照，駒村圭吾「独立機関と権力分立，その総括」白鷗法学6号（1996年）147頁以下）が，まず立法権との関係においては，問題は委任立法の限界ということであり，行政委員会が，法律の委任に基づいて規則制定等を行うことそれ自体は，一般の行政機関に執行命令ないし委任命令といった行政命令の制定が可能であることと同様に，憲法41条違反とされることはない（人事院について，参照，鵜飼信成「人事院の地位・権限と憲法」公法研究1号(1949年) 35頁）。問題は司法権との関係であり，この点は，特に実質的証拠法則 (substantial evidence rule) の意味をめぐって議論がなされてきた。

2　行政審判に対する取消訴訟については，審級が省略され，東京高等裁判所が専属管轄を有するものとされる場合が多い（独禁法85条，電波法97条，土地利用調整法57条，特許法178条，海難審判法53条）が，それとともに，審判の主体である行政委員会の認定した事実は，これを立証する実質的な証拠があるときには，裁判所を拘束するという実質的証拠法則が法定されている場合がある。よく知られているのは，公正取引委員会の審決取消訴訟に関する独禁法80条であるが，その他，電波管理審議会の異議申立についての議決に関する電波法99条，および公害等調整委員会の裁定委員会による鉱業等に係る処分に対する不服裁定に関する土地利用調整法52条がある。この実質的証拠法則は，事実問題と法律問題の区別や管轄的事実の法理と同様，アメリカにおける行政行為に対する司法審査の法理として発展してきたもので（参照，高柳信一「行政行為の司法審査」公法研究24号（1962年）91頁以下），わが国における行政委員会制度の導入とともに，上記の法律の中に規定されるに至ったものである。そして「実質的な証拠」の意味については，「審決認定事実の合理的基礎たり得る証拠の意味」であって，「その証拠に基き，理性ある人が合理的に考えてその事実認定に到達し得るところのものであれば，その証拠は実質的な証拠というべき」（東京高判昭28・8・29行集4巻8号1931頁）と説明されている。

　司法権の作用は，事実認定と，認定された要件事実へ法を適用して判決を行うという二段階の作業を含むものであるから，行政委員会の事実認定が無条件に裁判所を拘束するとすることは，司法権の行使を排他的に司法裁判所に帰属せしめた憲法76条に違反することとなろう。しかし，行政委員会の事実認定が裁判所を拘束するのは，「これを立証する実質的な証拠があるとき」に限り，かつ実質的証拠の有無については裁判所が判断する（独禁法80条2項）とされているので，違憲ではないと解されている（佐藤功，前掲書964‐5頁）。

3　アメリカにおける行政行為の司法審査につき，実質的証拠法則が認められたのは，「高度な政策的専門性や技術性を要する事実認定を裁判所が独自にやり直す場合には，かえって好ましくない結果が生じるため，①行政組織，行政決定手続を公正中立なものとすることにより，行政庁の事実認定を公正で正確なものとし，②こうした手続を経て行われた行政庁の事実認定に対する審査を，認定が合理的になされたかどうかだけにとどめる」ことが必

I 憲法編

要であると考えられたからである（古城誠「実質的証拠法則」成田頼明編『行政法の争点〔新版〕』（有斐閣，1990年）196頁）。この理が認められる以上，審判取消訴訟の段階での新証拠の提出は制限されなければならない。独禁法81条および土地利用調整法53条はこのことを明文で定めているが，実質的証拠法則が認められる以上，こうした訴訟段階での新証拠提出の制限は，そのコロラリーとして当然要請されると考えられている（参照，最判昭43・12・24民集22巻13号3254頁，塩野・後掲書41頁）。

4 上述のように，独立の行政委員会による行政審判に対する司法審査の場面で，実質的証拠法則を定めること自体は合憲とされるが，制定法上明文の定めのない場合に，実質的証拠法則を解釈論上認めることができるか否かが，従来から問題にされてきた。判例は従来からこのような解釈に消極的であったが（海難審判につき最判昭47・4・21民集26巻3号567頁。特許審決につき，最判昭35・12・20民集14巻14号3103頁，最判昭43・4・4民集22巻4号816頁），近時，特許無効の抗告審判に対する審決取消訴訟において，最高裁は，「審決の取消訴訟においては，抗告審判の手続において審理判断されなかった公知事実との対比における無効原因は，審決を違法とし，又はこれを適法とする理由として主張することができない」との判断を示し（最大判昭51・3・10民集30巻2号85頁），これにより，昭和35年および昭和43年の判例が変更されている。本判決は実質的証拠法則を認めたわけではなく，その射程を一般化することには慎重な見解も示されている（参照，森田寛二「審決取消訴訟における司法審査の範囲」塩野宏ほか編『行政判例百選II〔第四版〕』（有斐閣，1999年）450頁。また，植松勲ほか後掲書213頁によれば，現在でも，特許審判の審決取消訴訟につき「東京高裁は審判官合議体の認定事実に拘束されることなく裁判を行っている。」ものの，裁判所による審理の範囲を限定する方向を示すものとして注目がなされている（厚谷「行政審判の法理」後掲84頁）。これに対して学説では，審決に対する司法審査の範囲を限定する「審決理論」が兼子博士により提唱されて以来（兼子一「審決の司法審査」同『民事法研究III巻』（酒井書店，1969年）13頁以下），より公正な組織・手続形成の必要性を指摘しながらも，制定法上明文で規定されていない場合にも実質的証拠法則の適用を認める見解が有力である（雄川一郎「司法審査に関する一問題」同『行政争訟の理論』（有斐閣，1986年）552頁以下，原田尚彦「行政審判の司法審査」同『訴えの利益』（弘文堂，1963年）195頁以下）。

III 展望

1 今日，行政委員会制度ないし行政審判手続のあり方が論じられる際，そこには行政改革および司法制度改革との関連が念頭におかれているということができるであろう。中央省庁等改革基本法の骨組みを定めた平成9年12月の行政改革会議最終報告は，自律的個人の集合体である国民が統治の主体として個人の尊厳と幸福に重きをおく社会を築くという構図の実現のために，肥大化し硬直化した政府組織を改革し，総合的・効率的で透明な政府を実現することを目指しているが，そのためには，肥大化した従来の中央集権的な官僚機構による支配に変えて，「法の支配」の理念に基づく公正で民主的な新たな効率的政府組織が必要となる。さらに，規制緩和と分権の進んだ社会においては，事前の調整手続よりも事後の紛争処理システムの重要性が増してくるが，かかる機能を果たすために，伝統的な司法制度を補う行政的紛争処理の仕組みが必要となってくる。このような観点から，現在，行政委員会制度ないし行政審判手続には，新たな注目がなされているといえるのである（参照，佐藤幸治「自由の法秩序」佐藤幸治＝初宿正典＝大石眞編『憲法五十年の展望II・自由と秩序』（有斐閣，1998年）39頁以下，稲葉馨「内閣・国家行政組織制度―日本国憲法五〇年の回顧と展望」公法研究59号（1997年）169頁。これに対して，むしろ行政委員会をできるだけ廃止して，裁判所の専門部を充実させるべきとの見解もある（阿部泰隆「司法改革の論点」月刊司法改革4号（2000年）76頁））。

2 こうして新たな政府組織の形態を探るうえで，完全な聴聞手続を備えた合議制機関による公正な手続という方向が示されるとき，そこには従来にもまして，行政審判手続と司法手続との機能・役割分担をどう図るかという課題の理論的究明が求められているといわざるをえないであろう。この点は，従来，主として実質的証拠法則の射程やその意味のとらえ方に関する議論として現れてきたが，すでに述べたように，判例の姿勢としては，これを行政審判に伴う一般的法理ととらえることはなかったし，実質的証拠法則が制度化されている場合にも，裁判所は，行政審判の記録に基づいて，自らの立場から事実を再構成したうえで，行政委員会の事実認定の当否を判断するという手法に依り，場合によってはかなり立ち入った審査を行っている（参照，厚谷「行政審判の法理」後掲97頁）。そこでは，審判手続やその主体の公正性

に対する不信，換言すれば審判手続が裁判手続と同様の厳格な手続に基づくものでないという認識が見られるといってよい。しかし，学説において指摘されているように，あくまでも行政委員会は規制的行政作用を発動する行政機関なのであって，ここでの組織や手続の構成原理が裁判所のそれと同一ではあり得ないことはむしろ当然であるというべきであろう。むしろ「裁判所と行政機関の手続の相違を前提としながら，司法審査が制約され，或いは行政機関の事実認定が裁判所を或る範囲ないしは或る意味において拘束する理由が存するからこそ，行政機関の審決手続自体が準司法的構造をとることを要請される」（雄川・前掲論文564頁）と考えるべきであるということである。要するに現代の社会国家状況の下で，こうした行政委員会が政策的・専門技術的観点から判断を行い，この裁量的判断を裁判所が尊重せざるをえない状況が存在する場合には，かかる判断の公正性を担保するものとして，準司法的手続が要請されているということである。この場合，裁判所による司法審査も，実体的コントロールよりもむしろ手続的コントロールの面を重視することになろう。

③　こうした観点からすれば，統一的行政審判手続法制定の可能性も視野に入れながら，それぞれの場面において要求される手続レベルを解明し，現行法の解釈に生かし，あるいは法改正の方向が今後も模索されねばならないであろう。一つの例としては，公正取引委員会の独禁法違反事件の審判手続のように，弾劾的手続ではなく，糾問的的手続が採用される場合，訴追機能と審判機能が同一の機関によって行われることが，自然的正義の原則に反すると批判されてきた点をどう考えるか，という問題がある。独禁法は，この問題について，審判官の職を設けるとともに審判手続を審査部の所掌事務から外し，「当該事件について審査官の職務を行ったことのある者その他当該事件の審査に関与したことのある者」を，審判官として審判手続の一部を行わせることができない旨の規定をおき（51条の2但書），公正取引委員会の事務局職員レベルで，いわゆる「職能の分離」を図ることによって解決を図っている。こうした方法については，公正な手続履践の観点からすれば，なお不十分なものであるとの批判もなされうるが，中立的立場からの政策的および専門技術的判断が要請される規制行政の分野において，準立法的機能および準司法的機能を果たす独立の行政委員会を設けて，これに違反行為の調査，訴追，審判，および審決の諸権限を統括的に賦与することこそが行政

委員会制度の趣旨であるとすれば，訴追機関と審判機関の完全な分離は，むしろこうした制度の趣旨を没却することにつながりかねない。これら二つの要請の間でバランスをとった組織形成が必要となるが，この点，審判手続の準司法的性格を強調し，価格カルテル事件について，審査段階に審査部長としての地位にあった委員が審決の合議の委員会に参加したことが，独禁法82条2号の取消事由に該当するとした東京高判平成6・2・25（高民集47巻1号17頁）は，一つの方向を示すものとして注目に値する（ただし，本判決に対する学説の評価は賛否両論である。参照，高場俊光「公取委の審判手続における公平確保」ジュリ臨時増刊『平成6年度重要判例解説』（有斐閣，1995年）223頁）。

◇ **参考文献**

行政審判制度について概括的な理論枠組みを知るためには，塩野宏『行政法II〔第2版〕』（有斐閣，1994年）35頁以下，および厚谷襄児「行政審判の法理」雄川一郎ほか『現代行政法体系4・行政争訟I』（有斐閣，1983年）71頁以下をまず読む必要があろう。近年の状況もふまえて実務の観点からは，植松勲ほか『現代行政法学全集8・行政審判法』（ぎょうせい，1997年）が有益である。また厚谷襄児「独占禁止法と憲法」同『独占禁止法論集』（有斐閣，1999年）266頁以下は，同教授の北海道大学における最終講義を収録したものであり，読み易いものとなっている。

なお，行政法編「11」も参照のこと。

12 客観訴訟の限界

[片山智彦]

I 現状分析

 憲法76条1項にいう「司法権」とは，当事者間の具体的な権利，義務または法律関係ないし刑罰権の存否をめぐる紛争（「事件・争訟」）に法を適用し，それを解決する権限である。さらに，憲法81条が規定する違憲審査権（司法審査権）は，憲法76条の付与する司法権の枠内で行使されることが前提とされ，したがって，日本の違憲審査制は，民事，行政，刑事の各具体的事件に付随して，その解決に必要な限度で違憲審査を行ういわゆる付随的審査制である。以上が，司法権及び違憲審査制についての通説的理解である。

 通説においては，「事件・争訟」の存在が司法権及び違憲審査権の行使の共通の要件（いわゆる，事件・争訟性の要件）とされている。しかし，裁判所法上，裁判所は上記の意味での司法権だけでなく，「その他法律において特に定める権限」をも与えられている（裁法3条1項）。そして，事件・争訟性の要件を満たさないものとされる，いわゆる客観（的）訴訟についての審判権は後者の権限であるというのが一般的な捉え方である。客観訴訟としては，「国又は公共団体の機関の法規に適合しない行為の是正を求める訴訟で，選挙人たる資格その他自己の法律上の利益にかかわらない資格で提起するもの」（行政事件訴訟法5条）である民衆訴訟，「国又は公共団体の機関相互間における権限の存否又はその行使に関する紛争についての訴訟」（行政事件訴訟法6条）である機関訴訟がある。

 こうした客観訴訟は，いわゆる憲法訴訟においてもきわめて重要な役割を果たしている。たとえば，津地鎮祭訴訟のような政教分離をめぐる訴訟は，客観訴訟の一種である民衆訴訟としての住民訴訟（地方自治法242条の2第1

項4号）の形をとっている。また、公職選挙法上の定数配分規定の違憲性を争う議員定数不均衡訴訟も、主観訴訟ではなく、選挙無効訴訟（公職選挙法204条）という客観訴訟である。

そして、最高裁は、裁判所にこうした憲法上の司法権に含まれない権限を付与すること、また、そうした客観訴訟の場で違憲審査権を行使することが許されるのかといった点を全く問題にしていない。また、学説の多くもそうした問題を、少なくとも明確には意識してこなかったのである。

2　しかし、比較的最近になって、こうした現状に対して一石を投じる学説が現れることになる（佐藤幸治「司法権の意義」『憲法訴訟と司法権』（日本評論社、1984年）1頁以下、同『現代国家と司法権』（有斐閣、1988年）参照）。この学説は、まず、憲法76条にいう司法権の本質は、「具体的紛争の当事者がそれぞれ自己の権利義務をめぐって理をつくして真剣に争うことを前提にして、公平な第三者たる裁判所がそれに依拠して行う法原理的な決定に当事者が拘束される構造」（佐藤・前掲『現代国家と司法権』57頁以下）にあるとした上で、従来の通説が、そうした構造を担保する事件・争訟性の要件の含意を十分に考慮していないことを問題とする。

そして、そうした文脈で、客観訴訟について、それが、事件・争訟性の要件を満たさない政策的に定められた訴訟類型であるとすれば、それは行政作用ということになり、そうであれば、裁判所がそうした行政作用を担うことが憲法上の問題となるとする。さらに、客観訴訟の場での違憲審査についても、通説のように客観訴訟における違憲審査の合憲性を問題としないのであれば、抽象的違憲審査制を法律をもって導入することも立法政策の問題となるのではないかという疑問を提起するのである。

II　問題点

1　司法権の理解についての通説を前提として、客観訴訟についての審判権の裁判所への付与を合憲とするための論理としては、そもそも、そこでの裁判が一般には行政作用とされている客観訴訟は、実は憲法上の意味での「事件・争訟」にあたると解するという考え方がありうる。この点については、かねてから、客観訴訟とされているもの全てが法律上の争訟にはあたらないとすることに対する疑念が出されていたところである（東條武治「客観

I 憲法編

訴訟」雄川一郎ほか編『現代行政法大系第5巻』(有斐閣，1984年) 110頁)。また，たとえば，アメリカでは民衆訴訟や機関訴訟といった訴訟類型は存在しないが，日本の民衆訴訟に対応する納税者訴訟や選挙訴訟は可能であるとして，抗告訴訟以外のものは法律上の争訟でないとする見方は日本独特のものであるように思う，という指摘が考慮される必要がある (奥平康弘「憲法訴訟と行政訴訟」公法研究41号 (1979年) 115頁以下)。

　また，客観訴訟は「事件・争訟」には含まれないが，法律でそうした権限を与えることは，憲法上の問題にはならないと解する考え方もありうる。実際，行政法学においても，客観訴訟は法律上の争訟にはあたらず，その制度化は立法政策の問題であるとする見解が一般的である (塩野宏『行政法II〔第2版〕』(有斐閣，1994年) 204頁など)。

　加えて，司法権の「本質」は事件・争訟性の要件と結びつけられるが，その周辺には立法政策に委ねられた部分があり，一定の憲法上の要請を充足することを要件として，客観訴訟についての審判権を裁判所に与えることができるとする考え方も有力である (佐藤・前掲『現代国家と司法権』126頁)。しかし，こうした考え方をとる場合には，客観訴訟の制度化が行政権を侵害することがないかが問題となる (高橋和之「司法権の観念」樋口陽一編著『講座憲法学6 権力の分立(2)』(日本評論社，1995年) 29頁以下)。

　さらに，司法権概念を再構成することにより，客観訴訟における審判権の裁判所への付与を正当化するという考え方もありうる。この点について，司法を「適法な提訴を待って，法律の解釈・適用に関する争いを，適切な手続の下に，終局的に裁定する作用」として再定義する有力な学説がある (高橋・前掲23頁以下)。この学説によれば，司法権の概念とその及ぶ範囲は明確に区別され，後者は憲法上あるいは法律上いかなる場合に提訴権が与えられているかによって決まることになり，また，法律の執行としての行政権の範囲は，立法政策に委ねられており，立法府が法律の執行の一部を新たに裁判所に委ねても，司法権，行政権との関係での問題はないとされることになる (高橋・前掲27頁以下)。

　② 客観訴訟が憲法に反するものではないとしても，そこでの違憲審査が許されるか否かは，また別の問題である。すなわち，日本の違憲審査制の性格については，一般には，最高裁は具体的事件，すなわち「事件・争訟」に付随して，その解決に必要な限度で違憲審査権を行使しうると解されている点をどう考

えるかという問題がある。つまり，客観訴訟における違憲審査が，憲法が禁止しているとされる抽象的違憲審査にあたるかどうかが問われることになる。

まず，少なくとも現行法上の客観訴訟は「事件・争訟」に含まれるとする立場に立てば，こうした疑問は生じないであろう。また，たとえ客観訴訟が「事件・争訟」でなくとも，そこで行われる違憲審査はあくまで具体的審査であると考える学説もある（野中俊彦「違憲審査制の性格」佐藤幸治ほか『ファンダメンタル憲法』（有斐閣，1994年）283頁）。

後者によると，抽象的違憲審査という場合，法令が制定されたが処分がなされていない段階での違憲審査と処分がなされたが「限定された原告の具体的な法的利益の侵害とはいえない」段階での違憲審査という二つの場合があり，通説が否定したのは前者であるとされる。そして，客観訴訟における違憲審査は後者に含まれ，後者の場合には違憲審査を認めても，処分がなされた後であることから，裁判所の権限が強くなりすぎることはないというのである。また，むしろ，いったん憲法適合的な形で客観訴訟における審判権が付与された以上，違憲審査の排除は法の解釈維持者としての裁判所の立場の否定につながるなどとして，それは憲法上許されないとする見解も有力である（佐藤・前掲『現代国家と司法権』253頁）。

III 展　望

1　現在のところ，現行の民衆訴訟や機関訴訟が憲法に反するとする学説は見あたらないようである。最高裁も，客観訴訟とされる選挙無効訴訟について，同訴訟では公職選挙法自体の合憲性を争えないという反対意見があるにも関わらず，公職選挙法の違憲性を争う方法が他になく，人権を侵害する国家行為に対してはできる限り是正・救済の途が開かれるべきことを理由に公職選挙法自体の違憲性を理由とする選挙無効訴訟を許し，そうした扱いの合憲性を疑うところがない（最大判昭51・4・14民集30巻3号223頁）。

また，客観訴訟の合憲性という問題を鋭く提起した有力説が，むしろ，「『客観訴訟』の立法的拡充を図ることが，あるいは現代的政治社会状況に適合する行政救済法制の改善を目指す場合の一つの途なのかもしれない」（佐藤・前掲『憲法訴訟と司法権』133頁）として，客観訴訟の拡大を肯定的に評価している点が注目される。

I　憲法編

　たとえ，客観訴訟が司法権の枠を越えるものであっても，裁判の対象が法的紛争であり，当事者適格の拡大のみが問題となる場合は，権力分立の原則に反しないとする見解は（野中俊彦『憲法訴訟の原理と技術』（有斐閣，1995年）28頁），基本的には承認されるべきではないだろうか。行政法学においても，裁判所に司法権以外の権限を付与することは，行政機関の活動に対する裁判所の統制を過度に強め，三権分立原理を侵害しない限り原則として許されるとする見解が有力に主張されている（小早川光郎「非主観的訴訟と司法権」法学教室158号（1993年）100頁）。

　この点，違法な財務会計上の行為について，首長などを相手取って，地方公共団体への損害賠償をもとめる住民訴訟は，本来地方公共団体が有する具体的な請求権を，住民がそれに代位して行使するものである（地方自治法242条の2第1項4号）。すなわち，それは，事件・争訟について当事者適格を拡大するものとみることができる。そうであれば，そうした形での納税者訴訟の国レベルでの導入が考慮されてもよいのではないか。それによって，たとえば，国レベルでの政教分離原則違反を国民が訴訟において主張することがきわめて困難な現状を変えることができるであろう。

　ただし，客観訴訟にも事件・争訟性の要件を満たすものがあるとしつつ，事件・争訟性を擬制しうる場合には客観訴訟は合憲であるがそれ以外の争訟について裁判所の審判権を認めることは違憲であるとする指摘がなされている様に（松井茂記『裁判を受ける権利』（日本評論社，1993年）173頁注（52）），客観訴訟の拡大には当然，憲法上の限界があるとみるべきであろう。

　② また，裁判所に客観訴訟についての審判権を与える際には，常に違憲審査権を伴う形でなければならないとする立場をとるとすれば，客観訴訟の拡大は当然に違憲審査権の拡大をもたらすことになる。そして，「事件・争訟」にあたらない場合についての違憲審査の無制限な拡大が抽象的違憲審査制に至ることに対する懸念もある。すなわち，客観訴訟における違憲審査の憲法上の限界がどこに設定されるのかが問題とされなければならない。いまのところ，客観訴訟における違憲審査を認める学説も，一般に，限界事例として，法律の合憲性それ自体を対象とする訴訟類型を法律で設定することは憲法違反であるとしている（高橋・前掲34頁など）。そこまで至らない段階でどこに客観訴訟における違憲審査の限界があるかを見定めることは今後の課題として残されている。

もっとも、客観訴訟における違憲審査の合憲性に注意を喚起した有力な学説は、違憲審査の場を広げるために客観訴訟を拡張することが考えられてよいという（佐藤・前掲『現代国家と司法権』253頁）。違憲審査の場の拡大という点についていえば、比較的最近においても、法律で裁判所に抽象的違憲審査権を与えることを正面から肯定する学説がみられる。たとえば、司法という概念は歴史的、比較法的に一定の幅を持つ概念であり、「最高裁の司法裁判所としての本質に反しない限度で」、一定の範囲での抽象的違憲審査権の導入は、憲法の最高法規性の根拠にある基本的人権保障のよりよい実現のために、立法政策の問題とされるべきとする見解がそうである（中村睦男「憲法の保障と違憲審査制」『論点憲法教室』（有斐閣、1990年）23頁以下）。
　確かに、憲法裁判の活性化の必要が指摘されて久しく、最高裁の元裁判官の口からも憲法裁判所の設置の必要が述べられながら（伊藤正己『裁判官と学者の間』（有斐閣、1993年）134頁以下）、しかし、それが一般には憲法改正を必要とするものとされていることから容易に実現が見込めない状況の下で、憲法解釈を通じて、客観訴訟の拡充を含め一定の範囲で抽象的な違憲審査権の法律による付与の途を開くことができるかどうかを検討することは重要である。

◇　参考文献

　客観訴訟の性格については、小早川光郎「非主観的訴訟と司法権」法学教室158号（1993年）、大貫裕之「行政訴訟による国民の"権利保護"」公法研究59号（1997年）参照。客観訴訟の憲法上の限界という問題を提起するものとして、佐藤幸治『現代国家と司法権』（有斐閣、1988年）がきわめて重要である。また、司法権論の現状については、長尾一紘「司法権の観念について」法学教室223号（1999年）が参考になる。事件・争訟性の要件については、藤井俊夫『事件性と司法権の限界』（成文堂、1992年）、渋谷秀樹『憲法訴訟要件論』（信山社、1995年）が詳しい。違憲審査権の性格については、佐々木雅寿『現代における違憲審査権の性格』（有斐閣、1995年）で綿密な分析がなされている。
　さらに、宮澤俊義『行政争訟法』（日本評論社、1936年）9頁、雄川一郎『行政争訟法〔再版改訂〕』（有斐閣、1966年）10頁以下のほか、行政法編「3」「9」「10」も参照のこと。

13 司法行政

[日野田浩行]

I 現状分析

1 司法権を行使する裁判所を，人的・物的両側面において維持・管理する作用は，司法行政と呼ばれる。裁判官その他の職員の任免・配置・監督，裁判所庁舎その他の物的施設の設置および管理，ならびにこれらの人件費・物件費支弁のための会計経理がこれに含まれる。換言すれば，「裁判所がその本来の使命である司法裁判権を行使するに必要な人的機構，物的施設を供給維持し，事務の合理的，効率的な運用をはかる等，いわゆるハウスキーピング的な事務を主たる内容とするもの」（最高裁判所事務総局『裁判所法逐条解説・下巻』（法曹会，1969年）124頁）であり，その性質は行政作用であるが，他方で，司法行政事務の処理の仕方は，司法裁判権の行使にも密接な関連を有し，そのあり方にも影響を及ぼすものである。このため，日本国憲法は，最高裁判所をはじめとする裁判所がこれらの事務処理を自律的におこなうことにより，司法権の独立を完全なものにしようとしている。すなわち，明治憲法のもとでは，裁判官の任免および規則制定その他の内部事項について司法大臣の大幅な関与が認められていたのに対して，日本国憲法においては，裁判所の内部規律および司法事務処理に関する規則制定権は最高裁判所に与えられており（77条1項），内閣が下級裁判所の裁判官を任命するには，最高裁判所の指名した者の名簿に基づかなければならないとされている（80条1項）。また，裁判官の懲戒は行政機関によってなされることはできないと定められ（78条後段），これらの規定は，最高裁判所が広範囲の司法行政権を有することを前提としていると解されているのである（兼子一＝竹下守夫『裁判法〔第4版〕』（有斐閣，1999年）126-7頁）。裁判所法もこうした憲法の

趣旨を徹底させ，人事面において，裁判官以外の裁判所の職員の任免は，最高裁判所の定めるところにより，各裁判所が行うこととするとともに（64条），予算面では，明治憲法のもとで裁判所の経費が司法省予算の一部になっていたのとは異なり，国会法による国会両議院の予算と同様，裁判所の経費を独立して予算に計上し，また必ず予備金を設けることを要するものとしている（同83条）。

② 以上のように，日本国憲法は，最高裁判所をはじめとする裁判所が主体的に司法行政権を行使することを予定しているが，最高裁判所と下級裁判所との間で，どのような権限配分がなされるべきかについては，必ずしも明確ではない。憲法77条1項が最高裁判所の広範な規則制定権を認めていること，および同80条1項により下級裁判所の裁判官の指名が最高裁判所の作成する名簿によってなされることから，下級裁判所との関係では，最高裁判所に包括的な司法行政権が留保されているようにも見えるが，たとえば下級裁判所における部の構成や事務分配の定めについては，裁判所自治の原則により各裁判所の裁判官会議に委ねられると解されている（鈴木忠一「裁判官の独立とその問題」兼子博士還暦記念論集『裁判法の諸問題・中』（有斐閣，1969年）33頁以下）。後に述べるように，人事行政や裁判官協議会における最高裁事務総局の見解等を通じて，最高裁判所が各裁判所や裁判官に対して中央集権的統制を行っているとの批判がなされるなかで，近年では，憲法76条3項で保障された裁判官の職権の独立性を確保するために，司法行政権の中核は下級裁判所に分配されるべきであるとの主張もなされている（浅見宜義「裁判所の組織，組織文化の改革のために（下）」判例時報1466号19頁）。

司法行政権の行使は，裁判所法の規定により，簡易裁判所の場合を除いて，裁判官会議の議を経てなされることになっている（裁判所法12条，20条，29条2・3項，31条の5参照）。こうした制度的仕組みも，法解釈主体としての裁判官が独立・対等の関係にあることを基礎としており，裁判官の職権行使の独立性にとって重要な意義を有するものであるが，現実には，裁判事務の分配や裁判官の配置，開廷日割等を除いて，多くの権限が所長や常任委員会に委任される状況が一般にみられ，このことによって裁判官相互の序列化が生じるとともに，一般裁判官の司法行政への主体的関与の意欲が失われていることが指摘されている（裁判官会議の形骸化。参照，浅見宜義・前掲論文15頁）。こうした傾向は，1955年の総括裁判官任命方法の変更や，裁判官会議

I 憲法編

の非効率性を指摘した臨時司法制度調査会意見書（1964年）を契機とするものであるとされるが，裁判官の独立的精神の確保と下級裁判所の独自性の強化のために，裁判官会議の復権が主張されている（参照，笹田栄司・後掲書244頁以下）。

　③　司法行政は，すでに述べたように，人的機構及び物的施設の効率的管理・運用を主たる内容としているが，裁判官の独立との関係で特に重要な意味を持ってくるのは，人事行政，特に下級裁判所裁判官の任命プロセスと司法行政上の監督である。

　下級裁判所裁判官の任命は，すでに見たように，憲法上，最高裁の指名した名簿の中から内閣がこれを行うことと定められている。この点，内閣は最高裁判所の指名を尊重し，名簿に掲げられた者をそのまま任命しなければならないというのが現在の通説であり（佐藤功『ポケット註釈全書・憲法（下）〔新版〕』（有斐閣・1984年）1034頁），実務上もそのような扱いがなされている。この意味において，従来より判事補への任命や10年ごとの下級裁判所裁判官の再任制度が論じられる際には，最高裁の指名のあり方が主な検討の対象となってきたのである。

　人的機構に関する司法行政上の作用として，いま一つ重要なのが裁判官に対する服務監督である。裁判官は，その他の裁判所職員とともに，最高裁判所・下級裁判所の裁判所会議を通じて行使される監督措置に服する（裁判所法80条。なお，監督権の発動は，当事者あるいは訴訟関係人の不服申立てによってもなされうる（裁法82条））。裁判官は，その本来の職責として裁判事務に従事するが，同時に多かれ少なかれ司法行政事務の遂行をも負担しており，この面において，司法行政の一体的活動を保持するために，指揮監督作用が必要となるとされる（前掲・『裁判所法逐条解説』下124頁）。しかし，司法行政も司法裁判権の行使に影響を与える可能性を有する以上，これが裁判権を行使する裁判官の独立を侵害することがあってはならない。裁判所法81条は，司法行政上の監督権につき，「裁判官の裁判権に影響を及ぼし，又はこれを制限することはない」と定めているが，この規定は，憲法76条3項の規定を注意的に確認するものにすぎないと解されている。

　問題は，裁判官の裁判事務の処理に司法行政上の監督権が及びうるか否かである。この点，審判等の不当な遅延や不当な審理態度等，裁判官に与えられた自由裁量の範囲を逸脱し，あるいは明らかに法令に違反した場合には，

職務上の義務に違反し，または職務を怠ったものとして，これに司法行政上の監督権を及ぼすことができるとされ（前掲・『裁判所法逐条解説』下127頁），あるいは司法行政上の監督を監察作用と訂正作用とに分け，前者は裁判官の行動のすべてに及び，後者は裁判官の裁判事務処理の外部的・形式的事項について及ぶと説かれる（鈴木・前掲論文44頁）。しかし，こうした説明が明確な基準を示しえているか否かについては，検討の余地がある。

II 問題点

1　日本国憲法は，憲法76条3項において，「すべて裁判官は，その良心に従ひ独立してその職権を行ひ，この憲法及び法律にのみ拘束される。」と定め，裁判官の職権行使の独立性を定めると同時に，78条において裁判官が罷免・免官される場合を厳格に限定し，また80条2項においてその報酬が任期中に減額されえないことを定めることにより，裁判官の身分保障を行っている。さらに裁判所法48条はこれを受けて，裁判官は法定の場合を除いて，「その意思に反して，免官，転官，転所，職務の停止又は報酬の減額をされることはない」としている。

　こうした裁判官の職権行使の独立および裁判官の身分保障からなる裁判官の独立は，日本国憲法の定める法の支配と権力分立の原理，および適正手続の要求の下での司法権の作用にとって本質的意義を有するものである。そしてそれは，立法府及び執行府からの独立性のみならず，裁判官が，裁判権の行使に関しては，司法部内においても独立であり，とりわけ司法行政上の上級機関に対しても，その独立性が確保されなければならないという意味をも持つことについて異論を唱える者はほとんどいない。他方で，「I」でとりあげた様々な司法行政上の諸権限の行使も，司法権が効率的に機能するために必要なものであるといわれる。この点，ドイツの議論を参考に，「監督と独立は，国民に良き司法を提供するという共通の目的に奉仕する国家の相並ぶ義務として位置付けられ，正当化される」とする見解が示されている（伊東武是「監督と人事と独立と（上）」判例時報1653号19頁）。このような観点からすれば，これらの二つの要請をいかに調整するかが問題となる。

　2　戦後初期においては，朝鮮戦争の勃発と共に先鋭化してきた資本主義と社会主義とのイデオロギー的対立を背景にして，裁判長の訴訟指揮に関連

する最高裁の通達が問題とされた吹田黙禱事件など，裁判官の裁判権行使の独立性との関係で大きな論議を呼んだ事件がいくつか生じた。平賀書簡事件においては，札幌地方裁判所所長が長沼事件第一審の裁判長に対して自らの法律的見解を示したことにより注意処分を受けたが，後にこの書簡を公表した裁判長自身の「偏向」性が問題とされ，この事件を契機として，いわゆる「司法の危機」の状況が生まれる。とりわけ1960年代の終わりから1970年代にかけて，いわゆる青法協問題が大きな議論を呼ぶなかで，同会員に対する任官・再任拒否の事例が生じ，これが任官・再任希望者の思想・良心の自由や表現の自由ないし結社の自由を侵害するものではないかということが問題とされた。

　こうした状況の下，いわゆる宮本判事補再任拒否事件において，最高裁は，下級裁判所の裁判官の再任は新任と全く同じで，再任指名は最高裁の裁判官会議が自由裁量で決定できるとし，また再任拒否の理由は，最高裁の裁判官会議非公開の原則と人事の機密に属し公表できないし本人にも告げる必要はないとする見解を示し，これが下級裁判所裁判官の再任制度につき，学説の再検討を促すことになる。学説の多くは，このような見解の下では，下級裁判所裁判官の地位が著しく不安定なものになることから，「再任の原則」が憲法上要請されると解し，再任指名の拒否が可能な場合を，免官・罷免事由等，一定の場合に限定するとともに，再任指名拒否の場合の一定の手続保障を要求し，本人への理由の告知と聴聞の機会を欠く再任指名拒否は違法であるとしている（学説の整理とその評価につき，山下健次「下級裁判所裁判官の任命」清宮四郎ほか編『新版憲法演習3・統治機構II〔改訂版〕』（有斐閣，1987年）159頁以下，野中俊彦「下級裁判所裁判官の再任制度」奥平康弘＝杉原泰男編『憲法学6』（有斐閣，1977年）104頁以下参照）。

　③　その後，「参与判事補」制度の構想や「代行判事補」制度の実施等，「裁判所の行政官庁化的な傾向」（樋口陽一『比較のなかの日本国憲法』（岩波新書，1979年）184頁）が強化・徹底されていくなかで，近年ではむしろ最高裁事務総局を中心とした日常的な裁判官の統制・管理体制自体が問題とされるようになってきている。すなわち，会同・協議会と呼ばれる裁判官協議会や，法的根拠が明確でない「書簡」，勤務評定および事件報告制度といった仕組みを通じて，一部のエリート裁判官で占められる最高裁事務総局が，具体的事件や裁判官に対して集権的統制を行い，これが同期任官の裁判官のあ

いだで，任地や昇進で差をつけることによって担保されているというのではないかとの指摘が，司法行政の実証的研究によってなされてきた（例えば，宮澤節生『法過程のリアリティ』（信山社，1994年）192頁以下参照。ラムザイヤー・ラスムセン（河野勝訳）「日本における司法の独立を検証する」リヴァイアサン22号（1998年）147頁注(1)は，アメリカの裁判所の場合と比較して，アメリカにおいては，任命後に裁判官たちの行動を拘束できないので任命プロセス自体が高度に政治化するのに対して，キャリア裁判官制度をとる日本の場合，司法修習を終えたばかりで情報が少ない裁判官たちをそのまま採用しなければならないので，そうした裁判官が任命後に左翼的な政策に没頭できないように様々なインセンティブが使用されるとの興味深い仮説を立てている）。

　こうした状況の中で，同じくキャリア裁判官制度を採用するドイツとの比較法的見地から，より自由で自立的な裁判官像を描く研究（参照，木佐茂男・後掲書）が，広く注目を集めている。また，裁判所法52条に定める政治的運動の禁止に違反したとして，裁判官に対してなされた分限裁判による懲戒処分事件（寺西判事補分限裁判事件・最大決平10・12・1民集52巻9号1761頁）との関連で，裁判官の市民的自由のあり方が改めて問われるようになってきた。この点で，1999年に設置された司法制度改革審議会が，同年12月に公表したその論点整理において，法曹一元化を一つの検討課題とした箇所で「裁判官の独立をいかにして保障するか」についての検討が必要であるとの一言を挿入したことが，注目される。

III　展　望

　1　行政改革会議や地方分権推進委員会の調査・審議を経て，中央省庁等改革基本法および地方分権一括法の成立に至った今回の行政改革と地方分権改革により，わが国は，行政主導型の集権国家から，新たな分権型社会への転換の第一歩をなんとか踏み出したといえるであろう。そして，規制緩和と分権化の進んだ社会において，行政による集権的統制と上からの利益調整ではなく，対等な当事者間での公正な手続とルールに則った紛争の処理が重要な役割を果たすようになることが認識されるようになるにつれ，「二割司法」とも評される司法の現状の改革の緊急性・必要性が，今日広く意識されるようになってきた。1999年7月の司法制度改革審議会の発足と，各方面に

I 憲法編

おけるロー・スクール構想の検討は，その顕著な現れを示すものである。議論の大きな枠組みとしては，法曹の人的基盤の充実や陪審制・参審制導入の是非をめぐる議論と並んで，キャリア裁判官制に代えての完全な法曹一元制の導入が大きな焦点になっている（たとえば，第17回全国裁判官懇話会における矢口洪一元最高裁長官による講演「司法改革の背景と課題」判例時報1698号（2000年）5頁以下）が，すでに述べてきた司法行政のあり方も，司法改革の大きな枠組みの中で論じられるようになってきているといえるであろう。たとえば，従来より提唱されてきた裁判官会議の活性化と密接不可分に結びついた司法行政の分権化（参照，浅見宜義・前掲「裁判所の組織，組織文化の改革のために（下）」19頁）が，法曹一元や陪審制との相互補完的な意義において論じられ（同「司法における規制緩和とは」日本裁判官ネットワーク・後掲書273頁），また人材の多面的で適正な評価の提唱と関連づけられている（阿部泰隆「司法改革の論点」月刊・司法改革4号（2000年）72頁）。不透明な人事行政によるコントロールに代えての服務監督手続の透明化の必要性の強調（伊東武是・前掲論文参照）も，こうした文脈の中でとらえることができるであろう。

2 こうした状況の中で，現在，憲法学には，これらの要求を憲法解釈論の中でどう位置づけるか，その理論的究明が求められているといえよう。たとえば最高裁の規則制定権の限界を立法権との関係においてのみならず，下級裁判所の権限との関連で検討する際にも，基本的には，司法権の作用と裁判官の独立との関係につき，より掘り下げた考察が必要となろう。その際，次の（相互に内的な関連性を有する）2点が重要な視点になると思われる。

①「法適用モデルの下での裁判官」像から「積極的裁判官」像への転換という現実認識（参照，笹田栄司・後掲書240頁以下）の下で，独立した裁判官による裁判権行使の正統性を，民意による実体的・手続的民主的正統化の道筋をメインに考えるのではなく，裁判官の「正解」獲得能力への期待と，「正解」発見手続の公正さをめぐるコンセンサスに求め（樋口陽一「裁判の独立」樋口陽一編『講座憲法学6』（日本評論社，1995年）56頁以下），これをデュー・プロセスを機軸とした法の支配の原理によって基礎づける場合，裁判権行使の場面においてのみならず，司法行政においても，裁判に直接携わる裁判官を中核として，下級裁判所の裁判官会議の留保領域を確定しつつ，最高裁による規則制定および監督は，憲法の適正手続条項や平等原則からす

る必要最小限の規制に限られるべきとの要請が導き出されうるのではないか。

②従来の議論においては，司法行政も「行政」の一種であり，そこには行政の一体性の原則が働くとの考察がほぼ当然のことであるかのごとく前提とされてきたが，執行権における行政の統一性・階層性の原則は，政府の対議会責任と，これを担保するために必要な政府の行政各部に対する指揮監督権という憲法原理を基礎とするものであり，単に目的合理性・効率性の観点から導かれるものではない。そして，①で述べたとおり，司法の機能が，こうした民主的正統化のための通常のメカニズムとは違った形で発揮されるものである以上（最高裁裁判官の国民審査は，司法行政の責任追及メカニズムと見ることはできないであろう），司法行政についても，むしろ司法権の概念と本質的に結びついた裁判官の職権行使の独立性を基礎とした法制度の構築とその運用がなされなければならないであろう。近年主張されつつある司法行政ないし服務監督の手続化・透明化の必要性は，その一つの重要なポイントである。

◇ **参考文献**

今日の司法行政の状況は，渡部保夫ほか『テキストブック現代司法〔第四版〕』（日本評論社，2000年）第一章，朝日新聞「孤高の王国」取材班『孤高の王国裁判所』（朝日文庫，1994年），毎日新聞社『検証・最高裁判所』（1991年）を読むことによって，その概略をつかむことができるだろう。これに対して，文中とりあげた戦後司法の状況を理論的・批判的に分析したものとしては，小田中聰樹『現代司法の構造と思想』（日本評論社，1973年）を挙げておく。また，今後の司法改革の行方を考えるうえでは，『人間の尊厳と司法権——西ドイツ司法改革に学ぶ』（日本評論社，1990年）や木佐茂男監修＝高見澤昭治『市民としての裁判官——記録映画「日独裁判官物語」を読む』（日本評論社，1999年）の一読を勧めるほか，司法改革の主体としての下級裁判官の役割を強調する笹田栄司『裁判制度——やわらかな司法の試み』（信山社，1997年），日本裁判官ネットワーク『裁判官は訴える！　私たちの大疑問』（講談社，1999年）も，ぜひ読んでいただきたい。

II 行政法編

       1　解　題　亘理格
  2　行政訴訟制度の現在と未来 ― 行政訴訟制度史を振り返って　亘理格
    3　行政訴訟へのアクセス(1) ― 原告適格　神橋一彦
     4　行政訴訟へのアクセス(2) ― 処分性　亘理格
      5　実効的権利救済(1) ― 仮の権利保護　大貫裕之
6　実効的権利救済(2) ― 高度の専門技術的争点に関する審理のあり方　井坂正宏
      7　訴訟形式(1) ― 抗告訴訟の訴訟形式　神橋一彦
 8　訴訟形式(2) ― 抗告訴訟とそれ以外の訴訟形式との選択問題　大貫裕之
         9　住民訴訟　井坂正宏
        10　「機関」訴訟　大貫裕之
      11　司法国家制と行政訴訟制度改革　亘理格

1 解 題

[亘理　格]

I　本編の全体構成

　本編に収められた10個のテーマは、いずれも、行政事件をめぐる裁判制度の現状分析を出発点として、現行行政訴訟制度に関する個々の法解釈問題や新たな立法課題を解決するための方向性を、明らかにしようとする意図の下に設定されている。これらはすべて、行政事件訴訟法上の訴訟制度（以下では、行政事件訴訟法上の訴訟を「行政訴訟」と呼ぶことにする）に関するテーマである。行政事件を通して現在の裁判制度の問題点を探ろうとする問題関心からすると、国家賠償訴訟に関する事件も取り上げるべきであろう。しかし、行政事件に特有の裁判制度が直面している問題や課題は、何よりも行政訴訟制度の検討を通して最も明確に浮かび上がるように思われる。分析対象を行政訴訟に限定したのは、そのような理由による。

　その上で、以下ではまず、各テーマ相互間の関係並びに本編全体の構成方法について一言触れることにより、本編全体の概略図を示しておくことにしよう。

　行政訴訟制度の中の核心的な制度は抗告訴訟であり、なかでも処分取消訴訟はその代表格である。そこで、後掲の論文「3」～「6」では、主として取消訴訟を想定した諸論点を扱っている。この中で、「3」と「4」は、取消訴訟の提起が可能とされるための要件（訴訟要件）を「行政訴訟へのアクセス」と捉えた上で、それに関わる様々な問題の中から特に原告適格と処分性を取り上げ論じている。また、「5」と「6」は、訴訟要件が満たされることにより取消訴訟の本案審査が認められた上で、取消訴訟による権利救済の実効性が確保されるため必要と考えられる諸条件を「実効的権利救済」に

関する問題として捉え，設定されたテーマである。そのような諸条件の中から，特に「仮の権利保護」のあり方及び「高度の専門技術的争点に関する証明責任」のあり方を取り上げ論じている。

以上が取消訴訟を想定したテーマであるのに対し，「7」と「8」は，違法な行政活動により自己の権利利益を侵害された者に対する救済制度としての諸訴訟形態（主観訴訟）の全体の中で（但し，金銭による事後的救済を直接の目的とする国家賠償訴訟を除いて），取消訴訟と他の訴訟形態とが如何なる関係で捉えられるべきかという問題を，「訴訟形式」というテーマ設定の下に取り上げている。このうち「7」は，取消訴訟以外の抗告訴訟の中から特に無効等確認の訴えを取り上げ論じている。また「8」は，取消訴訟と抗告訴訟以外の訴訟形式との関係に関する論点を扱っている。

以上六つの論文では，主観訴訟つまり私人の権利利益の救済を目的とした行政訴訟制度の問題を論じるのに対し，「9」と「10」では客観訴訟に関する諸論点の中から，特に住民訴訟と機関訴訟を取り上げ論じている。

以上「3」～「10」は，すべて行政訴訟制度の細かな法的仕組みに関わるテーマを扱うものであるのに対し，「2」と「11」は，行政訴訟制度の背景となる裁判組織編成のあり方を歴史的に振り返りつつ，行政訴訟制度改革のあり方を考察しようとするものである。

II 各テーマ設定の狙い

次に，各論文の狙いと概略を搔い摘んで述べることにしたい。

「2 行政訴訟制度の現在と未来――行政訴訟制度史を振り返って」（亘理格）は，行政事件第一審の新受件数の経年推移を示す資料を基に行政訴訟の低迷傾向を改めて確認した上で，それを踏まえた行政訴訟制度改革論議のための前提として，明治憲法下の行政裁判制度以来の制度改革構想の変遷を跡づけようとする論文である。この論文は，次項以下において行政訴訟の制度的仕組みに関する各論点を論じるための，導入部としての意味をも有している。

「3 行政訴訟へのアクセス(1)――原告適格」（神橋一彦）は，取消訴訟の訴訟要件の中から特に原告適格を取り上げ，これを，行政庁と処分名宛人との一面的関係に止まらず第三者の地位をも考慮した「三当事者型紛争」の出

現という，現代型行政訴訟に特有の問題として検討しようとする論文である。原告適格の有無につき，処分根拠法規を主にした判断に加えて，憲法上の基本権保障からの直接的基礎づけも補充的・副次的に承認されるべきであるとの立場から論じられている。

「4 行政訴訟へのアクセス(2)——処分性」（亘理格）は，同じく取消訴訟の訴訟要件の中から処分性を取り上げ，処分性を厳格に解する判例傾向の問題点を解明しあるべき処分性判断の方向を明らかにしようとする論文である。これに関する判例理論において法律の規定態様への安易な依存傾向が顕著であることを指摘した上で，問題解決における救済法的見地の重要性とともに，行政活動における決定行為と実施行為との分離という行政実態のリアルな認識に即した解釈論的対応が不可欠であるとの主張がなされている。

「5 実効的権利救済(1)——仮の権利保護」（大貫裕之）は，憲法による「裁判を受ける権利」保障の一環に「仮の権利保護」を位置づける見地から，その実効性を妨げる現行法規定並びにその運用上の難点を克服するための方向性を，明らかにしようとする論文である。執行不停止原則を維持したとしても，執行停止要件については実効的権利救済を妨げない方向で運用すべきであること，授益的処分の拒否処分に対しては独自の仮の権利保護制度を導入すべきこと，それがなされていない現状では，裁判所が明文にない仮命令を行うべきこと，公共事業に対して仮処分を排除する合理的な理由はないこと等が指摘されている。

「6 実効的権利救済(2)——高度の専門技術的争点に関する審理のあり方」（井坂正宏）は，高度の専門技術的問題が争われる行政事件において特に問題となる論点として証明責任を取り上げ，民事訴訟の通説である法律要件分類説を行政事件でも基本的に受け容れてきた判例理論の難点を解明しようとする論文である。判例・学説の分析を踏まえ，権利・自由の一方的な制限・剝奪につき適法性保障を要求する法治主義の趣旨に即した行政訴訟固有の証明責任分配原理を確立すべきである，との主張がなされている。

「7 訴訟形式(1)——抗告訴訟の訴訟形式」（神橋一彦）は，取消訴訟を抗告訴訟の中心に位置づける現行法の下で，無効確認訴訟には如何なる存在意義が認められるべきか，またそれに応じてこの訴訟形態の訴訟手続は如何なるものでなければならないかを明らかにしようとする論文である。「現在の法律関係に関する訴訟」（公法上の当事者訴訟並びに争点訴訟）との適切な役

割分担という見地から，この訴訟特有の訴訟要件（無効確認の利益）判断のあり方，出訴期間や認容判決の第三者効力に関する取消訴訟規定の準用を否定する現行法の妥当性等が論じられている。

「8　訴訟形式(2)——抗告訴訟とそれ以外の訴訟形式との選択問題」（大貫裕之）は，公共施設の供用行為の適法性を争うケースを念頭に，抗告訴訟とその他の訴訟（公法上の当事者訴訟及び民事差止め訴訟）との間での適切な訴訟選択の方向性を，明らかにしようとする論文である。特に，大阪国際空港訴訟上告審判決を契機に論争となった「公法上の当事者訴訟」活用の是非をめぐる諸見解に関する分析検討を行った上で，上記の訴訟選択については，個々の公共施設供用行為の適法性に関する行政庁の判断が如何なる法的構成の下に置かれているか（行政判断に対する行為規範的拘束の存否並びに行政判断の妥当力の有無）に応じて決せられるべきことが，主張されている。

「9　住民訴訟」（井坂正宏）は，「行政責任追及型」と評される住民訴訟の今日的存在意義を踏まえた上で，特に四号請求訴訟を素材として，財務会計行為の違法性判断に際して原因行為の違法性を斟酌すべき場合に当たるか否かの判断の分かれ目を，解明しようとする論文である。この問題につき，違法性承継論や公定力論の援用は筋違いであるとして斥けられた上で，賠償責任の帰責事由を自己の行為に限定する近代的賠償責任原理を重視する見地からは，財務会計行為の違法性判断は，違法な原因行為を抑止・排除すべき法的義務の存否により決すべきであるとの基本的考え方が示されている。

「10　『機関』訴訟」（大貫裕之）は，国の機関と地方公共団体の機関との訴訟のように異なる行政主体に属する機関相互間で争われる訴訟を取り上げ，かかる「機関」訴訟の提起が許容されるための法的根拠のあり方，並びにそれに相応しい訴訟手続のあり方を論じるものである。「法律上の争訟」該当性や「裁判を受ける権利」保障とは別に，地方自治権のような憲法上の原則等により上記の訴訟を根拠づけ得ること，また，かかる訴訟の手続に関しては，対象となる事柄の違いに応じて変えるべきこと等が主張されている。

「11　司法国家制と行政訴訟制度改革」（亘理格）は，日本国憲法による司法国家制への転換を前提にした場合，行政事件を専属的に管轄する裁判所の設置並びにそのための行政事件担当裁判官の養成制度の整備が，憲法上許容されるものであるかという問題を検討するとともに，司法国家制への転換という憲法事象が有する含意を行政訴訟制度に十分に反映させるためには，如

II 行政法編

何なる方向への行政訴訟制度改革が要請されるかを明らかにしようとする論文である。

　各執筆者の力のこもった論説により，今日の行政訴訟制度が置かれている状況を，過去から将来へと続く変化を見通しながら，ある程度は鮮明に描き出し得たのではないかと期待したいところであるが，その判定を読者に委ねざるを得ないことは言うまでもない。

2 行政訴訟制度の現在と未来
―― 行政訴訟制度史を振り返って

［亘理　格］

I　現状分析

　行政事件訴訟法（以下では，「行訴法」と呼ぶ）が1962年に制定・施行されてから，40年近い歳月が経過した。行訴法上の諸制度は，司法国家制の下での「裁判を受ける権利」保障の一環として確立されものであるが，その制度運用及び個々の法規定の解釈をめぐって様々な問題がある。その中には，立法当時から異論の存在した諸規定・諸制度がある（執行不停止原則や内閣総理大臣の異議等）一方，立法当時には予期し得なかったような現代型行政訴訟の出現により，今日新たに問題化するに至ったような諸規定・諸制度もある（原告適格，処分性等）。また，立法当時には決着が着かなかったため明確な規定を置かず，その後の判例形成に委ねられた問題もある（無名抗告訴訟等）。そうした諸問題の中には，判例の蓄積により一応の解答が与えられたものもあれば，未だ十分な解答が与えられていないものもある。さらに，確立した判例理論の存在する問題の中にも，行政訴訟制度の趣旨あるいは「裁判を受ける権利」保障の見地から見て議論の余地あるものも存在する。次項以下では，行訴法上の個々の制度に関わる主要な問題を論じることにするが，本項では，論点毎の検討へ入る前の導入部として，行政訴訟の提起実態について，あらかじめ目を通しておくことにしよう。

　これにつき，市橋克哉氏は，1987年に公表された論文の中で，行政訴訟に関する第一審新受件数の経年変化の検討を通して，「行政訴訟の現況」の量的把握を試みられている（市橋「行政訴訟の現況とその実効性」法の科学15号49頁以下）。それによれば，第一審の新受件数は，「昭和20年代には，自作農特別措置法による農地買収等を争う農地事件を中心に年間2,000件を超える

II 行政法編

こともあったが，昭和30年代になると事件数は漸減傾向となり，700件から900件台にとどまる，そして昭和40年代以降は若干増加するが，それでも，1,000件前後で逐年増減をくりかえしているのが現況であることがわかる」とされている。これにより，「一年間に日本全国の第一審裁判所（第一審を高等裁判所とする場合を含む）に新たに提起される行政訴訟が常に1,000件ほどしかないという事実」を提示した上で，市橋氏は，さらに，この事実に対し幾人かの論者が批判的評価を加えていること，西ドイツ（当時）における行政事件の第一審新受件数に比べ，我が国のそれは文字通り桁違いに少ないこと，我が国の民事事件と行政事件とを合計した第一審新受事件の総数に占める行政事件数の割合も低下の一途を辿っており，当時の数値で360分の1にまで落ち込んでいること，こうした「行政訴訟の事件数の低迷ぶり」とは対照的に，行政訴訟と並び行政救済制度の他方の柱である国家賠償訴訟については急増傾向にあることを指摘されている（以上，市橋・前掲50-51頁）。以上の市橋氏の分析を更に補う意味で，以下では，現行行訴法の施行年である昭和37年から平成10年までの期間について，第一審行政事件の新受件数の経年推移（後掲の表及びグラフ参照）を見ることにしよう。また，事件の種類毎の変化にも着目して見ることにしよう。

この経年変化からは様々なことが分かるが，中でも，次のような変化を読みとることができる。まず，行政訴訟全体を見渡すと，①市橋氏が指摘されたように，上記新受件数は昭和40年代以降1,000件程度を前後する状況を続ける

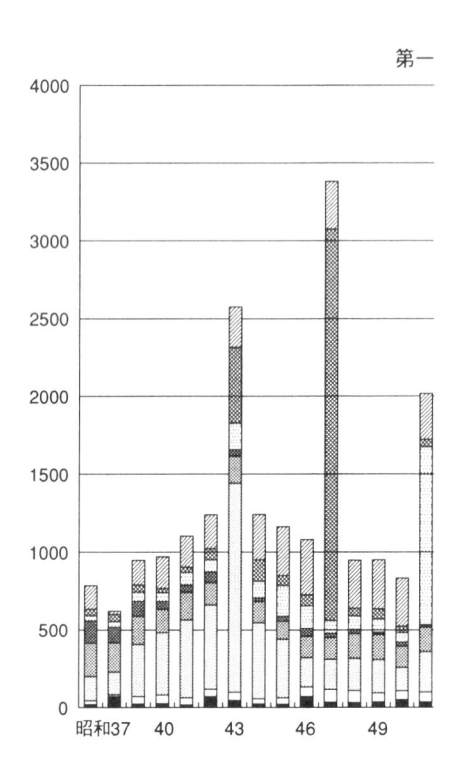

が，1990年代に入ってから漸増し，ここ2年間は1,700件台に乗せている。次に，行政事件の種類毎の特徴に着目すると，②市橋氏の指摘されるように，農地事件数が昭和30年代以降顕著な減少傾向を示している点のほか，次の諸特徴が顕著である。③租税事件が行政事件全体の2割前後を安定的に占めている。④同じく工業所有権関係訴訟が占める比率が特に1970年代後半以降増大しており，租税事件に匹敵する数値を安定的に示す傾向にある。なお，租税事件と工業所有権関係訴訟との合計数は，今日，行政事件全体の4割前後を安定的に占めることになる。さらに1990年代に入ってからの傾向として，⑤地方自治関係訴訟が増大しており，ここ3年間は全体の2割台に乗せている。また，地方自治関係訴訟ほど顕著な傾向ではないが，⑥警察関係訴訟も徐々に増加している。地方自治関係訴訟の増大に住民訴訟（地方自治法242条の2）並びに情報公開条例関係の訴訟が大きく貢献していることは，ほぼ

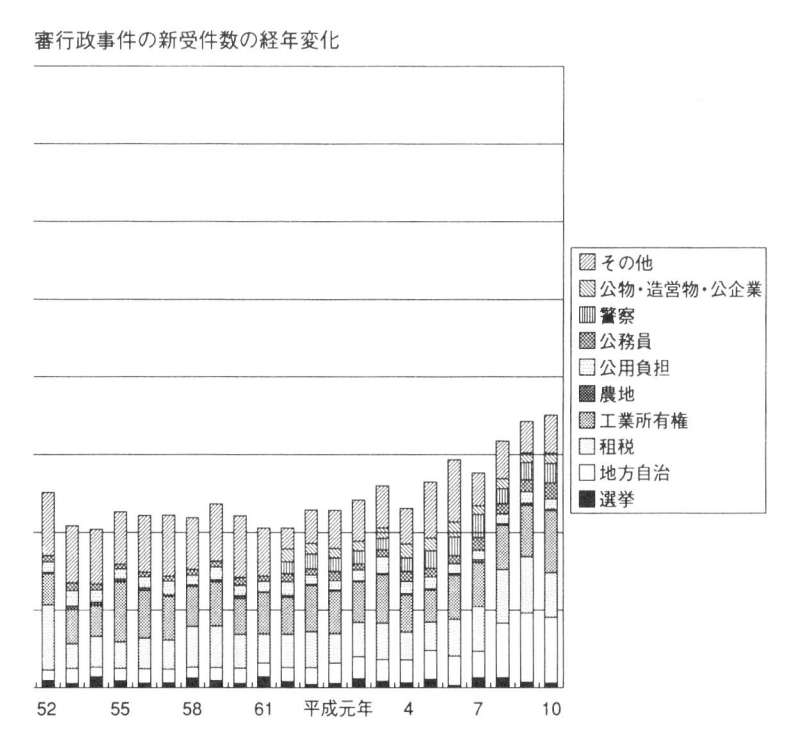

審行政事件の新受件数の経年変化

II 行政法編

第一審行政事件の新受件数の経年変化

年次	第一審新受行政事件総数	事件の種類									
		選挙	地方自治	租税	工業所有権	農地	公用負担	公務員	警察	公物・営造物・公企業	その他
昭和37年	783	22	31	146	220	139	36	42			147
38	793	71	20	135	192	99	41	48			18
39	948	25	52	330	181	97	62	46			155
40	968	27	59	398	145	56	53	29			201
41	1,097	18	48	502	173	49	77	35			195
42	1,235	72	50	538	144	69	73	77			212
43	2,568	42	62	1,335	170	44	172	494			249
44	1,233	15	45	484	137	25	101	144			282
45	1,156	12	49	369	122	36	194	60			314
46	1,070	55	73	187	135	56	138	77			349
47	3,377	24	88	185	140	31	81	2,521			307
48	941	19	86	201	161	29	85	48			312
49	938	18	66	207	159	21	84	69			314
50	820	37	65	141	139	27	57	48			306
51	2,009	23	69	252	161	19	1,141	49			295
52	1,244	34	75	414	200	13	70	43			395
53	1,040	16	105	156	224	21	97	54			367
54	1,015	54	75	193	205	23	77	36			352
55	1,122	36	80	171	391	16	66	30			332
56	1,097	18	100	193	309	18	71	32			356
57	1,101	19	94	186	280	13	89	31			389
58	1,081	51	76	260	255	12	63	38			326
59	1,174	35	91	261	287	15	81	39			364
60	1,092	18	108	212	235	15	69	50			385
61	1,018	58	94	189	265	10	65	35			302
62	1,020	31	94	209	244	15	84	53	80	76	134
63	1,134	11	113	227	304	8	63	36	94	68	210
平成元年	1,131	17	135	190	270	13	62	60	79	61	244
2	1,198	51	142	219	265	7	69	41	85	60	258
3	1,292	38	139	233	315	12	99	47	72	69	268
4	1,145	27	151	175	240	12	76	62	89	90	223
5	1,310	42	190	178	204	11	82	54	113	81	355
6	1,457	8	193	231	287	11	61	54	117	98	397
7	1,372	56	177	283	287	16	58	94	130	62	209
8	1,586	53	359	346	281	12	65	65	94	63	251
9	1,711	30	448	357	332	12	74	79	110	65	204
10	1,748	24	422	290	397	7	104	110	122	68	243

〈註〉①本表は，法曹時報17巻12号118頁，21巻2号137頁，24巻2号144頁及び51巻9号78頁より作成したものである。
②「第一審」とは，地方裁判所第一審及び高等裁判所第一審を指す。高等裁判所を第一審とする行政事件の中の大半を占めることが予想されるのは，選挙又は当選の効力を争う選挙訴訟，及び，特許や実用新案登録等の工業所有権関係の審決に対する訴訟である。たとえば平成10年度におけるそれぞれの第一審新受件数は，選挙事件のうち21件が高等裁判所，工業所有権関係事件のうち393件が東京高等裁判所において，それぞれ受理されており，高等裁判所が第一審として受理したその他の行政事件は，わずかに9件である（『平成10年度司法統計年報1民事・行政編』176頁及び184頁による）。
③昭和61年度までの「その他」欄の新受件数には，「警察」関係事件及び「公物・営造物・公企業」関係事件の新受件数も含まれる。
④昭和43年に租税関係事件，公務員関係事件及び公用負担関係事件の新受件数が多いのは，「租税関係事件においては，一国税局長に対する不作為の違法確認の訴えが，公務員関係事件においては，教職員の時間外勤務手当等請求訴訟が，集団的に提起されたことなど」によるとされている（法曹時報22巻2号56頁）。
⑤昭和47年の新受事件総数が多いのは，「沖縄の復帰に伴う特別措置に関する法律」第四章の規定に基づき，沖縄の旧裁判所から2,314件の係争事件を承継したためである。公務員関係の事件の大半をこれが占めていることが予想される。
⑥昭和51年に公用負担関係の新受件数が多いのは，国が原告となって沖縄県の地主を相手に，米軍・自衛隊基地用地の使用に伴う損失補償の額の減額等を求めて提起した訴えが，1,067件も大量提起されたためである。

間違いない。平成元年と平成10年の第一審新受件数を比較すると，住民訴訟は114件から329件へ，情報公開関係訴訟は7件から76件へと，いずれも激増しているのである（最高裁への照会結果による）。他方，漸増傾向を示している警察関係訴訟の中には，建築基準法関係の訴訟，風営法や薬事法等の営業規制関係の訴訟，交通規制関係の訴訟等のように，住民生活に密着したタイプの訴訟が多く含まれることが予想される。

　以上のような行政訴訟の提起実態を踏まえて考えると，以下の3点が重要である。第1に，①のように，1990年代に入ってから第一審行政事件の新受件数は増大傾向を示しているが，上記様々な指標に照らして市橋氏が指摘された我が国の行政訴訟の事件数の「低迷ぶり」が，これにより根本的に改善されたわけではない。第2に，一方では，特に工業所有権関係訴訟に示されるような企業活動型の行政訴訟類型の着実な増大があり，他方には住民訴訟・情報公開関係訴訟や建築基準法関係訴訟に代表されるような市民生活密着型の行政訴訟類型の漸増があるという形で，行政訴訟がある種の分化傾向を示している。第3に，しかし，市民生活密着型行政訴訟の中でも地方自治関係訴訟の増大が顕著であるという点には注意を要する。というのは，そこで大きな比重を占めていることが予想される住民訴訟並びに情報公開条例関係訴訟のうち，前者は個別規定（地方自治法242条の2）により特に許容された客観訴訟たる民衆訴訟であり，また後者は，条例による情報公開制度創設に起因して提起可能とされた抗告訴訟であるからである。これに対し，その他の行政事件については，僅かに警察関係訴訟に漸増傾向が見られるに止まるという事実からは，市民生活密着型訴訟の中でも環境保護や建築関係の訴訟あるいは消費者関係訴訟等の通常の抗告訴訟の方はそれほど大きく増えてはいない，という実態が浮かび上がるように思われる。

II　問題点

　以上のような行政事件数の低迷傾向の少なくとも一因は，行訴法上の諸規定ないし諸制度が行政事件の実態に即応していないという点にあると言えよう。その中には，法解釈的対応により十分改善し得る性質のものもあれば，制度や法律の規定自体を変えなければ対処し得ないようなもの，あるいは，法解釈的対応が可能ではあるが，原告適格や処分性等を限定的に解釈する判

II　行政法編

例傾向や行政庁の自由裁量権行使に対する審査を限定的にしか行わない判例傾向を前提とする限り，現状打破を期待し難い諸問題も存在する。そこで，こうした諸問題を解決するために，新たな立法措置への期待が寄せられることになる。

　塩野宏氏は，行訴法改正論議が，特に1980年代に入ってから高まりつつあることを指摘された上で，その背後にある視点として２点挙げられている。①現代型行政訴訟の出現に対し現行法では的確な対応をなし得ないので，これに的確に対応し得る訴訟制度へ改めようとするもの，及び，②現行行訴法の運用過程で明らかとなった「国民にとっての使い勝手という観点からの問題性」を是正することにより，救済法としての行訴法の問題点を改めようとするもの，である（塩野宏「行政事件訴訟法改正論議管見」成蹊法学43号49頁）。これら二つの視点は相互に重なり合うと思われるが，前者で主に想定される問題は，土地利用計画や公共施設建設計画等の行政計画関係の訴訟，空港訴訟や新幹線訴訟を典型例とするような大型公共施設関係訴訟，原子炉設置許可に関する訴訟等の環境訴訟であろう。そうした事件では，特に，計画策定等の事前手続と行政訴訟との関係に関する制度整備や団体訴訟の制度化等が立法化課題となることが予想される。他方，後者で主に想定されるのは，おそらく，上記大型公共施設関係訴訟における抗告訴訟とその他の訴訟（公法上の当事者訴訟若しくは民事訴訟）との間での訴訟形態選択の問題，処分性や原告適格を広く認めるか狭めるかという問題，現行法が採用する執行不停止原則，執行停止の要件規定の厳格性，内閣総理大臣の異議の制度，民事保全法上の仮処分の排除，事情判決の制度等，行政側の優位性を重んじる諸規定は妥当かという問題等であろう。そして，後者の問題については，特に行政事件における「裁判を受ける権利」保障の実質化の見地から現行法制の問題点を洗い出すことが不可欠であると思われる。

　こうして見ると，行政訴訟法制は，今日，「裁判を受ける権利」保障の実質化という戦後における司法国家制への転換時に提起された課題の延長線上に位置する諸課題を突き付けられると同時に，他面では，高度経済成長期以降に顕在化した現代型行政紛争に関わる訴訟制度上の課題にも直面していることが分かる。その意味で，行政訴訟法制は，今日，かつてなく複雑な問題状況に直面しているのである。

III 展望

1 行訴法上の諸制度のルーツを辿って　行訴法上の諸難点を立法措置により解決しようとする際しては，現行行訴法に至るまでの変遷過程の中で引き継がれてきた制度を見直し，或いは，逆に置き去りにされて来た制度構想をあらためて取り上げて再吟味することが，不可欠であるように思われる。現行の諸制度並びにそれに対抗した諸制度構想のルーツを探ることは，新たな制度構想にとって有益であると考えるからである。そこで以下では，現行行訴法に至るまでに個々の制度並びに制度構想が辿ってきた変遷の過程を，ある程度類型的に見てみることにしよう。そのような見地から我が国の行政訴訟制度史を検討する上で無視し得ないのは，明治憲法の下で1932年に成案化された「行政裁判所法案」及び「行政訴訟法案」（以下，「1932年法案」と呼ぶことにする）である。これは行政裁判所時代の法案であり，しかも結局実を結ばなかった法案であるので，今日的問題と直接的な関係が薄いようにも見えよう。しかし，雄川一郎博士が行訴法制定の経緯を回顧される中で指摘されたように，戦後の行政訴訟制度は，行政事件管轄権については司法国家制を前提としながらも，訴訟形態や訴訟手続については「行政裁判所時代の行政訴訟法理を受けついだ面が多い」のであり，中でも1932年法案は「戦後の行政訴訟立法に大きな影響をもったということができ」る（雄川「行政事件訴訟法立法の回顧と反省」雄川『行政争訟の理論』（有斐閣，1986年）197頁，なお，初出は公法研究45号134頁）。そうした経緯に照らすと，1932年法案を現行法へ連なる行政訴訟制度史の起点に据えることには合理的理由があるのである。他方，戦後については，1948年制定・施行の行政事件訴訟特例法（以下，「行特法」と呼ぶことにする），並びに，1956年から1962年にかけて取り組まれ行訴法制定へと結実した現行法立法過程が重要である。

そこで1932年法案を起点とした行政訴訟制度史の中で現れた様々な制度構想を概観してみると，一方には，現行法へ至る過程で明治憲法下の建前が否定され，法治主義的訴訟制度への転換が図られた諸制度が存在する。そうした諸制度の第1の類型は，行特法若しくは行訴法の制定過程を通して明治憲法下の制度が否定され，あるいは不明確な規定ないし運用が規定上明確化されることにより，法治主義的な訴訟制度への転換が今日では定着しているような制度類型である。訴訟事項につき限定列挙主義が廃され一般概括主義が

II 行政法編

採用されたことは，その最たる例である。訴願前置主義を廃し抗告訴訟と不服申立てとの自由選択主義が原則とされるに至ったこと（行訴法8条1項本文），個別法に基づく不服申立前置義務が例外的に免除され直ちに訴訟提起が可能とされるケース（行訴法8条1項但書及同条2項各号）が明示されたこと，出訴期間の制限が及ばない例外的なケース（審査請求をなし得る旨の誤った教示がなされた場合，故意又は重大な過失によらないで被告とすべき者を誤った場合）が法律上明確に規定されたこと（行訴法14条4項及び15条）等も，その例である。他方，第2の類型として，1932年法案の中で提唱されながら実を結ぶに至らなかった制度構想が，戦後改革の過程で実定法制度として結実するという制度類型がある。1932年法案には，抗告訴訟と当事者訴訟並びに「先決問題の訴訟」からなる訴訟類型論を採用した点，訴訟事項に関する限定列挙主義を是正し列挙主義の枠内に止まりながら最大限に訴訟事項を拡げようとした点等に，法治主義的訴訟制度への転換を目指す試みが見られるのであり，そのような試みが戦後の行政訴訟制度改革の中で活かされていくと見ることが可能なのである。特に訴訟事項に関しては，戦後改革の過程で，上述のように限定列挙主義から一般概括主義への転換が成し遂げられるのであるが，出訴事項について1932年法案が掲げた具体的規定内容に照らしてみる限り，同法案の趣旨が，一般概括主義への転換という形で結実したと見ることも可能である。更に，同法案には，普通行政裁判所と高等行政裁判所という2種類の行政裁判所の創設により上訴制度を導入しようとしたこと，行政裁判官の身分を終身官としてその独立性の強化に腐心した跡が読みとれること等，改革の趣旨において戦後改革へ連なる面は少なくない。

他方，しかし，以上のような転換面とは逆に，明治憲法下の建前が基本的に維持されてきた諸制度も少なくないことを忘れるべきではない。その第1の類型は，明治憲法下の法制度が，その後も撤廃されることなく今日まで受け継がれているような制度類型である。執行不停止原則は行政裁判法23条により制度化されて以来，現行法まで一貫して受け継がれてきた。しかも，行特法並びに行訴法は，執行停止決定に対する内閣総理大臣の異議の制度を設けることにより，この原則を補強している。また，仮処分の排除は，行政処分に対する訴訟を司法裁判所の管轄外とした明治憲法第61条の下では自明であった考え方が，司法国家制へ転じた後も，行特法10条7項のやや曖昧な規定を経て行訴法44条の明確な規定へと引き継がれてきたものである。こうし

2 行政訴訟制度の現在と未来

た制度を今後とも維持することが「裁判を受ける権利」保障の趣旨に照らして適切であるか否かについては，他のあらゆる制度に先立って検討されるべきであろう。

また，第2の類型として，1932年法案の中で改革案として唱えられながら結実せず，その後の憲法体制の転換の下でも，法制度として確立するに至ってはいないような制度類型も存在する。1932年法案や美濃部達吉の学説は，河川水や道路等の一般利用者のような第三者が他人に対する河川使用許可等の処分の取消をし求める訴えを認めていたが，今日に至るまで，この種の第三者訴訟が広く認められるに至ってはいない。また，公共事業や公共施設により権利を侵害された者が差し止めや原状回復を求めて提起する抗告訴訟の可能性に関して，既に1932年法案の中には，「公共用営造物ノ施設」により違法に権利を侵害された者に，当該施設の「撤廃，変更又ハ原状回復」を求める抗告訴訟提起を認める規定，並びに，公共団体に対しても，同様の施設により「其ノ公共ノ利益ニ重大ナル侵害ヲ被リ因リテ其ノ権利ヲ毀損」された場合に同様の抗告訴訟提起を認める規定が盛り込まれていた。その後，行訴法の法案審議過程においても，「違法な公共用営造物の工事」ないし「その他行政権の行使に当たる行為」に対する「差止めまたは原状回復」を求める訴訟の提起可能性を認める規定案が，当初は盛り込まれていた。この規定案が，この後，「行政庁の公権力の行使に当たる事実上の行為……によって生じた違法状態の排除を求める訴訟」を経て「事実行為の取消の訴え」へと変遷するのであるが，最終的にはこの種の明文規定が姿を消し，「その他公権力の行使に当たる行為」（行訴法3条2項）に対する取消訴訟の中にこの種のものが含まれるのか否かが曖昧な形で決着が着けられたわけである。同様に，規範統制訴訟は，その具体的なあり方は不明確であるがともあれ，現行法の法案審議過程の途中までは，「規範統制請求訴訟」ないし「法令の効力の訴訟」という名の下に盛り込まれていたが，法案段階では削除されるに至ったものである（行訴法の立案過程における以上二つの制度構想の扱いについては，雄川・前掲127-128頁参照。）。かかる訴訟類型の必要性は今日ではさらに高まっているように思われるのであり（本書行政法編「8 訴訟形式(2)」大貫論文参照），その制度化に向けた検討が求められる。

2 **創意的な制度構想に向かって**　新たな行訴法改正に当たっては，以上のように現行法制度のルーツを遡ることとともに，あるべき制度を創意豊

II 行政法編

かに構想することが求められるのは言うまでもない。そこで，次項以降では，現行法の特に重要な規定や制度について解釈論上の争点及び制度上の問題点を端的に指摘した上で，問題解決の方向性を提起するという叙述方法により，行政訴訟法制度の全体像を現状と展望の両面から明らかにしようと思う。かかる見地からすると，取り上げるべき多くのテーマが他にも存在する。抗告訴訟へのアクセス（訴訟要件）との関連では，狭義の訴えの利益や出訴期間の制限あるいは不服審査前置制度の問題もある。本案審理との関係では，自由裁量権に対する審査や違法性の主張利益（行訴法10条1項）に関する問題も，欠かせないテーマである。また，国家賠償法についても，不作為や河川災害に関する賠償責任の問題あるいは国家賠償と損失補償との境界域の問題等も見逃し得ないテーマである。そうした諸論点の重要度が低いわけでないことは，言うまでもない。むしろ，本章では，行政訴訟の制度的側面や手続的側面に密着した問題に限定せざるを得なかったことを，予めお断りしておきたい。

◇ **参考文献**

本文で挙げた文献のほか，現行法制定の経緯を知る上で，塩野宏編著『行政事件訴訟法(1)～(7)』（日本立法資料全集5・6・37～41，信山社，1992～1994年）は，行政事件訴訟法制定過程の第一次資料を網羅的に収録した文献として，有益かつ不可欠である。また，明治憲法下の1932年法案については，田中二郎『行政争訟の法理』389頁以下（「行政裁判制度の改正案及改正意見」）が上記法案を解説付きで収めており，参考になる。他方，行政事件訴訟法上の現行諸制度の問題点並びにその法改正の方向を考える上で，阿部泰隆『行政訴訟改革論』（有斐閣，1993年）特に序章（初出は公法研究52号，1990年）及び山村恒年『行政過程と行政訴訟』（信山社，1995年）特に第14章「行政争訟法改正試案」（初出は自由と正義45巻6号，1994年）は有益である。さらに，最新のシンポジウム記録として，「行政事件訴訟法を見直す(上)(下)」自治研究76巻5号・6号も有益である。

3 行政訴訟へのアクセス(1)
―― 原告適格

［神橋一彦］

I 現状分析

1 序説 抗告訴訟に限らずおよそ行政訴訟が行政上の法律関係をめぐる訴訟である限り，それは（それが第一次的であるか否かはともかく）行政活動の適法性の保障を目的とするものであることはいうまでもない。しかしだからといって，一般の私人の誰でもが，また如何なる行政庁の違法行為をも裁判で争うことができるかというとそうではなく，そこには当然出訴できるケースについて一定の制限が設けられる。これが「行政訴訟へのアクセス」の問題である。とりわけ抗告訴訟は「行政庁の公権力の行使に関する不服の訴訟」であり（行訴法3条），公権力の行使に対する私人の権利救済手段であるから，とりわけ私人が如何なる場合に抗告訴訟にアクセスできるか（換言すれば，訴訟要件をクリアーして，請求について本案審理をしてもらえるか）という問題が極めて重要な問題として論じられてきたのである。そしてこの問題には，①抗告訴訟の対象となる「処分」とは何か（処分性），②如何なる者が抗告訴訟（特にその中心となる取消訴訟）を提起することができるか（原告適格），という二つの論点がある。このうち①については次項において論ずることとし，本項では②の原告適格について論ずることにする。

さて，行訴法9条本文は，取消訴訟の原告適格について，取消訴訟は「当該処分又は裁決の取消しを求めるにつき法律上の利益を有する者……に限り，提起することができる」と定めている。そしてこの行訴法9条にいう「法律上の利益を有する者」の意義につき最高裁は一貫して，いわゆる「法律上保護された利益説」を採り，「当該処分により自己の権利若しくは法律上保護された利益を侵害され又は必然的に侵害されるおそれのある者」をいうとし

II 行政法編

ている（そしてこの説は，無効等確認訴訟の原告適格（行訴法36条）についてもあてはまる。「7　訴訟形式(1) ― 抗告訴訟の訴訟形式」参照)。この説は，要するに，違法な処分によって自己の権利利益に侵害を受けた者について取消訴訟の原告適格を認めようとするものであって，抗告訴訟を裁判所の憲法上の権限である「司法権」（憲76条）＝「法律上の争訟」の裁判（裁法3条）＝「権利義務に関する具体的な争いについての裁断作用」に属する訴訟形式として位置づける従来からの考え方にもなじむものであろう（このことは，「処分性」に関する通説的な理解にもいえることである)。また従来の行政法学は，かかる原告適格のあり方に着目して，抗告訴訟を私人の権利保護を目的とする「主観訴訟」として位置づけてきたのである（「主観訴訟」「客観訴訟」の定義については議論の余地があるが，ここでは宮澤俊義『行政争訟法』（日本評論社，1936年）9頁による)。

②　「権利」と「法律上保護された利益」　さて，最高裁判例のいう「権利」とか「法律上保護された利益」とは，具体的にどのようなものをいうのであろうか。この点がまず問題となる。というのも，後に述べるように，最高裁判例は原告適格の範囲を厳格に狭く解していると批判されているが，例えば「権利」という語の下に憲法上の環境権などのいわゆる「新しい人権」や果ては「平和的生存権」などが含まれるとすれば，たとえ「法律上保護された利益説」を採ったとしても，原告適格は相当程度拡大するはずだからである（この点を示唆するものとして，山村恒年「『法律上の利益』と要件法規」同『行政過程と行政訴訟』（信山社，1995年）179頁以下)。しかし実際はそういうことにはならないのである。何故であろうか。

まず「権利」の概念であるが，その由来はおそらく帝国憲法時代の法制に求めることができるであろう。すなわち，帝国憲法61条は現在の抗告訴訟に相当する「行政官庁ノ違法処分ニ由リ権利ヲ傷害セラレタリトスルノ訴訟」（これを美濃部教授は「権利毀損に基づく抗告訴訟」という）が行政裁判所の管轄に属することを規定していたのであるが，この訴訟については「行政庁の処分に対するものであること」と同時に，原告適格として「之に依り自己の権利を毀損せられたりと主張すること」が訴訟要件とされていたのである（美濃部達吉『行政裁判法』（千倉書房，1929年）130頁以下)。そしてここにいう「権利」には憲法上の「自由権」はもとより私法上の権利である所有権その他物権等が含まれるというのが，学説・判例の一致した見方であった。そ

の後現行憲法下においても，行政事件訴訟特例法時代（昭和23年〜37年）は，このような「権利毀損」要件の考え方を概ね引き継いでいたといってよい（原田尚彦教授のいう「権利享受回復説」）。

③　「二当事者型紛争」から「三（多数）当事者型紛争」へ　　ところで抗告訴訟で争われる紛争には，昭和30年代までとそれ以後とでは，その特徴に変化がみられる。すなわち，昭和30年代までの行政訴訟は，農地事件とか租税事件などの行政庁―名宛人間のいわば「二当事者型紛争」（すなわち行政庁の侵害処分をその名宛人が争うというタイプ）が主であったといえる。この場合，処分の名宛人たる私人が当該処分の取消訴訟を提起できるという結論自体については争いはないわけであるから，裁判所は，特に原告適格についての判断を行うことなく，本案についての判断を行うことになるわけである。

しかし昭和40年代以降，原告適格をめぐる訴訟としてクローズアップされたのは，環境訴訟，原発訴訟，消費者訴訟，競業者訴訟などのいわゆる「三（多）当事者型紛争」（すなわち行政庁の許可等受益処分を名宛人以外の「第三者」が争うというタイプ）であった。そしてこのような事件においてこそ，訴訟の帰趨を決する重要な問題として「第三者」の原告適格が問題となるのである。そして最高裁は現在に至るまで表向きは「権利」と「法律上保護された利益」の二つを掲げながら，少なくとも昭和40年代以降，特にこのタイプの訴訟における「第三者」について，何らかの「権利」を侵害されたからという理由で原告適格を認めた判例が見当たらないのである。換言すれば，最高裁は，明らかに「法律上保護された利益」が存するか否かに焦点をおいているのである。その意味で，「権利」の概念は，原告適格の議論において大きな意味を持たなくなるのである。

④　「処分の根拠法規によって保護された利益」説の確立　　そうなると，さらに「法律上保護された利益」というときの「法律」とは何か，が問題となる。最高裁判例は，ここにいう「法律」を専ら当該処分の根拠法規（例えば，公衆浴場法に基づく許可処分であれば，公衆浴場法2条の許可規定）と捉えている。したがって，それ以外の憲法，民法その他の規範はこれに含まれないことになり，この点特に注意を要する（ジュリ925号13頁の研究会における宍戸判事の発言参照）。つまり，およそ行政法規である限りそれは公益の実現を目的とするものであるが，公益の実現という目的にとどまらず特定私

II　行政法編

人の個別的利益をも保護する規定（A）と，そうでない規定（B）があると考えるわけである。
　　A＝公益の実現＋特定私人の個別的利益の保護
　　B＝公益の実現のみを目的とする
したがってAに属する根拠規範の場合は，まさにその「特定私人」が原告適格を有するということになるが，Bに属する根拠規範の場合は，仮にこれによって何人かが事実上の不利益を受けたとしてもそれは「反射的利益」が失われたに過ぎないということになるのである。

　そうなると，処分の根拠法規の解釈がまさに問題となる。その点について従来の判例をみると，例えば許可制に距離制限規定が付されている場合（公衆浴場法2条，最判昭37・1・19民集16巻1号57頁）や，処分に「直接の利害関係を有する者」について意見書の提出・公開の聴聞等手続参加が認められているといった場合（保安林指定解除処分＝森林法26条，最判昭57・9・9民集36巻9号1679頁［長沼ナイキ基地訴訟］）について，「第三者」（既存業者や周辺住民）の原告適格が認められている。また，いわゆる「新潟空港訴訟判決」（最判平元・2・17民集43巻2号56頁）は，航空法100条に基づく定期航空運送事業免許処分の要件である「事業計画が……航空保安上適切なものであること」（同101条1項3号）に航空機騒音の防止が含まれると解し，一定範囲の周辺住民に原告適格を認めたのがあるが，かかる根拠法規の解釈にあたっては，航空法1条の目的規定や公共用飛行場周辺における航空機の騒音による障害の防止等に関する法律3条の規定など根拠法規の周辺規定との関連が斟酌されたのである。すなわち判決曰く，「……当該行政法規が，不特定多数者の具体的利益をそれが帰属する個々人の個人的利益としても保護すべきものとする趣旨を含むか否かは，当該行政法規およびそれと目的を共通する関連法規の関連規定によって形成される法体系の中において，当該処分の根拠規定が，当該処分を通して右のような個々人の個別的利益をも保護すべきものとして位置付けられているとみることができるかどうかによって決すべきである」。また原子炉設置許可については，核原料物質，核燃料物質及び原子炉の規制に関する法律24条1項3号「その者……に……原子炉の運転を適確に遂行するに足りる技術的能力があること」，4号「原子炉の位置，構造及び設備が核燃料物質……又は原子炉による災害の防止上支障がないものであること」が手がかりとなって周辺住民の原告適格が認められた（最判

平4・9・22民集46巻6号1090頁［高速増殖炉もんじゅ事件判決］)。

　しかし他方で、原告適格が否定された例も多い。なかでも公有水面埋立免許について、当該水面の周辺において漁業を営む者の原告適格を否定した判例があるが、これは、公有水面埋立法にはそういった周辺漁業者の利益を保護した規定はない、という理由による（最判昭60・10・17判時1179号56頁［伊達火力発電所事件判決］)。この事件は、昭和48年の公有水面埋立法改正前の事件であり、確かに大正11年制定の旧法には周辺漁業者の利益を配慮した規定は存しない。しかし、昭和48年に同法が改正され「其ノ埋立ガ環境保全及災害防止ニ付十分配慮セラレタルモノナルコト」という条項（4条1項2号）が新たに設けられた。改正後の最高裁判例は存しないため、かかる条項の新設が原告適格の判断に如何なる影響を及ぼすかについては推測の域を出ないけれども、仮にこの規定が新設されたことによって周辺漁業者の原告適格が認められることになるとすれば、所詮原告適格の範囲は、立法者が法律を作る際の規定の仕方如何によっていかようにでもなるのではないか、という疑問（いわゆる「隠された列挙主義」——後述）を抱かしめることになろう。また、私鉄の利用者が運賃値上げ認可処分を争った事件（最判平元・4・13判時1313号121頁［近鉄特急事件判決］）や学術研究者が史跡解除処分を争った事件（最判平元・6・20判時1334号201頁［伊場遺跡訴訟判決］）では、原告適格が否定され、本案審理が拒否されている。

　⑤　**学説の批判**　　以上のような判例に対して学説は、最高裁の態度は私人の権利救済の途を不当に狭めるものであり、みだりに本案審理の門は閉ざすべきではない、と批判してきた。その中で有力に主張されてきたのが「法的保護に値する利益説」である。この説は、処分の根拠法規が特定私人を保護しているか否かという法の趣旨ではなく、原告が現実に受ける不利益の性質、程度など被害の実態に着眼する。例えば質屋営業許可の例でいえば、「法律上保護された利益説」によれば、質屋営業法の根拠規定が出訴してきた既存の業者を保護しているか否かが問題となる（そして、おそらく保護していないということになるであろう）のに対して、この説によれば当該質屋が、新規の質屋への営業許可によって現実にどのような被害を受けるか、またその被害はその者を一般国民から区別して裁判で保護に値するものであるか否かといった、紛争事案の実態や利益状態が問題とされるのである（原田尚彦『行政法要論全訂第4版増補版』（学陽書房、2000年）360頁）。かかる学説

の批判もあってか，最高裁は原告適格を緩和してきており，結果的に「法律上保護された利益説」と「法的保護に値する利益説」の差は縮まったといわれる。しかしながら，最高裁判例は依然として根拠法規が特定私人の個別的利益を保護しているか否かという基本的枠組を維持しているのである（最近の判例として，風俗営業許可処分に関する最判平10・12・17民集52巻9号1821頁参照）。

II 問題点

以上の現状分析を踏まえて，問題点を整理してみよう。

1　**処分の根拠法規への依存**　以上述べたように，最高裁の採る「法律上保護された利益説」（＝「処分の根拠法規によって保護された利益説」）によれば，原告適格を認めるか否かの決め手は，処分の根拠法規である。そうなると逆にいえば処分の根拠法規の定めかた如何で原告適格が決まるともいえ，せっかく抗告訴訟の対象につき，出訴事項を列挙しそれ以外の事項については出訴を許さないとする「列挙主義」（行政庁ノ違法処分ニ関スル行政裁判ノ件――『行政判例百選II』資料参照）を廃し，「処分」とされるものであれば原則として出訴を許す「概括主義」を採用したにもかかわらず（行訴法3条），かように原告適格の段階で出訴の可能性が法律によって左右されるのであれば，まさにそれは「隠された列挙主義」に他ならないのではないか，という批判が存する。

2　**原告適格判断における処分の根拠法規の解釈**　また当該処分の根拠法規が保護しているか否かを判断する際の根拠法規の解釈も，「新潟空港訴訟判決」におけるが如く，根拠法規の関連法規まで斟酌した形でなされるに至っている。これに対しては，「論理のアクロバット」であるという批判があるが，少なくとも原告適格判断のための根拠法規の解釈方法とは何か，ということを検討する必要があろう。

3　**三（多数）当事者型紛争と原告適格**　他方，原告適格判断が「処分の根拠法規」中心に傾いたのも故なきことではない。すなわち，抗告訴訟の対象となる紛争が従来の二当事者型紛争から三（多数）当事者型紛争へとその態様を変化させているからである。これを「権利防禦型モデルから複効的行政活動の三面的利害調整型モデルへ」の変化と称することもできよう（阿

部泰隆『行政の法システム（上）〔新版〕』（有斐閣，1997年）37頁以下）。そうすると行政活動が処分の根拠法規に基づいて行われるとしても，そこでは公益と「第三者」を含めた私人の側の私益が適切に調整されていることが前提条件となる（藤田宙靖「行政活動の公権力性と第三者の立場」『雄川一郎先生献呈論集　行政法の諸問題　上』（有斐閣，1990年）171頁以下）。この条件を法的に確保していく途はありうるのか，ということが問題となろう。

III　展望

それでは今後問題解決の方向性をどのように探るべきか。さまざまなアプローチがありうるが，ここでは従来の最高裁の判例の延長線上で対処しうる方向性について指摘したい。

1　処分の根拠法規と憲法　　上述のように最高裁の判断枠組からすれば，原告適格を基礎づけるのはあくまで処分の根拠法規という「法律」レヴェルの規範であるから，憲法レヴェルの権利＝基本権がそこで直接に援用されることはない。要するにその限りにおいて，原告適格の議論では憲法規範は完全に「かやの外」にあるわけである。

しかしながら，既に述べたように，三（多数）当事者型紛争においては，公益と私益，あるいは名宛人と「第三者」の私益相互間の利害調整が問題となるが，そこでは処分の根拠法規がこういった問題について十分に配慮して規定されることが要請される。ところが他面において，行政処分について定める行政法律の立法の際，ことさらに原告適格の問題を考慮して要件規定等を置いているわけではない，との指摘もなされている（芝池義一「取消訴訟の原告適格判断の理論的枠組み」『京都大学法学部創立百周年記念論文集第2巻』（有斐閣，1999年）69頁以下）。現に，伊達火力発電所事件で問題となった公有水面埋立法（旧法）の場合，「第三者」の重要な利益（基本権的な利益など）が必ずしも十分に考慮されていないといえるわけであるが，このように法理論と現実との間に存する乖離を如何に埋めるかは大変な難問である。しかし，さしあたりそのような場合，基本権的な利益を考慮していない根拠規定による処分によって重大な不利益が生じた場合には，憲法上の基本権を直接援用した取消訴訟の提起も可能ではないかとおもわれる（同旨の指摘は，人見剛教授によってもなされている（公法研究59号217頁））。その場合，基本権

II 行政法編

が例外的であれ援用されるのは如何なる根拠に拠るのかについて理論的な詰めが必要であるし、また援用された場合その事件限りでの適用違憲にとどまるのか、あるいは進んで処分の根拠法規自体が違憲であるとするのか、といった問題は存するが、現行の判断枠組を前提とする限り、処分の根拠法規の内容自体に対する憲法的コントロールは検討されるべきであろう（なお、原告適格判断に対する憲法上の要請については、神橋一彦「公権論に於ける基本権の位置づけ（1）〜（3・完）」法学58巻3号、4号、6号参照）。

② **原告適格と行政統制のあり方**　「法律上保護された利益説」は、訴訟法上の訴訟要件に関わるものであるが、以上の説明からも明らかなように実体法上の「権利」（「法律上保護された利益」）論とリンクされた形で論じられている。このことは、冒頭にも述べたように、抗告訴訟が違法処分に対して私人の権利利益の保護を図ることを目的とする訴訟であるという制度目的に由来している。ところが、そうなると、例えば、前述の近鉄特急事件などのような場合、処分の根拠法規である地方鉄道法（当時）の中に鉄道利用者を保護する規定がそもそもないのであるから、運賃値上げ認可処分自体は「処分」であり抗告訴訟の対象でありえても、その処分の違法を訴訟で争い得る者が存しない（＝争える者が誰もいない！）ということになり、結果として訴訟において違法処分を是正する可能性が否定されることになるのである。確かに近鉄特急事件のような場合、処分の内容がある範囲の者の経済的な利益に関係するとしても、その範囲が余りにも漠然としており、原告適格の範囲が確定困難であり、その上処分に関係する利益の重大性も（生命、健康等に比べれば）比較的軽いといった事情がある。判決は直接述べてはいないが、このようなことが、原告適格を否定する結論を補強する論拠として挙げられるであろう。

しかしながら他方において、このような形で抗告訴訟による裁判統制の及ばないケースが存在することは、行政活動の適法性確保の観点から望ましいことではないこともまた事実である。そしてこのような状況に直面して、裁判所による処分の適法性コントロールの可能性をできるだけ拡大すべきであるという観点から、抗告訴訟の制度趣旨や従来からの判例理論・学説を踏まえながらも、「一体誰に処分の適法性を争わせるのが適当か」という問題について、さらなる解釈論的検討の模索が続けられているのが学説の現状であり、それがまた今後の課題であるといえるだろう（近時の論稿として芝池前

掲載論文の他，大貫裕之「行政訴訟による国民の"権利保護"」公法研究59号203頁以下，小早川光郎「抗告訴訟と法律上の利益・覚え書き」『成田頼明先生古稀記念　政策実現と行政法』（有斐閣，1998年）43頁以下参照）。

◇　参考文献

以下，原告適格およびそれと密接に関連する権利論（公権論）について一般的に論じた論稿のうち，本文で引用したもの以外について紹介する。
原田尚彦　『訴えの利益』弘文堂，1973年／小早川光郎「取消訴訟と実体法の観念」『行政訴訟の構造分析』東京大学出版会，1983年，1頁以下／安念潤司　「取消訴訟における原告適格の構造」（1）〜（4・完）『国家学会雑誌』97巻11・12号，98巻5・6号，11・12号，99巻7・8号，1984〜1986年／亘理　格　「行政訴訟における『裁判を受ける権利』論序説」『憲法制定と変動の法理 ― 菅野喜八郎教授還暦記念』木鐸社，1991年127頁以下／棟居快行「『基本権訴訟』の可否」『人権論の再構成』信山社，1992年，285頁以下／松井茂記『裁判を受ける権利』日本評論社，1993年，174頁以下／笹田栄司　『裁判制度』信山社，1997年／芝池義一「行政事件訴訟法における『法律上の利益』」『法学論叢』142巻3号，1997年／山本隆司『行政上の主観法と法関係』有斐閣，2000年。

なお，本項では授益的行政処分における「第三者」の原告適格を中心に論じたが，余り注目されたことがないものの，不利益処分や申請拒否処分における「第三者」の原告適格という問題も存在する。この点については，福岡高判平成10年10月9日判タ994号66頁およびそれについての判例評釈である太田匡彦「保護世帯員の原告適格」『社会保障判例百選第3版』200頁参照。

他方，憲法訴訟との関連で，渋谷秀樹『憲法訴訟要件論』（信山社，1995年）190頁以下が参考になる。また，民事訴訟法との関連では，本書・民事訴訟法編「9　多数当事者訴訟」及び民事訴訟における当事者適格論に新たな展開をもたらしたものとして，伊藤　真『民事訴訟の当事者』（弘文堂，1978年）が参考になる。

4 行政訴訟へのアクセス(2)
――処分性

[亘理 格]

I 現状分析

1 **処分性の成立要件** 抗告訴訟は，行政庁が，法律上許容された権限行使の要件が充足されているか否かを自ら判断して行う公権力の行使もしくは不行使につき，私人からの不服の訴えを待ってその適法性を審査する訴訟形態であり，そのような意味で「行為に関する訴訟」である。そこで，行政のいかなる行為に対して訴えの提起が認められるかが，真っ先に問題となる。特に処分に関する抗告訴訟については，行訴法は「行政庁の処分その他公権力の行使に当たる行為」（行訴法3条2項）という規定以上に明確な規定を設けていないため，いかなる行為が処分たる性質を有するかが争われる。このように抗告訴訟により争うことのできる行為であるために具えなければならない性質ないし要件を指して，一般に処分性と呼んでいる。以下では，主に取消訴訟を取り上げ，処分性に関する現状と問題点を検討しよう。

代表的な最高裁判例の表現に従うならば，処分性の認められる行為とは，「行政庁の法令に基づく行為のすべてを意味するものではなく，公権力の主体たる国または公共団体が行う行為のうち，その行為によって，直接国民の権利義務を形成しまたはその範囲を確定することが法律上認められているものをいう」（最一小判昭39・10・29民集18巻8号1809頁）。この定義からは，少なくとも以下の三つの意味で抗告訴訟の提起可能性を絞り込む機能を，処分性が担っていることが分かる。

第1に，行政の諸活動の中でも公権力の行使に当たらないものを抗告訴訟から排除する機能である。これにより，民事訴訟をはじめとした通常の訴訟形態と抗告訴訟との間での振り分けが確保される。上記の最高裁判例は，東

京都が都有地上に設置するゴミ焼却場の建設行為の無効確認を求めた抗告訴訟につき処分性を否定した例であるが，そこでは，都が建設会社と締結した工事請負契約には公権力性が認められないことが，処分性否定の一理由とされていた。このような限定要件を，ここでは「公権力行使要件」と呼ぶことにする。

次に，処分性には，抗告訴訟を国民と行政との間の具体的権利義務に関する紛争の解決に限定し，これに当たらない紛争を排除する機能がある。換言すれば，行政活動の適法性が争われるケースでも，「法律上の争訟」（裁法3条1項）に当たらないものである限り，抗告訴訟による救済の範囲から排除されることを意味する。先の最高裁判例がゴミ焼却場建設行為の処分性を否定したもう一つの理由は，都がゴミ焼却場設置を計画し計画案を都議会に提出する行為は，都の内部的行為にすぎないというものであったが，この理由づけは，結局，内部的行為にすぎないものは国民の権利義務を直接具体的に変動させることがないので処分性が認められないという趣旨を，言外に含んでいる。ところで，この第2の機能は，それ自体さらに，国民の法的地位つまり権利義務の変動に当たらない行政の作用を排除し，また，個別具体的でない地位の変動をもたらすに止まる行政作用を排除するという，二つの機能へ分かれる。そこで以下では，前者を「権利義務変動要件」，後者を「個別具体性要件」と呼ぶことにする。

さて，以上のように見てくると，処分とは講学上の行政行為に似通った意味を有することが分かる。実際，準法律行為的行政行為と呼ばれてきたものの中の一部を除いて（「確認」の一種とされてきた海難審判庁が行う海難原因裁決につき，処分性を否定する例として最判昭36・3・15民集15巻3号467頁。なお，「公証」の一種とされてきた土地の分筆登記に関する下級審の判決例は，処分性肯定例と否定例とに割れている），行政行為には，通常，処分性が認められてきた。また，代執行や滞納処分により差し押さえられた物件の留置や輸入禁制品の没収，あるいは，不法入国者もしくは不法残留者に対し収容令書により行われる収容のように，権力的事実行為ではあるが継続的に不利益を及ぼし続けている行為は，行訴法3条2項所定の「その他公権力の行使に当たる行為」として想定されてきたため，処分性が認められる（行政不服審査法2条1項参照）。では，こうした継続的効果を有する公権力的事実行為以外にも，行政行為には該当しないが処分性が認められるべき場合はないので

II 行政法編

あろうか。これにつき，判例を見てみよう。

　②　**判例状況**　公権力行使要件を満たさないため処分性が否定される典型例は，上述のごとく，公道・歩道橋等の公共施設設置のための請負契約のような行為である。次に，権利義務変動要件を満たさないことを理由に処分性が否定される典型として，例えば通達・訓令のような行政組織内部的な拘束力を有するにすぎない行為は，国民の権利義務を直接左右するものではないため処分性が否定される。同様に，日本鉄道建設公団が定めた新幹線建設のための工事実施計画に対する運輸大臣の認可のように，独立の法人格を有する公法人に対する監督庁の監督行為，あるいは，建築確認に関する消防長・消防署長の同意のように，指揮命令ラインを異にする行政機関間の行為についても，処分性は否定される。大型小売店舗の出店計画届出に対する計画変更の勧告のような行政指導には処分性が否定されるが，それは公権力行使要件が欠けているためであると同時に，権利義務変動要件が欠けているためでもある。

　さらに，個別具体性要件との関係では，国民の権利自由に何らかの制限をもたらす拘束的行政計画の処分性が，特に問題となる。この種の計画をめぐる判例は，個別具体性要件の適用により処分性を否定するのを原則とする一方，個々の計画ごとの決定内容の詳細性・具体性や個々の計画に対する不服審査規定の有無を考慮することにより，例外的に処分性を肯定する場合がある。そのような処分性判定結果の対立が顕著に現れるのは，公共事業施行型の計画の場合である。この場合，土地区画整理事業の計画決定のように，事業の施行地区及び設計の概要等が定められるに止まり換地として割り振られる個々の土地が未定である計画について，判例は，組合施行事業の場合を除き，単なる「青写真」に過ぎないとして処分性を否定する（最大判昭41・2・23民集20巻2号271頁）のに対し，収用事業の事業認定や第二種市街地再開発事業の事業計画の場合には，計画段階で収用対象地の範囲が明らかとなる上に不服審査規定もあることから，判例は処分性を肯定する。これに対し，市街化区域と市街化調整区域との線引き，用途地域等の地域地区の指定，地区計画の決定等の土地利用規制を内容とする都市計画決定の場合は，個別具体性要件を満たさないことから端的に処分性が否定される。この種の計画の場合，計画決定により生じる土地利用制限の効果は，あたかも法令による権利制限と同様「当該地域内の不特定多数の者に対する一般的抽象的な」効果

にすぎないとされるからである。

II　問題点

　以上のように，判例は，上述の3要件を厳格に当てはめることにより，内部行為，行政指導，拘束的行政計画等，伝統的な行政行為概念からはずれる行政作用については，多くの場合処分性を否定するという傾向を示している。このような行政行為中心主義の処分性論自体の問題点については後に論じることとして，ここでは，以下の2点に絞って問題点を指摘したい。

　1　法律の規定の有無への安易な依存　判例は，作用の性質において基本的同質性を有する複数の行政の公権力行使につき，不服申立に関する規定の存否，あるいは，各作用の担い手の区別に応じて法律が設けた細かな規定の差違を根拠に，一方には処分性を肯定し他方にはこれを否定する。端的な例は，土地区画整理組合が施行する土地区画整理事業であり，この場合，右組合の設立認可という法形式で事業計画が決定され，それと同時に施行地域内の権利者には強制的に組合員としての地位が生じるため，右設立認可の処分性が肯定さる（最三小判昭60・12・17民集39巻8号1821頁）。また，国・都道府県もしくは市町村が施行する土地改良事業についても，法律に不服申立規定のあることを唯一の手がかりに，処分性が肯定される（最一小判昭61・2・13民集40巻1号1頁）。処分性判定の要件が曖昧である場合に個々の法律規定の差違に判定の手がかりを求めることには，処分性判定の客観性を確保し訴訟要件の予測可能性と安定性を保障するという見地から，一応の合理性が認められよう。しかし，その結果，同じく土地区画整理事業でありながら，組合施行事業か行政庁施行事業かにより処分性の存否が異なり，同じく行政庁施行の区画整理が実施される場合でも，土地区画整理法に基づく事業か土地改良法に基づく土地改良事業かにより処分性の有無が異なるというのは，果たして合理的であろうか。ここには，法律の規定次第で整合性・体系性を欠いた処分性の判断がなされるという問題がある。

　2　行政の制度的仕組みに即した観察視点の欠落　土地区画整理事業計画のような計画は，それ自体は未だ一般性を有するとしても，個別具体的な処分が引き続いて行われることを制度上当然に予定した計画決定である。また，通達・訓令や独立の公法人に対する事業認可は，行政組織内部的なもし

II 行政法編

くは行政主体間の監督権限の行使を通して確実に実施に移されることを予定した制度である。このような場合には，当該行政作用の直接的な効果として直ちに権利ないし法的利益の侵害が生じるのではないにせよ，「それ自体によって国民に一方的に不利益が生じることが制度的に予定されている」（浜川清「行政訴訟の諸形式とその選択基準」杉村敏正編『行政救済法1』（有斐閣，1990年）85-91頁）と見るべきであろう。権利義務変動要件及び個別具体性要件に関しては，以上のような「制度上の侵害性」をも含めて広く理解することが可能なのであって，行政活動の仕組みに即した考え方としては，その方が優れていると言えよう。

III 展 望

1 救済法的見地からの問題解決　一つの解決方法は，処分性を専ら訴訟による救済の必要性・妥当性という訴訟法的視点から独自に構成しようとする考え方である。その代表的な考え方は形式的処分論である。この理論は，元々は，社会保険給付や行政財産の目的外使用許可のごとく，元来は契約手法によってもなし得る作用が法律上行政行為として構成されたような場合を想定していたのであるが，抗告訴訟の処分性要件との関係で形式的処分論が唱えられる場合，それは，伝統的な行政行為概念には該当しない行為であっても，当該行為をめぐる具体的法律関係の特質に照らして抗告訴訟の提起を認める以外に適切な救済手段が存在しない場合に，訴訟による救済機会の保障という専ら救済法独自の要請から処分性を認めようとする考え方である。

かかる形式的処分論に対しては，処分性が認められるのに伴い，出訴期間の制限や仮処分の排除等の抗告訴訟制度特有の諸制約に服することになり，その限りでは行政権の優越性を前提とした訴訟制度の枠内にはめ込められることになるため，救済可能性の拡大を帰結するとは限らないとの批判がある。もっとも，この批判は，抗告訴訟と通常の訴訟形態との間の選択が問題となる場合を想定した批判である。そこで，これに対しては，そもそも形式的処分論の眼目は，通常の訴訟すら提起できないため訴訟形態選択の余地のない場合に抗告訴訟の提起を可能とすることにあるとの立場からの反論が予想されよう。

このように，他に適切な訴訟による救済可能性があるかなしかを処分性判

定の決め手にした場合，同一の行為に関してでも，処分性が認められるべき場合とその必要のない場合とに分かれることになる。例えば，環境基準の告示及び大型店舗の出店計画の変更勧告は，いずれも一般に処分性が否定される例であるが，これらの行為により権利利益を侵害されたと主張する者に他に適切な訴訟提起の途が確保されているか否かという見地から見ると，甘い内容の環境基準の決定や従前の環境基準を緩和する内容の改定により健康等の被害を受けると主張する者，あるいは，変更勧告により許容された出店計画によって自己の営業上の利益が害されることを主張する既存商店主にとって，これらの行為を争うための訴訟方法は他に保障されていないのである。そこで，そのような第三者の訴訟的救済手段の確保という目的の下に処分性を肯定しようとすると，同一の行為をめぐって個々の私人が置かれた具体的状況の差違に応じて処分性判定が分かれることになる。こうした主張は相対的行政処分論（阿部泰隆『行政訴訟改革論』（有斐閣，1993年）87頁以下）と呼ばれる。

② **行政決定と実施行為との分離による問題解決**　翻って行政行為概念の由来に立ち返って考えるならば，この概念自体は行政訴訟制度と表裏をなす関係で形成されてきたものである。即ち，民事訴訟を始めとした法律関係そのものを訴訟対象とした通常の訴訟形態とは別に設けられた抗告訴訟制度の存在を前提に，その排他的管轄を確保するための理論上の制約として公定力が認められたものであることは，今日では広く承認されている。そのような抗告訴訟制度の排他的管轄の及ぶべき対象を行政行為という用語により把握しようとする見地に立つと，処分性を形式的行政処分や相対的行政処分にまで拡張することは，取りも直さず，従来の行政行為概念に替えてこの概念を再構成することになる。

伝統的な行政行為の観念からひとたび離れ，行政作用を客観的に観察するならば，一つの作用は多くの場合，行政庁による決定とその執行とに大別されることに気がつく。つまり，自然人の意思の決定・表示のプロセスと異なり，行政の公権力行使のプロセスは，行政主体の意思の決定と表示の過程及びその実施過程とに現象としても手続的にも明確に分かれているのである。そのような行政の公権力行使のプロセスを一個の行為として扱ってきた伝統的な行政法の行為形式論は，行政作用をあたかも自然人の行う法律行為と同質的な一個の意思行為として把握する点において，一つのフィクションに立

Ⅱ 行政法編

脚していたと言えよう。従来の通説的な処分性論は，行政行為に関するそのような一体的思考方法が抗告訴訟の場に投影された結果たる一面を有するように思われる。

しかし，今日の時点で，行政の公権力行使に対するきめ細かな法治主義的コントロールを確保しようとの見地から観察した場合，従来のような一体的思考方法を改め，行政作用の実像に即した形でこれを分節的に把握することにより，行政主体の意思の決定に相当する部分を処分として把握するとともに，その執行過程において現実化する法律関係に対しては，個々の作用の性質に応じて場合によっては民事訴訟等の提起をも認めるという方向での問題解決が図られるべきであろう。

◇ **参考文献**

本文に挙げたもののほか，杉村敏正・兼子仁『行政手続・行政争訟法』（筑摩書房，1973年）273頁以下［兼子執筆］，原田尚彦『訴えの利益』（弘文堂，1973年），小早川光郎「抗告訴訟の本質と体系」『現代行政法大系・第4巻』（有斐閣，1983年）135頁以下及び山村恒年『行政過程と行政訴訟』（信山社，1995年）137頁以下は，処分性問題の状況を把握する上で有益である。また，高木光『事実行為と行政訴訟』（有斐閣，1988年）は，公共施設の設置・管理をはじめとした事実行為との関係で，「行政行為論の負担過重」を問題視する立場から，当事者訴訟の活用を主張するものである。本稿筆者とは見解を異にするが，有益である。

5 実効的権利救済(1)
——仮の権利保護

［大貫裕之］

I　現状分析

　我々が権利利益を侵害されたと考えるとき，制度として，裁判を含む様々な救済の手続が用意されている。しかしこれらの手続には時間がかかる。とりわけ，裁判のように慎重で確実な救済の手続ほど時間はかかる。そのために，時間をかければ確実な救済が受けられるにもかかわらず，時間の経過による事実の進行によって権利救済が無意味となる場合もある。このような事態を避けるために，後に控えている本格的な救済の手続（裁判であれば，本案訴訟）に付随して当事者間の暫定的な関係付けを行う権利保護の手続が必要となる。これが仮の権利保護の手続である。この手続は，様々な救済制度において問題となるが，以下では争点訴訟及び行政事件訴訟における仮の権利保護の手続について検討することにする。

II　問題点

　1　**行政活動に係わる仮の権利保護制度全般の問題**　仮の権利保護は，後に控えている本格的な救済の手続を無意味としないような実効性を持たなくてはならないが，仮の権利保護の向けられる相手方に対する影響も考慮しなくてはならない。ときとして両立の困難なこの二つのファクターを，仮の権利保護の暫定性という条件の下で，可能な限り両立させなければならない。
　以下，問題点を指摘する。
　行政事件訴訟法が設けた仮の権利保護の仕組みは執行停止である。立案関係者によれば，この執行停止は，その目的において民事訴訟における仮処分

II 行政法編

に類似するものであるが,仮処分が,行政庁の公権力の行使に当たる行為の効果を停止あるいは阻止するという行政権の作用に強い影響を及ぼすものであるから,特殊の配慮をして設けられた(杉本良吉「行政事件訴訟法の解説(2)」法曹時報15巻4号20頁)。

　行政行為の効力は相手方への告知によって即時に発生すると解されているが,採用された執行停止の仕組みは,訴訟の提起によって行政行為の効力が停止されないことを前提とした申し立てによる執行停止である(執行不停止原則)。したがって,国民の側からイニシアティブをとって執行停止によりその効力を止めなくてはならないが,行政行為の効力が即時に発生し,執行停止がなされるまでの間に時間的な間があると,執行停止前に行政行為が執行される可能性がある。外国人の退去強制,違法建築物の除却命令がその例である(例えば,柳文卿事件—東京高判昭46・3・30判例時報624号3頁)。

　執行停止は公権力の行使たる侵害的な行為を前提にして,それの効果を停止しあるいは阻止することを目的としている(村上武則「仮の権利保護」杉村敏正編『行政救済法①』(有斐閣,1990年)308頁)。したがって,公権力の行使たる侵害的な行為以外の行為に対しては,執行停止が機能しない。これは,授益的行政行為の拒否処分に関して大きな問題となる(拒否処分の執行停止によっては,処分が行われたことにはならないし,行政事件訴訟法は33条2項を執行停止に準用しておらず,行政庁は拘束力によって処分をすべきことを義務付けられないので,執行停止の申立ての利益がないとされる。この点について,興味深い解釈論を展開するのが,原田尚彦「退去強制に対する仮救済の問題点」同『訴えの利益』217頁である)。とりわけ,一定の期日までに処分がなされないと意味を失う処分の場合には,仮の権利保護を受けられないままに本案訴訟が訴えの利益なしとして却下され,行政の「時間切れ必勝」(阿部泰隆「抗告訴訟制度に関する仮救済制度の問題点」同『行政救済の実効性』(弘文堂,1985年)156頁)といわれる状態に持ちこまれる(著名な皇居外苑使用不許可処分取消訴訟の事例がこれである。最判昭28・12・23民集7巻12号1561頁)。

　行政事件訴訟法は公権力の行使には仮処分ができないことを明文で定めているので(行政事件訴訟法44条。如何なる本案訴訟であるかを問わないとされている。杉本・前掲解説20頁),公権力の行使に係わる訴訟に関して執行停止の規定が準用されない場合には,なんらの仮の権利保護もないことになる。そのような事態は当事者訴訟と争点訴訟に関して生じ得る。行政行為の有

効・無効が先決問題となる争点訴訟にも，行政事件訴訟法44条の仮処分の禁止は及ぶと解されているが，行政事件訴訟法は執行停止の規定の準用を明文では認めていない。当事者訴訟は必ずしも行政行為の有効・無効が先決問題となるとは限らないが，そのことが先決問題となった公法上の法律関係に関する当事者訴訟はあり得る（公務員の免職処分の無効を前提とする地位確認訴訟など）。その場合には，争点訴訟と同様な状況にある。

② **執行停止の要件の問題**　執行停止の積極的要件は，①適法な本案訴訟が係属していること，②回復の困難な損害を避けるため緊急の必要があることで，消極要件は，③公共の福祉に重大な影響を及ぼすおそれ，④本案について理由がないと見えることである。

行政事件訴訟法は，行政事件訴訟特例法に比べて損害の意義を緩やかに認定するという趣旨で，②の要件を採用したが，緩やかに解釈適用されているとはいえないと指摘されている（藤田＝井関＝佐藤『行政事件訴訟法に基づく執行停止をめぐる実務上の諸問題』39頁）。執行不停止原則を採用している場合に，執行停止がなされる要件が必要以上に狭く解されることは，執行不停止原則の妥当性を疑わせることになる。

執行停止の段階で，④の本案の理由の有無の判断を余り厳格にすると，執行停止手続の本案化を招き本来の目的である権利利益の暫定的な保護を達成できなくなる可能性がある。他方，本案の理由の有無を曖昧にしたまま執行停止を認めることは，不当に申立て人の利益を図り，行政の円滑な遂行を阻害することにもなる。執行停止が認められると，申立て人がほぼ満足する結果をもたらす場合がそれである（例えば，学園祭におけるマイク使用禁止処分の執行停止。阿部教授のいわゆる「満足的執行停止」の問題である。阿部・前掲論文184頁）。このように，本案の理由の有無の判断の程度は，仮の権利保護の本質とかかわって，困難な問題を提供する。

③ **公共事業と仮の権利保護**　前述のように，処分その他公権力の行使に当たる行為に対しては，執行停止が予定されており，それらの行為に対しては仮処分をすることはできない。この点の振り分けの建前は極めて明確にできている。しかし，公共事業に関して仮処分が可能か否かが問題となることがある。道路の建設工事について仮処分の申請がなされた場合や（例えば，静岡地裁沼津支決昭53・5・29訟務月報24巻7号1456頁－仮処分適法。広島高決平4・9・9判例時報1436号38頁－仮処分不適法），公有水面埋立て工事に関

して仮処分の申請がなされた場合（例えば，津地決昭44・9・18判例時報601号81頁－仮処分不適法。熊本地決昭55・4・16判例時報965号28頁－仮処分適法）などに，裁判例があるが，仮処分を肯定するものと否定するものがあり，判断は分かれている。

III　展　望

　権利保護の実効性の確保のためには，本来的な救済制度において効果的な救済が行われなければならない。しかし，この本来的な救済制度の運営が迅速に行われなければ，如何に効果的な救済をそれがもたらそうとも無意味である。時間の経過による権利救済の空洞化を避け，権利侵害とその救済の時間的ずれを最小限にするために，さまざまな工夫が必要である。このためには審理促進が必要であることは言うまでもないが，審理促進には限界がある。この意味で，当事者間の暫定的な関係付けを行い，権利救済の実効性を保障する仮の権利保護の手続の重要性は大きい。仮の権利保護の制度はまさに権利救済の実効性を確保する仕組みとしてそれ自体が実効的でなくてはならないのであって，それは憲法32条の裁判を受ける権利によって定礎されている（仮の権利保護を行う権限が行政作用であるか司法作用であるかといったことは重要ではない。仮に行政作用であるとしても，裁判を受ける権利は行政作用としての仮の権利保護を与えることを保障しているのである）。

　様々な細かい問題は別として，ここでは，以下の点のみに限って問題解決の方向を探る。

　　1　**執行不停止原則**　　前述のように，現行法は執行不停止原則を採用している。このことが違憲であると判断する論者もいるが（例えば，東條武治「行政事件における執行不停止原則の検討(5)」民商法雑誌62巻6号974頁），一般には現行の執行不停止原則の下での執行停止の要件の妥当性あるいは要件の解釈の妥当性についての批判がなされるに止まる。近代法治主義が国民の実効的な権利保護を究極の目的としているとするならば，仮の権利保護の制度も国民の実効的な権利救済が可能となるように形成，運用されるべきである。したがって，執行不停止原則が採用されても，例外的な執行停止の要件の定め方，運用の仕方は，国民の実効的な権利救済を可能にするものでなくてはならない。立法政策的には，執行停止あるいは執行不停止の何れかを原則と

するのではなく，阿部泰隆教授の試みたように（阿部・前掲論文169頁以下），行政行為の性質によって，類型的に，執行停止が原則のもの（例えば，強制執行が可能でそれがなされると原状回復が不可能なもの），執行不停止が原則のもの（例えば，強制執行が可能でない行為）に分けることが妥当であろう。

2⃣　前述のように，仮の権利保護は裁判を受ける権利によって保障されているとみるべきで，このことによって，実効的な仮の権利保護の仕組みを作ることが要請されると同時に現実の仕組みを解釈するにあたっても可能な限り実効的な仮の権利保護となるように解釈すべき要請が働く。また，加えて，仮の権利保護に関する制定法の定めが著しく妥当性を欠いておりもはや立法の怠慢と評価せざるを得ないような場合には，裁判所は，明文の規定によらず仮の権利保護を命じることが要請されているとみるべきである。

3⃣　授益的行政行為の拒否処分に関して大きな問題となる，前述の行政の「時間切れ必勝」に対しては，ドイツ行政裁判法の定める仮命令のような仮の権利保護制度を立法的に導入すべきである。この仕組みの導入は憲法論的にも要請される（阿部教授は，少なくとも未確定原告勝訴判決の仮効力発生制度を導入することを提唱する。阿部・前掲論文156頁以下）。立法的に解決がなされていない現在でも，執行停止によって保全されるべき利益を解釈論的に認める努力が続けられている。例えば，集団デモ行進に係わる許可制を実質届出制と解することによって，不許可処分ないし不許可処分の条件の執行停止によって申請どおりのデモ行進ができるとする解釈（東京地決昭44・11・16判例時報578号22頁など），不法在留外国人に対する在留期間更新不許可処分に関して不許可処分の執行停止がなされると，不法在留としての責任を問い得ないという意味で本邦に滞在できる法的状態を回復させるとして，執行停止を申し立てる利益を認めた解釈など（東京地決昭45・9・14行裁例集21巻9号1113頁など）。しかしながら，拒否処分に関する仮の権利保護に関しては，制定法の定めが著しく妥当性を欠いておりもはや立法の怠慢と評価せざるを得ないような事態が生じていると考えられる。行政の「時間切れ必勝」は，裁判所の創造する仮命令によって解消されるべきである。

4⃣　公権力の行使の違法性が実質的な争点となっていながらも執行停止の規定が準用されず，他方仮処分が禁止されていることから生ずる仮の権利保護のエアポケット（当事者訴訟，争点訴訟について生じる）は立法的に解消されるのが望ましい。これは憲法が求めていることである。立法的に解決でき

II 行政法編

なくても，このようなエアポケットが生じないような解釈をすることは，憲法が求めているというべきであり，解釈論的に対応可能である。すでにさまざまな見解が示されている（例えば，行政事件訴訟法25条準用説，無効の処分に関しては仮処分が許されるとする立場など（その他の試みについては，さしあたり，岡村周一「仮の権利救済」行政事件訴訟法判例展望ジュリ925号180頁））。これらの見解は，まず，無効の行政行為について，如何なる仮の救済が妥当かという点で分かれる。無効の場合にも公権力の行使であることには変わりはないとみて，執行停止を原則的な仮の救済とみるか（訴訟の相手方が行政主体の場合には執行停止の規定の準用を認める説もここに分類可能である），それとも無効の場合にはもはや公権力の行使としての性格は失われ，仮処分が何らかの形で利用し得るとみるか（無効の場合には仮処分の規定が準用になるとみる説や，そもそも仮処分を禁じた行政事件訴訟法44条は争点訴訟には適用にならないとみる説など）の立場の違いである。

以上の分類軸と，公権力の行使の観念を精緻化し，仮処分禁止の射程を妥当な範囲に収めるという立場は論理的に完全に両立する（例えば，塩野宏教授の見解を参照。同『行政法II』〔第2版〕（有斐閣，1994年）178-179頁）。このような解釈論的精緻化は，無効の場合の仮の救済をあくまで執行停止と見る立場にあっては，妥当な結論を導くためにとりわけ重要性をもつ。

行政事件訴訟法は無効等確認訴訟に執行停止の規定を準用しており，無効の行政行為にも公権力性を認めるという立場に立っているといえる。したがって，その立場に立ちつつ，仮処分が排除される「公権力の行使」の観念を精緻化して，合理的な範囲で仮処分を認めるとともに，仮処分ができないと判断される場合には，執行停止の規定を準用し，仮の権利保護のエアポケットができないようにするのが解釈論的には妥当だろう。

5　**執行停止の要件**　仮の権利保護の申請人の「満足」と行政庁が担っている「公益」を如何に調和させるかは困難な課題であるが，実効的権利救済の見地に立ちつつも，公益の犠牲の上で申請人が利益を得ることのないようバランスのとれた解釈をすべきである。例えば，申請人の先手必勝をもたらす恐れのある「満足的執行停止」の場合には，本案の理由の有無を積極的に認定する必要がある。他方，退去強制処分のように執行された場合には本案審理の意味がなくなる場合には，本案の理由の有無をそれほど厳格に解する必要はないであろう。また，前者の「満足的執行停止」ケースには，執行

停止がなされないと，行政の時間切れ必勝となるケースがある。例えば，阿部泰隆教授の挙げる例でいうと，公会堂使用許可の取消処分や上陸許可の取消処分の執行停止がそれである。いずれも，執行停止がなされず，公会堂使用期日，上陸許可期間がすぎてしまうと，本案訴訟は却下される。このような場合には，本案の理由の有無は慎重に判断されなければならない。

⑥　公共事業と仮の権利保護についてどのように整理すべきかは困難なものがある。公共事業に対して仮処分を排除する構成は二つあり得る。一つは，公共事業を許容する行政庁の法的決定を阻害するがゆえに仮処分は許されないというもの。もう一つは，公共事業自体が事実行為として公権力の行使の性格を有しており，仮処分は認められないというものである。公共事業を許容する行政庁の判断には妥当力が認められるべきではあろうが，仮処分を排除するものとは言えないだろう（環境に関する行政庁の判断を経ているとみられない場合が多いだろう）。また，そもそも，健康被害を理由として事業の差止めが求められている場合には，ことがらの性質上，行政庁の環境に関する判断に法的な妥当力が認められないとすべきだろう（塩野宏「国土開発」『未来社会と法』（筑摩書房，1976年）182-183頁，188-189頁）。また，事実行為としての公共事業が一体として公権力の行使になると解すべき理論的根拠はないだろう。

以上のように考えると，仮処分を認めることによって実質的に公権力の行使が妨げられるという事態が生じるが，意図された行政活動が妨げられるのは，抗告訴訟の提起が認められ，執行停止が行われた場合にも生じる。特に仮処分に問題があるわけではない。意図された行政活動に対する影響は何れにおいても考慮可能であり，適切な利益考量によって意図された行政活動が妨げられるのは致し方ないであろう。

⑦　最後に内閣総理大臣の異議について述べる。これは導入当時から違憲の疑いを持たれてきた制度である。裁判を受ける権利で定礎された仮の権利保護を行う権限は，それ自体としては「法律上の争訟」の裁判の権限ではないが，裁判を行う権限を実効的なものとするための不可欠の付随的な権限であるから，日本国憲法下では司法部が行使することが予定されているというべきである。したがって，仮の権利保護の発動を行政部限りで最終的に阻止できる権限を設けることは，憲法に適合しないと言うべきである（塩野教授は，内閣総理大臣の異議の「廃止の方向での検討は理論的，実務的双方の見地か

II 行政法編

らみても，それほど困難ではないであろう」とする。塩野宏「行政事件訴訟法改正論議管見」成蹊法学43号52頁）。

⑧　以上，必ずしも，仮の権利保護において問題とされるべきことすべてについて言及したわけではないが，明確な制度の不備，あるいは制度が具体的に運用される場合に様々な対応をしなくてはならないケースが多々あった。このような場合には，前述のように，実効的権利保護を求めている憲法に適合的な解釈をし，場合によっては，制定法にない仮の権利保護の創出もしなくてはならない。仮の権利保護の分野は，仮の権利保護の暫定性からして，裁判所による柔軟な解釈にとってとりわけ適合的な分野である（仮の権利保護を論じたものではないが，英米法のRemediesの理論に示唆を受けて，裁判所の一定の法創造機能を予定する「救済法」の構想を示した論文として，竹下守夫「救済の方法」『基本法学⑧紛争』（岩波書店，1983年）183頁以下参照）。

◇　**参考文献**

本文に引用したものの他に，利光大一「仮の救済」『現代行政法大系⑤』219頁以下，金子正史「25条解説」南博方編『条解行政事件訴訟法』604頁以下，横山正輝「44条解説」南博方編『条解行政事件訴訟法』882頁以下，岡田雅夫「公権力の行使と仮処分」岡山大学法学雑誌45巻3号815頁以下，白井皓喜「公害訴訟における執行停止と仮処分」同『行政訴訟と国家賠償』89頁以下，岡村周一「行政上の法律関係と仮処分」『行政法の争点〔新版〕』224頁以下，仲江利政「公権力の行使と仮の救済」鈴木忠一他編『新・実務民事訴訟法講座⑩』27頁以下，濱秀和「行政訴訟に対する仮処分の排除」鈴木忠一他編『実務民事訴訟法講座⑧』315頁以下，東條武治「行政事件と仮処分(1)(2)」園部逸夫他編『裁判実務体系Ⅰ行政訴訟』244頁以下，山田二郎「25条解説」園部逸夫編『注解行政事件訴訟法』339頁以下，東條武治「44条解説」園部逸夫編『注解行政事件訴訟法』540頁以下。

さらに，憲法学からこのテーマを論じるものとして，松井茂記『裁判を受ける権利』（日本評論社，1993年）第7章及び笹田栄司『裁判制度』（信山社，1997年）第3章Ⅴが参考になる。

6 実効的権利救済(2)
―― 高度の専門技術的争点に関する審理のあり方

[井坂正宏]

I 現状分析

1 **課題の限定－立証責任**　上記表題は多数の論点を指示するものであるが，紙幅の関係から，行政訴訟の立証責任の配分という問題に絞って考察を行うこととしたい。ここでいう「立証責任」とはいわゆる客観的立証責任を意味する。つまり，「訴訟において，ある要件事実の存否不明 (non liquet) の場合に，訴訟当事者の一方に不利な法律判断が下される危険／不利益」を指す。この立証責任配分の問題は，正確には狭義の審理手続のあり方の問題とは異なる。立証責任制度は，証明が不充分な場合にも，裁判所が判決を行うことを可能ならしめる制度であり，むしろ審理終了後に初めて問題となる事柄といえるからである。しかし，行政訴訟の当事者，特に原告にいかなる立証責任が配分されているか，という問題は当然当事者の訴訟審理における行態を左右する。立証責任配分規定により，敗訴回避のために当事者がとるべき証拠提出活動が，具体的訴訟過程において規律される関係があるからである。こうした，いわゆる当事者の証拠提出責任（主観的挙証責任）の問題として審理過程における当事者の行為に影響をあたえるのである。

現代的な，専門技術的争点を含む行政訴訟（主として処分取消訴訟）において，当事者のいずれに立証責任が配分されるかという問題について，果たして行政事件訴訟法7条の規定により，「民事訴訟の例による」ことで，妥当な結果を招来し得るのか，特に被告行政庁と比較して，圧倒的な「情報弱者」たらざるを得ない原告国民にとって，行政訴訟制度の利用のハードルを高くする結果にならないのか，という観点から考察することとする。

2 **判例状況**　行政訴訟の判例における立証責任配分問題に関する議論

II 行政法編

の蓄積は，税務訴訟関係を除けば必ずしも充分なものとはいえないようである。下級審判例の傾向としては，当初多少のぶれはみられた（後述の公定力説（A説）に基づく全面的原告立証責任論をとるものや，逆に処分の適法性につき全面的に行政庁側の立証責任を認める判例もあったとされる）ものの，民事訴訟における通説に従い，法律要件分類説（後述B_1説）により立証責任を配分する方向で固まりつつあった，と考えられる。最高裁の判例においても，こうした流れの中にあるものとみられるのが，昭和42年4月7日第二小法廷判決・民集21巻3号572頁である。裁量処分である旧自作農創設特別措置法41条1項2号所定の牧野売渡処分の無効確認訴訟において「行政庁の裁量に任された行政処分の無効確認を求める訴訟においては，その無効確認を求める者において，行政庁が右行政処分をするにあたってした裁量権の行使がその範囲をこえまたは濫用にわたり，したがって，右行政処分が違法であり，かつ，その違法が重大かつ明白であることを主張および立証することを要するものと解するのが相当である」という判示がなされた。その後最高裁としてこの問題について目ぼしい判断が見られない状況が続いたが，まさに専門技術的問題に関する立証責任について注目すべき見解が示されたのが伊方原発訴訟上告審判決であった（一小判平4・10・29民集46巻7号1174頁）。原子炉の安全性に関する裁判所の審理方法についての判示に続き，「原子炉設置許可処分についての右取消訴訟においては，右処分が前記のような性質を有することにかんがみると，被告行政庁がした右判断に不合理な点があることの主張，立証責任は，本来，原告が負うべきものと解されるが，当該原子炉施設の安全審査に関する資料をすべて被告行政庁の側が保持していることなどの点を考慮すると，被告行政庁の側において，まず，その依拠した前記の具体的審査基準並びに調査審議及び判断の過程等，被告行政庁の判断に不合理な点のないことを相当の根拠，資料に基づき主張，立証する必要があり，被告行政庁が右主張，立証を尽くさない場合には被告行政庁がした右判断に不合理な点があることが事実上推認されるものというべきである」と判示し，立証責任を事実上被告行政庁に転換するが如き姿勢を示した。また別のタイプの現代的行政訴訟といえる，情報公開条例に基づく公文書非開示決定取消訴訟（最三小判平6・2・8民集48巻2号255頁）において，条例所定の非開示事由（企画調整等事務／交渉等事務で公開により事務の公正な執行に著しい支障をおよぼすおそれがあるもの）該当の認定について，「上告人（被告）の

側で，当該懇談会等が企画調整等事務又は交渉等事務に当たり，しかも，それが事業の施行のために必要な事項についての関係者との内密の協議を目的として行われたものであり，かつ，本件文書に記録された情報について，その記録内容自体から，あるいは他の関連情報と照合することにより，懇談会等の相手方が了知される可能性があることを主張，立証する必要があるのであって，上告人において，右に示した各点についての判断を可能とする程度に具体的な事実を主張，立証しない限り，本件文書の公開による前記のようなおそれがあると断ずることはできない筋合いである」と判示し，被告行政庁側に非開示事由該当性につき立証責任を負わせる見解を採用した。

3 **学説状況** 学説の傾向は大ざっぱに五つのグループに分類することが可能であろう。

A－公定力理論：行政行為の公定力により，訴訟で係争対象とされた処分にも適法性が推定されるため，当該処分の違法を主張する側，つまり原告側に違法事由の根拠事実の立証責任がある，とする（田中二郎『行政争訟の法理』（有斐閣，1954年）107頁以下）。

B_1－法律要件分類説：民事訴訟法上の通説に倣い，実体法規範を，①権利根拠規定，②権利障害規定，③権利滅却規定に分類し，当該要件充足により有利な法的効果を主張する当事者が立証責任を負う，とする（瀧川叡一「行政訴訟における立証責任」『岩松裁判官還暦記念 訴訟と裁判』（有斐閣，1956年）471頁）。上述のように判例の多数の採用する説である。

B_2－処分要件分類説：行政法規は，権利発生／障害の観点で規定されている民事実体法とはその構造を異とする，というB_1説への批判に対応して，権限行使規定と権限不行使規定の二分類を採用し，それぞれの要件充足により有利な法的効果を主張する当事者に立証責任を負わせる，とする（阿部泰隆＝遠藤博也編『講義行政法II』（青林書院新社，1982年）236頁［浜川清執筆］）。

C_1－具体的事案説：上記B_2説同様，行政法規と民事実体法の構造の差異を理由にB_1説の行政訴訟への適用を否定し，当事者の公平・事案の性質・事物に関する立証の難易等によって具体的事案について，立証責任を配分するという考えである（雄川一郎『行政争訟法』（有斐閣，1957年）213頁）。民事訴訟法理論において示されている，実体法規範を基準として証明責任を配分するB_1説を批判し，訴訟当事者間の公平等の観点から証明責任を配分しようとする考え（非規範説）を取り入れ，立証の難易・証拠との距離・衡平

等により立証責任の所在を定める，という山村恒年氏の所説（雄川＝塩野＝園部編『現代行政法大系5』（有斐閣，1984年）187頁以下——C_2説）や，立証責任配分の問題について，各特殊法領域での法理論の展開に委ねるという兼子（仁）説（『行政手続・行政争訟法』（筑摩書房，1973年）244頁以下——C_3説）も，この説の延長線上にあるといえよう。

　D_1説－自由基準説（権利制限・拡張区分説）：係争対象処分が，個人の自由／権利に制限を加える性質のものである場合には，行政庁側に処分の適法性について立証責任を負担させ，自己の権利・利益領域を拡張しようとする申請に対する拒否処分については，原告国民側に立証責任を負わせる考えである（高林克巳「行政訴訟における立証責任」田中＝原＝柳瀬編『行政法講座三巻』（有斐閣，1965年）294頁以下，市原昌三郎「行政訴訟における立証責任」鈴木＝三ケ月編『実務民事訴訟法講座8』（日本評論社，1970年）227頁以下）。この説の欠点（申請拒否処分の立証責任が常に原告側に課される）を是正する観点から，生存権保障的給付申請を拒否する処分について，拒否事由につき行政庁に立証責任を負わせる考えも提示されている（宮崎良夫『行政訴訟の法理論』（三省堂，1984年）263頁以下——D_2説，塩野宏『行政法Ⅱ』122頁以下は基本的にC_1説によりつつD_2説の要素を考慮にいれ，ほぼ同一の結論に達している）。

　E－調査義務説：D_1説を重要な手がかりとしつつ，この説の趣旨とするところは，「国家機関の側で行われるべき調査検討が不十分であることの結果を相手側に負担させてはならない」点にあると解し，この考え方は，権利制限的処分に止まらず，行政処分一般に妥当するものとした上で，法律を誠実に執行する立場にある行政庁には，処分要件・裁量に際しての考慮事項等についての調査義務が課されており，その調査義務（その具体的範囲は場合により異なりうる）の範囲で，行政庁が立証責任を負う，とする（小早川光郎「調査・処分・証明」『雄川一郎先生献呈論集　行政法の諸問題　中』（有斐閣，1990年）249頁以下）。

Ⅱ　問題点

　個々の学説の批判的検討は後に譲り，ここでは判例の主流をなすと思われるB_1説＝法律要件分類説に拠った場合の問題点を若干指摘するに止める。

1 民事訴訟法学においてもしばしば指摘されるが，権利根拠規定と権利障害規定の区分は，実体法を基準としても常に明確とは言い難い。規範構造が異なる行政法規においては更にこの問題は顕著となろう。
  2 専門技術的争点を含む行政訴訟ではほぼ常に裁量処分が係争対象として登場する。B_1説の思考方法によれば，行政事件訴訟法30条の規定は，裁量処分＝原則適法／例外的に違法，という趣旨に理解され，「裁量権の範囲を越え又は濫用があった場合」という要件規定は，権利障害規定に分類され，原告国民側に立証責任があることになる。専門技術的問題に関する知識／情報の偏りなどを前提とすれば，審理における原告の負担過剰が生じるのは当然といえる。訴訟における実質的公平という観点から見て疑問が生ずる。
  3 無効確認訴訟は，救済方法としても原則たる取消訴訟に対する例外的救済手段とされる。このようなことも関係してか，無効事由についての立証責任についても原告側に負わされる傾向が出て来る。前記昭和42年最高裁判決は，裁量処分の無効確認訴訟であり，二重の意味において，原告側に立証責任が負担させられる結果をもたらしたのである。

III 展望

 1 **出発点**　まず初期の学説上有力であったA説はもはや排除されるべきであろう。現在の公定力理論は，取消訴訟の排他的管轄権に公定力の制度的根拠を求め，「取消されるまで有効」扱いをうける程度の効力として公定力を理解する。実体法的な「適法性の推定」を求める効力を行政行為に承認する考えは，既にその理論的支柱を喪失している。

問題は，実務の主流を成すB_1説の問題点をいかに是正し，裁判制度の利用者たる原告＝国民の負担にならない行政訴訟制度を考案するかである。

民事訴訟法理論において，証明責任配分規範は，実定法規範とは別個のものとして想定される，というのが通説的理解である。この規範は，裁判官と訴訟当事者の関係を規律する性格をもつ，といえる。訴訟当事者が私人同士である民事訴訟においては，当事者相互の法関係を規定する私法規範という側面が表面に出るが，しかしこの場合でも，立証に失敗した場合に，裁判所という権力主体が当事者＝国民に不利益を課する，という関係にあることは看過できない。いわば公法規範としての訴訟法／証明責任配分規範，という

II 行政法編

観点も重要である。無論，行政訴訟においてはこの点はさらに重視すべきである。

　裁判官が，証明責任配分規範の名の下に，一方的に相手方国民に不利益を課することが許容される要件を検討すべきであろう。民事訴訟においては，要件事実の立証責任を，当該要件認定により利益を受ける当事者に負わせる，という思考に一応の合理性を承認できる。しかし，行政法の基本原理である法治主義の観点からみれば，「法律なくして自由／財産の制限は認められない」という最低限の要請は考慮されてしかるべきである。自由制限的処分の適法性を支える要件事実につき non liquet 状態が生じた場合に，原告＝国民の負担によって当該処分の効力が維持される，そういう事態の発生に裁判所という国家機関が加担するという結論には違和感を拭えない。その意味において，出発点としてはD_1説に正しいものが含まれているようにおもわれる。

　また，証明責任配分規範を，国民と裁判所との関係を規律する規範として把握するなら，国民の予測可能性を保障する意味で，ある程度の具体的原則を提示する規範であることが要請されよう。その点で，C_1説の系統に属する見解には，確かに実際上の判断としては首肯できるものがあるとはいえ，明確なルールを裁判制度利用者たる国民に示せない点には疑問がある。E説はその点明確な原則があり，その背景となっている考えには共感すべきものが多いが，調査義務から立証責任配分を引き出す論理，具体的な調査義務の範囲については具体的事案により判断せざるを得ない点等，なお若干不明な点があり，最終的評価は，ここでは留保しておきたいと思う。

　② **具体的展開**　D_1説には従来以下のような問題点が指摘されていた。①権利拡張的処分（申請拒否処分が中心となろう）に関する行政訴訟について，原告が原則的に立証責任を負担することへの疑問，②申請の基づく処分が「自由の回復」を効果とするか（この場合，当該申請の拒否処分は自由制限的処分となり，行政庁側が立証責任を負う），「新たな権利利益の設定」であるかの判断が困難な場合が多く，基準としての有用性に限界がある，③現在数多く見られる二重効果的行政処分について，単純に原告にとっての自由制限の側面のみをとらえ，被告行政庁の立証責任を肯定できるのか，という疑問。以下，この問題への対応が必要とされよう。

　①については，既に補助金交付的処分と社会保障給付決定について区別し

て扱う考えが示されている（前記D_2説参照）。憲法上の基本権保障が、社会権にまで及んでいる状況からみて、こうした区別扱いには正当性が認められ得る。こうした修正を加えれば問題の殆どは解消しよう。②の問題については、「不明なときには自由に有利に」解釈する方向が妥当と思われる。③については、二重効果的行政処分でも、当該原告にとっての自由制限的効果を重視すべきである（前記宮崎・塩野両教授も同旨）。当該処分の効力維持に利益を有する第三者は、行訴法22条による参加制度の活用により、自己の利益維持を図るのが筋であり、彼の利益のために立証責任の転換が正当化されるとは解し得ないのではないだろうか。

③ **展望** 専門技術的争点を含む訴訟で問題となる裁量処分についても、自由制限的性格が承認されるなら、その適法性＝裁量権の踰越濫用欠如について、原則的に行政庁に立証責任を負担させるべき、ということになる。前記伊方原発訴訟での最高裁の判断については、学説上、結論において異論はみられないようであるが、B_1説をなお原則としつつ、むしろC_1説的要素を加味して事実上の立証責任の転換を行う、という最高裁の手法については、なお上記の原則的立場からすれば、批判的な検討の余地は残されている。

昭和42年最判が扱った無効確認訴訟についても、立証責任の問題としては取消訴訟と区別した扱いをすべき積極的理由は見当たらないように思われる。確かに無効確認訴訟は、取消訴訟との関係においては"例外的"救済手段だが、問題となる処分の性質により立証責任の配分を考える、という見方にとってはこうした要素は考慮外の事柄ではないか。

平成6年最判が扱った非開示事由に関する立証責任の問題は、判例の主流となっているB_1説によっても、被告行政庁の立証責任が肯定される事例であった（原則開示、例外非開示の関係にある以上、非開示事由の立証は行政庁の責任となる）。問題はインカメラ審理が認められない現状において、被告行政庁の証明の程度がどの程度軽減されるのか、といった別の問題に移るものと思われる。国レベルでの情報公開法制定により、この問題に関する判例等の推移には、更に注目しておく必要があろう。

最後に、立証責任の問題とは直結しないものの、原告＝国民が non liquet 状態の発生により不利益を被る可能性を抑止する見地から、現状では全く活用されていない職権証拠調べ（行訴法24条）が、一定の役割を果たすべき場合が考えられることを指摘しておきたい。

II 行政法編

◇ **参考文献**

本文記載のものの他,立証責任全般については,村上博巳『証明責任の研究〔新版〕』(有斐閣,1986年)が詳しい(行政訴訟については,同書414頁以下)。行政訴訟での立証責任については,南博方(編)『条解行政事件訴訟法』(弘文堂,1987年)254頁以下［春日偉知郎執筆］,園部逸夫(編)『注解行政事件訴訟法』(有斐閣,1989年)103頁以下［春日偉知郎執筆］。本文では扱えなかったが,行政訴訟の中で最も立証責任に関する問題が多く現れている租税訴訟での立証責任については,松沢智『租税争訟法〔改訂版〕』66頁以下。

7 訴訟形式(1)
―― 抗告訴訟の訴訟形式

［神橋一彦］

I 現状分析

1 制度の概観 ― 取消訴訟中心主義 　行政事件訴訟法は，抗告訴訟の訴訟形式として，「処分取消訴訟」「裁決取消訴訟」「無効等確認訴訟」「不作為違法確認訴訟」の四つを法定している（行訴法3条）。

　行訴法の条文をその第1条から眺めてみると，抗告訴訟についての規定は，3条の定義規定の他，8条から38条までの実質的な手続規定からなっている。そのうち8条から35条までが「第1節　取消訴訟」となっていて取消訴訟についての規定が並んでいるのであるが，無効等確認訴訟と不作為違法確認訴訟については，「第2節　その他の抗告訴訟」の中に押し込められ，36条から38条のわずか3条の規定が設けられているにとどまる。そしてそれは，36条および37条が二つの訴訟形式の原告適格について定める規定である他は，38条において取消訴訟についての諸規定を「準用する」という形で規定されているのである。このような規定の仕方をみると，行訴法における抗告訴訟は，「取消訴訟中心主義」を採っているということができる。

　ところで行政庁が何らかの「処分」を行った場合，これに対する不服の訴訟として行訴法は，「処分取消訴訟」と「無効確認訴訟」という二つの訴訟形式を規定している（3条2項，4項）。このうち取消訴訟は，行政事件訴訟特例法において明文で認められていたけれども（1条），無効確認訴訟の方は，実務上，行訴法制定（昭和37年）以前から認められてはいたものの，特例法に明文の規定はなく，現行行訴法において初めて訴訟形式として明文化されたものである。このように無効確認訴訟を訴訟形式として法定したのは，それまでの実務を踏まえて，取消訴訟との間の関係を整理し，いわば

II 行政法編

「交通整理」を図ったものであるとされているが,今なお,この二つの訴訟形式相互の関係については,さまざまな問題が残されているのである。

2 行政行為の瑕疵論と訴訟形式 処分取消訴訟と無効確認訴訟の区別は,いうまでもなく,「行政行為の瑕疵」のところで説明される「取消しうべき行政行為」と「無効の行政行為」の区別を前提としている。

周知のように,従来の通説的見解によれば,瑕疵ある行政行為のうち,「取消しうべき行政行為」は,「その成立に瑕疵があるにかかわらず,有効な行政行為としてその効力を保持し,ただ,正当な権限のある行政庁が職権により若しくは取消争訟の提起により取消すか又は裁判所が取消訴訟の提起に基づきこれを取り消してはじめてその効力を失う行政行為」をいう。これに対して,「無効の行政行為」は,「行政行為として存在するにかかわらず,正当な権限のある行政庁又は裁判所の取消のあるをまたず,はじめより行政行為の内容に適合する法律的効果を全く生じえない行為」であって,「その効力の点においては,全く行政行為のなされなかったのと同様,何人もこれに拘束されることなく,他の国家機関はもちろん,私人さえも,それぞれ,独自の判断と責任においてこれを無効として無視することができる」とされる(田中二郎『新版行政法上巻全訂第2版』(弘文堂,1974年) 137頁)。よって取消しうべき行政行為には公定力と不可争力があるとされるのに対して,無効の行政行為にはそれらの効力がないとされるのである。

要するに,取消しうべき行政行為と無効の行政行為の違いは,取消まで行政行為の効果があるか,それともそもそも行為の行われた時点からないかに求められるわけであるが,これは,当該処分の法的効果の有無,言い換えると当該処分がその内容に即した拘束力を有するか否かという観点,すなわち《実体法的考察》からする区分である。そしてかかる観点や民事訴訟の訴訟類型(給付訴訟・確認訴訟・形成訴訟)に基づいて,取消訴訟は《現に存在している法的効果を消滅せしめることを求める訴訟》であるから「形成訴訟」であるとされるのに対して,「無効の行政行為」の場合はもともと取消すべき法的効果がないので,効果がない=無効であることを確認することしかできない,すなわち無効「確認訴訟」だということになるわけである。

3 「無効の行政行為」と救済制度 このように「取消しうべき行政行為」と「無効の行政行為」の区別は,通常,行政法総論において「瑕疵ある行政行為」の効力の問題として語られているが,実をいうと,他方でこの区

別の背景には，違法な行政行為に対する私人の権利救済を如何に十全なものならしめるかという実践的な《手続法的考察》の要請がぬきがたく存在していたのである（白石健三「行政処分の無効確認訴訟について㈠」法曹時報13巻2号132頁以下）。

すなわち「取消しうべき行政行為」の場合，取消訴訟などの正式の取消制度を経なければその効力を否定することができないわけであるが（＝公定力），問題は，その取消訴訟制度自体が実際上私人の権利を実効的に救済しうるものであるかどうかである。まず帝国憲法の下で，「官庁ノ違法処分ニ由リ権利ヲ傷害セラレタリトスルノ訴訟」（講学上「抗告訴訟」と呼ばれていた）は，行政裁判所の管轄に属するものとされており（帝国憲法61条），その中には「本来有効なる処分に対し其の効力を失わしめるが為にする訴訟」と「本来無効なる処分に対して其の無効を公に確認せしむるが為にする訴訟」が含まれるとされていた。すなわち，現在にいう取消訴訟と無効確認訴訟に相当するものといえよう。但し，実際の訴訟においては等しく「違法処分の取消の訴」と称せられ，出訴期間（旧行政裁判法23条）の適用以外は制度上区別されていなかったといわれる（因みに現在の不作為違法確認訴訟にあたる行政庁の不作為に対する救済手段は認められていなかった。美濃部達吉『行政裁判法』（千倉書房，1929年）134-136頁）。しかしながら，当時の行政裁判制度においては，訴訟の対象となる処分についていわゆる列挙主義が採られており，法律に列挙されていない事項についてはそもそも訴訟を提起することができないなど，行政裁判所による救済は制度的に極めて不十分であった。そうなると行政争訟手続による救済を求めることのできない場合が多く，しかもそれが如何にも不当と考えられる場合が少なくないために，一定の行政行為についてはこれを「無効の行政行為」として，処分の無効を前提とする私法上の権利義務に関する訴訟などの形で大審院を最上級審とする司法裁判所における民事訴訟による救済を図るようにしたわけである（田中二郎「行政行為の無効と取消の区別の意義」『司法権の限界』（弘文堂，1976年）147頁以下。また当時の問題状況を語る発言として同「田中二郎先生に聞く」同『日本の司法と行政』（有斐閣，1982年）270-272頁参照）。さらに戦後，行政事件訴訟特例法時代になって無効確認訴訟が頻繁に提起されるようになったのであるが，これは特例法において行政訴訟事項につき概括主義を採ったものの，今度は例えば農地改革関係の処分では，特例法自体が訴願前置主義を採った上に，

異議・訴願期間が特別法で各10日という極端な短期間であったため，取消訴訟による権利救済に与れない事件が多発したからであるといわれている（杉村敏正＝兼子仁『行政手続・行政争訟法』（筑摩書房，1973年）211頁以下［兼子］参照）。

　このようにしてみてくると，戦前・戦後を通じて「無効の行政行為」の概念は，一方において実体法上の効力に関する概念として論じられてきたけれども，他方において《正式の取消制度から漏れたケースに関する受け皿のための概念》であり，取消訴訟制度の不備から来る不都合を補う訴訟法上の手当を導き出すためのロジックとして用いられてきた一面があるといえるのである。極端な話，何時如何なる処分についてもこれを取消訴訟で争うことができるならば，「無効の行政行為」なる概念をとりたてて観念する必要はないということになろう。しかしそれでは「処分をめぐる法律関係を早期に安定させる」という公益上の要請は達せられないので，現実の法制度は出訴期間ないし不服申立期間の定めを置いているわけであるが（出訴期間の定めは，取消訴訟制度の「不備」というよりは「限界」というべきものであろう），「無効の行政行為」のメルクマールである「瑕疵の重大明白性」について，これを事案ごとの具体的価値衡量によって判断すべきであるという説が唱えられているのは（藤田宙靖『第三版行政法Ⅰ（総論）〔再訂版〕』（青林書院，2000年）241頁以下），以上述べたような事情と関連しているといってよい。

　またこのような無効の行政行為については，「私人さえも，それぞれ，独自の判断と責任においてこれを無効として無視することができる」とされるわけであるが（上述の田中教授の説明），やはり普通の私人に処分の無効を公権的に認定する権限を認めることはできないのであって，何らかの必要から処分の「無効」を公権的に認めてもらわなければならない場合には，権限ある機関の判断を仰がなければならないということになる。そしてそのためには，処分の無効を前提とする具体的権利義務に関する訴訟とは別に，処分そのものが無効であることの確認を求める「無効確認訴訟」が必要となってくる（柳瀬良幹『行政法教科書再訂版』（有斐閣，1969年）105頁以下）。

　④　**行政事件訴訟法における「無効確認訴訟」の位置づけ**　このように「無効の行政行為」は，《正式の取消機関以外の国家機関（とりわけ通常裁判所）において処分の無効を判定できる行為》として観念しうるものである（森田寛二「行政行為の公定力と無効㈠」自治研究53巻11号120頁）。そして戦前

においては，行政庁の違法処分をめぐっては行政裁判で直接その効力を争うか，それによることができない場合は，処分の「無効」を前提とした民事訴訟（例えば，所有権確認訴訟や不当利得返還請求訴訟など）によるかのいずれかであったわけである。そして，《処分の無効を前提とする現在の法律関係を争う訴訟》としては，この民事訴訟（すなわち，現行行訴法にいう「私法上の法律関係に関する訴訟において，処分若しくは裁決の存否又はその効力の有無が争われている場合」（45条）。こういった民事訴訟を特に「争点訴訟」と呼ぶ）という手段に加えて，戦後（特例法時代以降）「公法上の当事者訴訟」（例えば，懲戒処分の無効を前提とする公務員の俸給請求訴訟など）が認められるようになった。そうなると，(1)取消訴訟，(2)処分の無効を前提とする現在の法律関係についての訴訟（すなわち民事訴訟や公法上の当事者訴訟）という二つの訴訟形式に加え，三つめの訴訟形式である「無効確認訴訟」に如何なる位置づけを与えるべきかという問題が出てくるわけである（もっとも，この問題が戦前から存在したことについては，田中二郎「違法の租税賦課徴収と不当利得」国家学会雑誌45巻3号131頁参照）。

ところが特例法は，そもそもこの「無効確認訴訟」の存在を予定しなかったといわれ，これについて明文の規定を設けていなかったので，無効確認訴訟の頻発とともに（また，最高裁も特例法時代にかかる「無効確認訴訟」を承認していた），さまざまな解釈論上の疑義が生ずることになった（特例法時代における議論については雄川一郎『行政争訟法』（有斐閣，1957年）86頁以下，村上敬一「無効等確認の訴え」『現代行政法大系4』（有斐閣，1983年）277頁以下，新山一雄「無効確認訴訟」ジュリ925号120頁以下参照）。これを受けて，行訴法は「無効等確認訴訟」を「抗告訴訟」に属する一つの訴訟形式として規定し，もって訴訟形式間（特に，処分の無効を前提とする現在の法律関係に関する訴訟との間）の「交通整理」を図ったのである。

II 問題点

以上，無効確認訴訟に関する諸問題の理論的・沿革的背景について述べてきた。これを踏まえて現行法の無効等確認訴訟をめぐる問題点を挙げるとすれば，以下の2点であろう。

すなわち第1点は，行訴法36条が意図した「交通整理」が果たして成功し

たものであったか否か，という点である。

　第2点は，行訴法は「取消訴訟中心主義」を採り，無効等確認訴訟の手続については，取消訴訟の手続規定の幾つかを「準用」することになっているが，この「準用」のあり方が適切なものか否か，という点である。

　いずれにしても，かかる問題へのアプローチとしては，解釈論と制度論（立法論）の両面がありうる。

　1　解釈論上の問題点　　よく知られているように，行訴法36条の条文自体に2通りの読み方が可能であり，このことが解釈論上の対立をもたらした。すなわち，「（その他）当該処分又は裁決の無効等の確認を求めるにつき法律上の利益を有する者」（この要件については行訴法9条の原告適格と同じ法理が当てはまる。「3　行政訴訟へのアクセス(1)――原告適格」参照）が，「当該処分若しくは裁決の存否又はその効力の有無を前提とする現在の法律関係に関する訴えによって目的を達することができない」場合（この要件を「消極要件」という）に無効等確認訴訟を提起できることは争いがないが，果たして，「当該処分又は裁決に続く処分により損害を受けるおそれのある者」はそれだけで訴訟を提起できるのか，それともこの場合も消極要件を必要とするのか，という問題がある。立法者は前者の考え方を採っていたといわれ，そうなると36条は「予防訴訟」（＝「当該処分又は裁決に続く処分により損害を受けるおそれ」を防ぐ訴訟）と「補充訴訟」（＝「現在の法律関係に関する訴えによって目的を達することができない」場合に提起する訴訟）という二つのタイプの無効確認訴訟を規定していることになる。最高裁も，このような「予防訴訟」を認めている（最判昭51・4・27民集30巻3号348頁，最判昭60・12・17民集39巻8号1821頁）。

　さらに無効確認訴訟の消極要件である「現在の法律関係に関する訴えでは目的が達することができない」場合とはどのような場合かという問題がある。この問題は，行訴法36条をめぐる最大の難問であるが，既に述べたような「無効の行政行為」の手続法上の意義や確認訴訟自体の訴えの利益（確認訴訟の補充性）といったことを考えたとき，処分の無効を前提とした民事訴訟（争点訴訟）や当事者訴訟で紛争解決の目的が達せられるとすれば，そのような訴訟手段をとるべきであるということになる（無効確認訴訟の補充的性格）。したがって，そういった民事訴訟や当事者訴訟でもって紛争解決の目的が達せられない場合とは具体的にどのような場合をいうのか，ということ

が問題となるのである。

2　制度論（立法論）上の問題点　次に制度論上の問題点であるが，「無効の行政行為」には不可争力がないとされるので，無効確認訴訟にも出訴期間の規定はない。そして取消訴訟の出訴期間内であれば，取消訴訟と無効確認訴訟をあえて区別する必要がないから，無効確認訴訟が制度上実質的な意味をもつのは，不可争力が生じた後，換言すれば出訴期間・不服申立期間が徒過した後ということになる。要するに，無効確認訴訟が「取消訴訟という『定期バス』に乗り遅れた者を救済する手段」と比喩的に表現される所以である。またこれを「準取消訴訟」と位置づけることも可能である（塩野宏『行政法Ⅱ〔第2版〕』（有斐閣，1994年）166頁）。したがって，取消訴訟の規定の無効等確認訴訟への準用（あるいは不準用）が紛争解決にとって適切なものであるか否かが立法論的に問題となるところである（この点については新山前掲122頁以下参照）。とりわけ，無効確認訴訟があくまで「確認訴訟」であるところから，取消訴訟には認められている請求認容判決の「第三者効力」が否定されている（すなわち，行訴法32条の準用がない）。しかし特例法時代の事件についての最高裁判例では無効確認判決にもこの「第三者効力」が認められていたところであり（最判昭42・3・14民集21巻2号312頁），この点は行訴法制定直後から立法論的な批判がなされてきたところであった。

Ⅲ　展　望

以上みてきたように，無効確認訴訟をめぐっては，行訴法上の規定の解釈論のみならず，訴訟形式としての立法論自体が，「無効の行政行為」をめぐる錯綜した議論を反映したものであるといえよう。

1　無効確認訴訟と「現在の法律関係に関する訴訟」との間の関係については，瑕疵の程度に着目して，段階的に「重大明白な瑕疵」についてはこれを「絶対無効・当然無効」（誰の目からみてもひどい違法である）として，「現在の法律関係に関する訴訟」で直接争うが，そこまで至らない必ずしも明白でない「重大な瑕疵」については無効確認訴訟で争わせる，という考え方もありうる（兼子仁「無効等確認訴訟の範囲」公法研究26号169頁以下）。これに対して，ある意味で《手続法的考察》を発展させたともいえる「行政過程論」の立場からすれば，無効確認訴訟を「時機に遅れた取消訴訟」として位

II 行政法編

置づける。この立場を代表する塩野教授によれば，取消訴訟が有している機能のうち，「原状回復機能」は「現在の法律関係に関する訴訟」に関する訴訟によって満足させることが可能であるが，「差止機能」，「再度考慮機能」，「合一確定機能」は「現在の法律関係に関する訴訟」によっては達成し難いとし，原告の求める判決がかかる機能である場合は，訴えの利益が認められてよい，とする。すなわち，申請拒否処分の無効確認は，行政庁の再度の考慮を求めるものとして訴えの利益が認められるし，土地改良法に基づく換地処分の照応原則違反を理由とする無効確認訴訟（最判昭62・4・17民集41巻3号286頁）も，かかる機能に着目したものと解されるのである。また，確認判決の第三者効についても解釈論上準用に肯定的である（塩野・前掲書171頁以下）。このような議論は，今後の解釈論の一つの指針となるであろう。

また最高裁は，近年，「当該処分の効力の有無を前提とする現在の法律関係に関する訴えによって目的を達することができない場合とは，当該処分に基づいて生ずる法律関係に関し，処分の無効を前提とする当事者訴訟又は民事訴訟によっては，その処分のため被っている不利益を排除することができないことはもとより，当該処分に起因する紛争を解決するための争訟形態として，当該処分の無効を前提とする当事者訴訟又は民事訴訟との比較において，当該処分の無効確認を求める訴えのほうがより直截的で適切な争訟形態であるとみるべき場合をも意味するものと解するのが相当である」と判示している（最判平4・9・22民集46巻6号1090頁——高速増殖炉もんじゅ事件第二判決）。

2　次に立法論的な問題であるが，現行行訴法が制定され既に40年近くを経過し，その間，「無効の行政行為」の本質に関する理論的検討は更なる深化をみせている（例えば，藤田宙靖「行政行為の瑕疵論におけるいわゆる"手続法的考察方法"について——行政行為の"無効"に関する一考察」同『行政法学の思考形式』（木鐸社，1978年）288頁以下，その他後掲参考文献参照）。既に述べたような条文上の表現の問題に加え，かような理論的研究やさらには比較法的研究（例えば，同じく確認訴訟を訴訟形式として法定するドイツ法との間の比較法的研究などが考えられよう）を踏まえて無効確認訴訟に関する立法論的再検討が望まれる（例えば，教科書において立法論的提案を行うものとして，芝池義一『行政救済法講義』（有斐閣，1995年）111頁以下参照）。

◇ **参考文献**

本文で引用した文献の他に，本項のテーマに関する文献（特に古典的なもの）を以下に紹介する。

まず，行政行為の無効および公定力については，

兼子　仁『行政行為の公定力の理論　第3版』東京大学出版会，1971年

遠藤博也『行政行為の無効と取消』東京大学出版会，1968年

雄川一郎「行政行為の無効に関する一考察」同『行政の法理』，有斐閣，1986年，161頁以下

森田寛二「行政行為の『特殊な効力』」雄川・塩野・園部編『現代行政法大系2　行政過程』有斐閣，1984年，117頁以下

宮崎良夫「行政行為の公定力」同『行政争訟と行政法学』弘文堂，1991年，197頁以下

また特に無効の行政行為をめぐる司法的救済の問題を扱うものとして，

柳瀬良幹「司法裁判所の先決問題審理権」同『行政法の基礎理論(2)』弘文堂，1940年，41頁以下

田中二郎「行政争訟との関連より見た行政行為の無効と取消の区別」同『司法権の限界』弘文堂，1976年，161頁以下

雄川一郎「行政行為の無効確認訴訟に関する若干の問題」同『行政争訟の理論』有斐閣，1986年，211頁以下

8 訴訟形式(2)
——抗告訴訟とそれ以外の訴訟形式との選択問題

［大貫裕之］

I　現状分析

1　行政主体（機関）のある行為が行われた場合，①それに不服のある国民がどのような訴訟で争うことができるかが明確であること，更に，②そのルール自体が国民の実効的な権利救済の観点から妥当なものであることは法治国家において重要な意味を持つ。この意味では，民事訴訟と行政訴訟という異なった訴訟類型間での選択のルールも明確でかつ実効的な権利救済の観点から妥当なものでなくてはならないはずである。この民事訴訟と行政訴訟との間での選択ルールを不明確なものとしたのが，大阪国際空港訴訟最高裁判決である。最高裁は，大阪国際空港の供用は「運輸大臣のする空港管理権と航空行政権という二種の権限の，総合的判断に基づいた不可分一体的な行使の結果」であるとして，空港周辺住民が騒音被害を理由として提起した民事差止訴訟を却下した（最判昭56・12・16民集35巻10号1369頁）。それまでは，一般的に，公共施設の建設及びその管理行為に関しては，通常の民事訴訟によって，工事の差止，管理行為の中止などが認められると解されていたため，この判決の論理は学界に深刻な影響をもたらした。

2　大阪国際空港訴訟最高裁判決に対する多くの反応は，最高裁流の不可分一体論を批判するものであったが（例えば，原田尚彦・行政判例百選II〔第4版〕336頁以下，阿部泰隆「空港供用行為と民事差止訴訟」同『行政救済の実効性』63頁以下），最高裁判決は，訴えを却下するに当たって，行政訴訟の方法によるかはともかくという留保を付けていたため，これが一つのきっかけとなって，訴訟類型に関するさまざまな議論が展開した。とりわけ，当事者訴訟を活性化させるという主張がなされ，そのことに消極的な論者との間

③　以下，代表的な当事者訴訟活用論者の見解をまず概観しよう。

園部逸夫教授は（園部逸夫「行政訴訟と民事訴訟との関係」，同「グレイ・ゾーンと行政訴訟」同『現代行政と行政訴訟』（弘文堂，1987年）），現代型の行政上の紛争に適切に対処するためには，抗告訴訟と民事訴訟の二元主義では適切ではないとの立場から，公権力の行使と私経済作用の混合による法律関係に関しては，公益的見地における紛争解決上必要である場合には，当事者訴訟が望ましいとする。

鈴木庸夫教授は（鈴木庸夫「当事者訴訟」『現代行政法大系⑤』（有斐閣，1984年）77頁以下），「権力的手段や非権力的手段を複合的に組み合わせた行政過程の統制を考える場合，裁判所の機能的限界はないのか……」という問題意識を持つ点では，園部教授と共通しているが，当事者訴訟の位置付けには独創的なものがある。つまり，鈴木教授は，行訴法は，公法上の法律関係に関して定型的な訴訟類型と非定型的な訴訟類型を区別し，後者を当事者訴訟に配したと考え，当事者訴訟を新たな訴訟類型を生み出す原基的な訴訟類型として位置付ける（同論文83‐84頁）。当事者訴訟は，定型的な訴訟類型に対する関係で補充的なものと位置付けられるとはいえ，このように原基的訴訟類型とされるため，様々な解釈論的な操作（無効確認訴訟の規定の準用など）を可能にし，多様な訴訟類型を生み出すことになる（無名抗告訴訟も生み出す）。

高木光教授によれば（高木光「3条解説」南博方編『条解行政事件訴訟法』（弘文堂，1987年）37頁以下，同「当事者訴訟と抗告訴訟の関係」雄川一郎先生献呈論集『行政法の諸問題・中』（有斐閣，1990年）341頁以下），「行政行為＝救済」のシェーマによって，救済を拡大するというやり方は，行政処分概念の負担過重，希薄化，理論的不整合をもたらす。これに対して，当事者訴訟を拡大することによって，理論的にすっきりするだけでなく，きめこまやかな救済が可能となるという。このように，高木教授の議論には，理論的含意と実践的含意があり，後者では，当事者訴訟において行政活動を拘束する実体公法が生成されることが期待されている（高木教授は，当事者訴訟の概念を，「本来の実体法理を考えるに当たっての補助概念と理解する」前掲論文365頁）。「権利救済における概括主義」が実現されるべきであるとしても，必ずしも行政訴訟によってでなければならないわけではないにも拘わらず，高木

II 行政法編

教授が当事者訴訟の活用を主張するのは，当事者訴訟で取り扱われるべきことがらには，特別の扱いが必要だとの判断があるからである。その認識を端的に示しているのが，実体公法の復権という戦略である。

④ 当事者訴訟活用論に共通することは，当事者訴訟によって問題の適切な処理が可能になるという認識であろう。しかし，当事者訴訟活用論への批判論は，この実益を否定し，更に，活用論のもたらす弊害を指摘する。

救済のために訴訟類型の間の適切な分担を図る必要性は，活用論に批判的な原田尚彦教授も認めている（原田尚彦「行政訴訟類型の多様化論争」塩野宏＝原田尚彦『行政法散歩』294頁）。しかし，原田教授は，訴訟類型の多様化の一環として，当事者訴訟を活性化しても，当事者訴訟が「従来，抗告訴訟や民事訴訟が果たせなかった救済機能をドシドシ実現していくようになるとは，とうてい予想しがたい……」として否定的予想をするとともに，訴訟類型の選択に関して裁判所が寛容な対応をしない限り，肝心の国民にとっては手続の選択を困難にし，裁判所へのアクセスを一層難しくするという弊害のみをもたらす可能性があるとする。

阿部泰隆教授も当事者訴訟で審理する実益の少なさと（当事者訴訟に適用になる規定は乏しいし，柔軟な解釈をとり得る自由な未開のフロンティアとは考えられない），訴訟類型の複雑さによるマイナスを指摘する（訴訟類型の選択を誤った場合に却下されるということではなく，管轄を巡る混乱，裁判所が訴訟類型を誤った場合の上訴手続上の混乱などを挙げる。阿部教授は活用論に対して詳細な反論を試みているので，阿部泰隆「公法上の当事者訴訟論争のあり方」行政事件訴訟法判例展望ジュリ925号134頁以下を参照されたい）。

⑤ 判例に目を転ずれば，空港管理行為について，空港管理権に基づく管理と航空行政権（または，防衛行政権）に基づく規制が一体的に行使されるという包括的公権力の行使観念の立場にたった構成は，大阪国際空港訴訟最高裁判決の後に，厚木基地第一次訴訟第一審判決（横浜地判昭57・10・20判時1056号26頁），福岡空港訴訟第二審判決（福岡高平4・3・6判時1418号3頁）などにみられる。他方で，日本原演習訴訟最高裁判決は（最判裁昭62・5・28判時1246号80頁），包括的公権力の行使観念ではなく，行政過程を，それを構成する行政活動に個別的に分解して，公権力の行使か否かを判断する立場をとり，射撃訓練の差止等を求める抗告訴訟を却下した（最高裁判決は，「行政庁の行為が公権力の行使に当たるかどうかは，その行為の根拠法規が行政

庁に優越的な意思の発動としてその行為を行わせ，かつ国民に対しその結果を受忍すべき一般的拘束力を与えることとしているかどうかを……個別具体的に検討して決定しなければならない……」とした原審の判断を是認している。このような立場は，小松基地訴訟第一審判決金沢地判平3・3・13判時1379号3頁，厚木基地第二次訴訟第一審判決横浜地判平4・12・21判時1448号42頁もとり，この見地から自衛隊機の離着陸は公権力の行使にあたらず，民事差止訴訟は適法としている）。厚木基地第一次訴訟最高裁判決（最判平5・5・25民集47巻2号643頁）も同様に分解的構成をとった上で，「自衛隊機の運航に関する防衛庁長官の権限行使はその運航に必然的に伴う騒音等について周辺住民の受忍を義務づけるもの……」で，この「権限行使は，右騒音等により影響を受ける周辺住民との関係において公権力の行使に当たる行為……」であるとする（自衛隊機の差止を求める民事訴訟は不適法）。このような分解的構成は，航空機騒音被害を理由として提起された取消訴訟に関して周辺住民の原告適格を肯定した新潟空港訴訟最高裁判決にもみられる（最判平元・2・17民集43巻2号56頁）。そこで，最高裁が，周辺住民が騒音被害を受けない法的利益を保障されているとの結論を導くに当たって，関連法規まで視野に入れた柔軟な解釈論を示したことは知られている。

II 問題点

まず以下の点は確認されなければならない。

「公法上の当事者訴訟」が論じられるとき，公法・私法論に関係づけて論じられたため，「公法上の当事者訴訟」に対する消極的評価がまず先行したことは否定できない。活用論は，公法と私法の区別を前提した「権力関係－抗告訴訟」「管理関係－当事者訴訟」という枠組みを踏襲するものではない。その意味で古いパラダイムをそのまま再生しようとするものではない。例えば，実体公法の復権を標榜する高木教授も，その構想はむしろ行政に対する拘束を強めることにあるとしており，決して行政権の特権を擁護すること，したがってそのような特権を擁護する公法の復権は意図されていない。我々が「公法上の当事者訴訟」のありかたを論ずる場合には，従来の公法・私法論を前提とするのではなく，それに新たな意味を与えることができるか否かという視点から問題を捉えるべきである。当事者訴訟活用論とそれに対する

II 行政法編

批判論は，国民の権利救済のために妥当な訴訟類型を探るという問題意識では一致しているとみてよく，様々な訴訟類型の間でどのような役割分担をすれば，実効的な権利救済が可能となるかという点で見解が分かれたということができる。我々もそのような問題意識を共有し，当事者訴訟も含めた訴訟類型全体によって，如何に実効的な権利救済が可能となるか検討することが必要である。

III 展望

このような立場から，学説，判例を評価しつつ，これからの方向性を探るとすれば以下のようになろう。

1 我々が民事訴訟との対比で行政訴訟の特徴を考えるとき，抗告訴訟とりわけ取消訴訟を念頭に置いて議論を行う（例えば，塩野宏「国土開発」『未来社会と法』（筑摩書房，1976年）171頁以下では，公共事業の裁判的コントロールの手法として，民事的手法と行政法的手法が対比されているが，行政法的手法としては，明かに，取消訴訟が念頭に置かれている。川村俊雄「行政訴訟と民事訴訟との関係」阿部＝市原＝山田編『演習行政法・下』（青林書院新社，1979年）58頁以下でも，行政訴訟として念頭に置かれているのは，抗告訴訟とりわけ取消訴訟である）。これは，行為規範によって行政庁の行動・態度に妥当力が与えられている場合に，その行動・態度そのものが訴訟の主題になる抗告訴訟(小早川光郎「抗告訴訟の本質と体系」『現代行政法大系④』（有斐閣，1983年）152頁）こそが，行政訴訟として民事訴訟と対比されるにふさわしいものと考えられていることを示している。抗告訴訟でなされるコントロールを，さしあたりここでは，行為規範的コントロールと呼ぶならば，多段階的行政行為の場合のみならず，公権力の行使の典型例である処分の段階では，実体，手続に亘るさまざまな行為規範的拘束が加えられている。処分が行われたということは，行政庁はこれらの行為規範的拘束に反していないという判断をしていることを意味する。国民は，この処分の段階で行政に対して行為規範に基づいたコントロールを容易に行うことができ（対象の判別が比較的明確にでき，処分の前後に存する実体法上の権利義務に引きなおして請求を構成する必要はないという点で容易である），抗告訴訟はこの段階に着目した特別の救済の形態であると性格付けることは十分できる。

2　したがって，行為規範的拘束がない場合，あるいは，行為規範的拘束があっても行政庁の行動・態度に妥当力がない場合には，抗告訴訟の守備範囲には入らないのは言うまでもなく，更に，行為規範的拘束があっても，行為規範によって与えられた行政庁の行動・態度の妥当力が訴訟の主題とならない場合には（行政行為の無効を前提とする当事者訴訟は典型的にこれに当たる），抗告訴訟にはならない（小早川・前掲論文155-156頁参照。但し，現在抗告訴訟として把握されている訴訟には行政の行動・態度に関する妥当力を想定する必要がないものも存在する。例えば，申請に対する処分がなされないので，処分の義務付けを求める場合，行政庁が処分をしないことについての妥当力を想定する必要はない。このような場合も抗告訴訟に取りこむには，何らかの実質的考慮が必要となる。いずれにせよ，無名抗告訴訟と当事者訴訟の近接性を語る論者がいることは以上の点からも理解できる）。

したがって，以下の点が問題となる。
① 行為規範的拘束があるのか否か，また，行政庁の行動・態度の妥当力に関する不服が訴訟の主題となるのかどうか。
② 抗告訴訟から外れる紛争を，民事訴訟あるいは当事者訴訟いずれに取りこむことが妥当か。

3　公共施設の設置を許可する処分が行われたとき，その処分が存在することによって，公共施設の差止を求める訴訟が認められないことになるのかという議論は，前者①の問題であるが，差止訴訟が可能であると結論付けても，民事訴訟，当事者訴訟いずれよって可能なのかという②の問題は残る（但し，公共施設の設置を許可する処分を巡っての争いが抗告訴訟に留保されるものとしても，必ずしも差止訴訟ができないという結論が導かれるわけではない。大阪国際空港訴訟最高裁判決の包括的公権力の行使観念を前提として塩野宏教授が構想する，無名抗告訴訟たる「権力的妨害排除訴訟」（塩野・前掲書193-5頁）は，差止訴訟に他ならない）。

公権力の行使の観念を，高木教授のように，「行政庁が処分をすることしないこと」に限定することは（高木前掲「3条解説」南博方編『条解行政事件訴訟法』40頁），抗告訴訟を行為規範的コントロールとして純化するという意味を持っている。そして，高木教授は，こうした純化の結果抗告訴訟から外れる紛争に関して，当事者訴訟の出番を想定するのである。

4　大阪国際空港訴訟最高裁判決のような包括的公権力の行使観念によっ

て，民事差止訴訟を排除するためには，行為規範によって行政庁の行動・態度の妥当力が与えられている必要がある。厚木基地第一次訴訟最高裁判決，新潟空港訴訟最高裁判決はこの行為規範的拘束を見出す試みを行っているとみることができる。この行為規範的拘束，例えば，環境や周辺住民の健康などへの影響について考慮すべきことを義務付ける規範があるか否かの判断は極めて重要である。ここでいう行為規範は必ずしも明文のものに限られないが（芝池義一教授の言う，行政決定に当たっての「普遍的考慮事項」（同「行政決定における考慮事項」法学論叢116巻1～6号598頁）を参照。但し，この拘束の有無は国民にとって明確でなくてはならない），それは，「義務を課せられる者の利害を充分に考慮した……」（藤田宙靖『行政法Ⅰ〔第3版改訂版〕』399頁）ものでなくてはならない（この点から言うと，厚木基地第一次訴訟最高裁判決，新潟空港訴訟最高裁判決においてなされた行為規範を導くための解釈が妥当であるとは思えない。参照，阿部泰隆「民事訴訟と行政訴訟」民事訴訟法判例百選〔第4版〕9頁）。もしそのような行為規範的拘束が明確でないにも拘わらず，包括的公権力の行使観念を維持する場合には，（例えば，公共施設の供用の差止を求める）抗告訴訟が提起された場合にもその観念を維持しなければ国民の権利救済を阻害することになる（東京地判平4・3・18行集43巻3号418頁がそのような問題性を示している）。

⑤　したがって，公共施設の設置を許可する処分が行われるに当たって，住民の参加が充分に確保され，環境利益が充分に考慮されるような実体的，手続的仕組みになっている場合には，紛争解決を抗告訴訟に留保し，抗告訴訟以外の訴訟で環境利益の侵害を理由とした請求を行うことを認めないことも可能である（そのような仕組みの下でも，健康被害については常に他の訴訟で主張可能という構成をすべきかもしれない）。

他方，法による行為規範的な枠づけが充分でない場合には，抗告訴訟以外の訴訟による救済を認めていくべきであろうし，また，行為規範によって与えられる行政庁の行動・態度の妥当力が訴訟の主題とならない場合にも（健康被害を理由とする差止訴訟がこの場合に当たるとみることができる），抗告訴訟以外の訴訟による救済が認められるべきであろう。

⑥　前述のように，問題は更に残る。行為規範的拘束が充分でない場合，あるいは行政庁の行動・態度の妥当力が訴訟の主題とならない場合には，抗告訴訟の守備範囲からはずすとして，外れる紛争の解決を民事訴訟，当事者

訴訟の何れで行うかである。

　行為規範的コントロールという観点からすると当事者訴訟の審理と民事訴訟の審理とは変わることはない。とするならば、この二つの訴訟類型のいずれを選択すべきか。活用論者は、当事者訴訟を何らかの適切な処理（例えば、公益と私益の調整）を可能とする場として想定している。このような場として当事者訴訟が相応しいことの理由の一つは、職権証拠調べの規定、職権参加の規定、拘束力の規定が準用になることであるが（園部教授はこれらの規定を準用することが妥当か否かという観点から当事者訴訟で処理するか否かを決定する），これらの規定の実益はさほど明らかではない。また、民事訴訟を担当する裁判官と同じ裁判官が原則として担当する以上，活用論者が期待しているように、当事者訴訟の土俵において、公益と私益の調整に配慮した特殊な審理のあり方が実現されるとは考えにくい。当事者訴訟を活性化させる必要性は現在のところないといってよい。

　7　国民の救済のために訴訟類型の間の適切な分担を図るという視点に立って、訴訟類型間の選択に関するルールを明確にすることは是非とも必要である。しかし、国民の救済は事後に訴訟によってのみなされるべきではなく、事前手続をも含んだ総合的なシステムによって行われるべきである（とりわけ、公共事業に関しては、その要請は強い。塩野教授は、公共工事に対する救済は、「公共工事実施、稼動の過程についての行政手続的規制をも加えた総合的システム……」によるべきとする。塩野宏『行政法Ⅱ〔第二版〕』203頁。なお、加藤幸嗣「公権力の行使と当事者訴訟」雄川一郎先生献呈論集『行政法の諸問題・下』189頁の叙述も参照）。国民の救済のための訴訟類型間の適切な役割分担は、そのような総合的システムの中に位置付けて行われるべきである（環境影響評価法の導入した環境影響評価の仕組み——とりわけ、許認可庁の環境配慮義務（33条・いわゆる横断条項）——は、許認可の対象となった事業を巡る訴訟に影響を及ぼすであろう。この点を考察するに当たり、山下竜一「環境影響評価制度と許認可制度の関係について」自治研究75巻11号19頁以下は参考になる）。

◇　**参考文献**

　本文に挙げたものの他に、当事者訴訟については以下の文献を参照。高木光「公法上の当事者訴訟」『行政法の争点〔新版〕』226頁以下，阿部泰隆

II　行政法編

「公法上の当事者訴訟の蘇生？」季刊実務民事法⑥6頁以下，鈴木庸夫「4条（当事者訴訟）解説」園部逸夫編『注解行政事件訴訟法』50頁以下，加藤幸嗣「当事者訴訟」園部逸夫編『注解行政事件訴訟法』473頁以下，碓井光明「4条（当事者訴訟）解説」南博方編『条解行政事件訴訟法』143頁以下。大阪国際空港訴訟については，ジュリスト761号，法律時報54巻2号，判例時報1025号，法律のひろば35巻3号に特集がある他，汗牛充棟の文献があるが，特に，阿部泰隆「空港供用行為と民事差止訴訟」同『行政救済の実効性』63頁以下，原田尚彦「公共事業の差止訴訟」法曹時報44巻11号35頁以下参照。民事訴訟と行政訴訟，公共事業と裁判による救済，行政訴訟の審理のあり方などについては，阿部泰隆『行政訴訟改革論』，原田尚彦『行政判例の役割』，高木光『事実行為と取消訴訟』を参照のこと。

　なお，大阪空港訴訟に代表されるような現代型訴訟のあり方を，民事訴訟法学の立場から扱うものとして，本書「III　民事訴訟法編」の中の論文「8　現代型訴訟」及び「9　多数当事者訴訟」をも参照。

9 住民訴訟

［井坂正宏］

I 現状分析

1 住民訴訟の機能変化 住民訴訟（地方自治法242条の2）は，ある意味で現在最も活用されている行政訴訟制度かもしれない。その背景として，近時における住民運動高揚の中，「地方自治の本旨に基づく住民参政の一環」（最一小判昭53・3・30民集32巻2号485頁）と位置付けられるこの制度の活用が促された点は確かにある。しかし行政訴訟制度全体からみれば，次のようなこともいえる。つまり，取消訴訟を中心とした，主観訴訟たる抗告訴訟制度が，行政活動の適法性を統制することを目的とする国民にとって容易に利用可能ではない，という現状がある。処分性・原告適格等の訴訟要件というハードルが高めに設定され過ぎており，違法な行政活動を，国民側から裁判コントロールの対象にすることが困難な場合が多い。行政訴訟制度の機能の一つである「行政活動の適法性統制機能」を，抗告訴訟制度が十全に果たし得ていないのではないか。その点，法律の定める資格＝住民を充たせば（監査請求手続履踏という条件はあるが），誰でも地方行政の違法性の是正を裁判所に求められる住民訴訟制度に，この機能を実現することが期待されるようになった，と。そもそも住民訴訟を含む客観訴訟制度の主目的は，行政活動の適法性を裁判所によりコントロールすることにある，ということに関しては異論はないだろう。

住民訴訟活性化が上記のような理由からであることから，住民訴訟制度利用の目的も変化を見ている。制度本来の目的は，「地方財政の不健全な運用による損失の予防・是正」であったが，現在住民訴訟制度は，より広く地方行政活動全般の違法性排除を意図して利用されている，といっても誤りでは

II 行政法編

あるまい。住民訴訟は，磯野教授のいう「行政責任（追及）型訴訟」（磯野弥生「住民訴訟における判例の役割と問題点」公法研究48巻196頁）として，現在のような隆盛を見せている。こうした方向での住民訴訟の活用が妥当である，ということを前提とするならば，行政活動の適法性統制訴訟としての住民訴訟に関して，そうした期待に沿うかたちで，判例等の実務運用がなされているか，理論面でこうした傾向を促進するためにいかなる貢献が可能か，といった問題が重要な課題となる。

　2　課題の限定：「原因行為の違法性と財務会計行為の違法性」　　上記の観点からは，住民訴訟制度利用者にとってのアクセス可能性の程度・実際上の違法性統制の範囲等，数多くの法的論点が指摘でき，実際判例上問題となったものも枚挙に暇がない。監査請求前置要件の問題，監査請求期間・出訴期間遵守，被告適格（特に4号請求の場合）等，様々な問題がある。これら全部を扱うことは紙幅の関係上不可能である。そこでこの場では，住民訴訟における違法性の問題，特に住民訴訟の対象となる財務会計行為の違法性と，その原因となった行政活動（以下，原因行為と略）の違法性との関係，という問題に絞って考察することとしたい。実際，行政責任（追及）型住民訴訟において現実に問題となるのは支出負担行為等の財務会計行為自体の違法性ではなく，そうした支出の原因行為の違法性である場合が多いといえよう。よって，この問題の帰趨如何は，現代の住民訴訟の果たす機能の程度・範囲を大きく左右しかねない重要な論点であるからである。また，この問題の考察に際して，対象とする住民訴訟類型にも限定を加えなくてはならない。地方自治法242条の2が予定する1〜4号の請求の内，4号請求による当該職員に対する賠償請求訴訟を主な分析対象とする。現実に最も頻繁に利用され，行政責任追及手段の中核を成すものといえるからである。

　3　判例状況　　判例上，財務会計行為として住民訴訟の対象となる行為（地方自治法242条1項が列挙する，違法若しくは不当な公金の支出，財産の取得・管理若しくは処分，契約の締結・履行若しくは債務その他の義務負担，公金の賦課・徴収若しくは財産の管理を怠る事実）について，判例は「純粋に財務会計上の目的」を有するものに限定し，一般行政上の目的からなされた行為は，仮に財産管理行為の側面をもつものでも，財務会計行為の範疇から除外する傾向にある（近時の例では，最一小判平2・4・12民集44巻3号431頁）。財務会計行為概念はかなり限定的に理解されている。

しかし，行政責任（追及）型住民訴訟にとって，こうした狭い財務会計行為概念自体はさほど問題ではない。行政活動には何らかの公金支出が伴う。その支出負担行為をとらえて住民訴訟を提起し，そこで原因行為の違法性を問題にできるなら，広範な行政活動の適法性統制が可能であるから。「公金支出を伴う住民訴訟の対象性の判断において，「財務会計上の行為」なる概念はおおむね無意味である」という木佐教授の判断（木佐茂男「住民訴訟の対象」民商法雑誌82巻6号779頁以下，特に795頁）は，判例上原因行為の違法を広範に住民訴訟で ── 財務会計行為の違法性の問題として ── 取り上げていることを前提としている。実際の判例はどうなっているか。最高裁判例を中心に検討してみよう。

(a) 有名な津地鎮祭訴訟上告審判決（最大判昭52・7・13民集31巻4号533頁）では，「公金の支出が違法となるのは単にその支出自体が憲法89条に違反する場合だけではなく，その支出の原因行為となる行為が憲法20条第3項に違反して許されない場合の支出もまた，違法となることが明らかである」として，最高裁は原因行為たる地鎮祭挙行自体の政教分離規定違反も，財務会計行為の違法性を招来し得るという姿勢を示した。以後，原因行為の違法性が財務会計行為に"承継"されるのか否か，という議論が一般に登場することになる。

(b) 町長が，専ら森林組合の事務に従事させる目的で職員を採用した上で森林組合への出向を命じ，町職員として給与を支給していた事件において，最高裁はこうした任命処分・出向命令等を法令又は条例に基づかない違法な措置とした上で，「上告人（町長）は……給与を町が負担することができるようにするためにこのような違法な行為に出たものであるから，結局……町予算から前記給与を支払ったことにより，上告人は違法に町の公金を支出したものといわなければならない」と判示した（最二小判昭58・7・15民集37巻6号849頁）。町の事務に従事しない者に給与を支給すること自体違法と判断すれば充分ともとれる事例で，最高裁は，原因行為たる採用・出向命令の違法性を中心に論じ，結果として公金の支出も違法となる，という判断を下している。

(c) 収賄容疑で逮捕された職員を市長が懲戒免職処分にせず，分限免職処分を行った上で退職手当を支給した行為を対象としてなされた住民訴訟について，最高裁は，(b)判決引用の上，「本件条例の下においては，分限免職処

II　行政法編

分がなされれば当然に所定額の退職手当が支給されることとなっており，本件分限免職処分は本件退職手当の支給の直接の原因をなすものというべきであるから，前者が違法であれば後者も当然違法となるものと解するのが相当である」として，原因行為に違法があれば，財務会計行為も違法となることを認めた（最一小判昭60・9・12判時1171号62頁）。本件原審判決（東京高判昭55・3・31行集31巻3号824頁）は原因行為たる分限免職処分が公定力を有することから，たとえそれが違法であっても，それを前提とする退職手当支給が当然違法となるものではない，という立場から原告の請求を棄却しているが，こうした違法性承継否定論的な見解を最高裁は採用しなかったことになる（但し，本件分限免職処分は市長の裁量範囲内であるとして，原告の請求は棄却された）。

(d)　違法に設置されたヨット係留杭の強制撤去が漁港管理者たる町長（しかし，漁港管理規程未制定ゆえに強制撤去権限が無かった）によりなされ，そのための費用支出を対象とした住民訴訟について，一審から最高裁まで専ら原因行為たる強制撤去行為の違法性のみが問題とされた。最高裁は，強制撤去行為は権限を欠く者により行われた点で代執行としての適法性を肯定する余地はない，としながら地方公共団体の負う住民等の安全保持の任務・本件係留杭の性質・撤去行為の態様・撤去されない場合の不都合等を考慮し，強制撤去行為を「やむを得ない適切な措置」であったとし，民法720条の法意に照らして市長の賠償責任を否定した。

(e)　東京都教育委員会が勧奨退職に応じた都立高校教頭に対し校長に昇格（給与も昇給）させた上で即日退職承認処分を行い，知事が昇給分を基礎として算定された退職手当を支給した行為を対象とする住民訴訟において，最高裁は以下のような，従来の判例傾向とは一見異なる判断を示した。まず一般論として，「代位請求に係る当該職員に対する損害賠償請求は……財務会計上の行為を行う権限を有する当該職員に対し，職務上の義務に違反する財務会計上の行為による当該職員の個人としての損害賠償義務の履行を求めるものにほかならない。したがって，当該職員の財務会計上の行為をとらえて……損害賠償責任を問うことができるのは，たといこれに先行する原因行為に違法事由が存する場合であっても，右原因行為を前提としてなされた当該職員の行為自体が財務会計法規上の義務に違反する違法なものであるときに限られると解するのが相当である」と述べた上で，都教育委員会の行った

「本件昇格処分及び退職承認処分が著しく合理性を欠きそのためこれに予算執行の適性確保の見地から看過し得ない瑕疵が存するものとは解し得ない」本件において知事の支出決定は財務会計法規上の義務に違反した違法なものとはいえない，として原告の請求を棄却している（最三小判平4・12・15民集46巻9号2752頁）。この判決は，原因行為を行った行政機関と財務会計行為者が分離している点で従来の判決の事例とは大きな違いがある。また，本件原審判決は(c)事件の二審判決同様，先行処分の公定力を理由とする違法性承継否定論により原告請求棄却の結論を導いたが，最高裁はそうした立場をそのまま採用はしていない点にも注意を要する。

II 問題点

　原因行為の違法性と財務会計行為の違法性との関係　　住民訴訟を「行政責任（追及）型訴訟」として機能させる，行政活動の適法性統制機能を発揮させる，という方向を目指すならば，原因行為の違法性を後行財務会計行為を対象とする住民訴訟において問題とすることが認められる必要がある。(a)・(b)・(c)・(d)各事件で最高裁は，理論的に明確とはいえず様々な理解を生む結果となったとはいえ，ともかく原因行為の違法性を住民訴訟で統制する可能性を肯定していた。しかし(e)事件では，住民訴訟で問い得る違法性を，被告職員の財務会計行為自体の，財務会計法規上の義務違反に限定する見解が明白に示された。これら諸判決を少なくとも統一的に説明する必要はある。そして行政責任（追及）型住民訴訟に，どの程度の限界があるかを見極める必要がある。

III 展望

　結論を先に述べれば，住民訴訟，特に4号による当該職員への損害賠償請求訴訟を，原因行為の違法性を追及する訴訟として利用するには，損害賠償制度自体に由来する一定の限界があり，そのことを前提として，活用の方向を理論的に考えるより外ないようにおもわれる。そのためには一定の事項について理論的な整理を加える必要がある。

　　① 「違法性の承継」論の不当性　　従来理論上，この問題を，原因行為

II 行政法編

の違法性の承継が認められるか否か，というかたちで問題にする見解が多く見られた。判例（例えば(c)(e)事件の下級審判決）にも，こうした承継論を前提として，処分である原因行為の公定力を理由に，違法性の承継は，原因行為が無効でない限り，認められないとするものが見られた。しかし，いわゆる違法性の承継論は，先行行為／後行行為双方が行政処分であることを前提として，後行処分の取消訴訟において先行処分の違法性を取消事由にできるかという議論である（そして原則的には否定／例外的に肯定される場合もある，と解答される）。原因行為の法的性格も多様であり，後行行為たる財務会計行為は原則的に処分性を欠く，という住民訴訟に当てはまる議論ではない。百歩譲って，取消訴訟での違法性の承継論とは異なることを意識した上で，この問題をいわゆる「違法性の承継」の問題として扱うことは不可能ではない。しかし，その場合，原因行為の種類と住民訴訟の類型に応じた多様な分類論が展開され，それ自体は興味深い分析になるかも知れない（そうした作業の例として，関哲夫教授の判例分析がある。園部逸夫編『新地方自治法講座5 住民訴訟・自治体訴訟』95頁，特に105頁以下参照）が，この問題の解決について有益な類型論となるかは疑問である。前記(e)事件で最高裁は，明確に承継論的な構成を採らず，財務会計行為自体の財務会計法規違反のみを問題にすることとした。以後，この方向で議論を進める方が生産的な作業ではないか。

ちなみに原因行為が処分である場合に，違法性の承継を否定する論拠として当該処分の公定力に言及する判例が見られるが，疑問である。公定力は，「処分は取消されるまでは有効扱いを受ける」という処分の効力に関するものであり，処分の違法事由の制限に関する「違法性の承継」の問題とは対象を異とする。通常の後行処分は先行処分の存在をその成立要件としており，先行処分が取消されていない以上，この成立要件は充足されると判断され，したがって後行処分には違法性はない，という論理の進め方となるため，公定力が違法性の承継否定の根拠となるように見えるが，しかし例外的に承継が認められる場合——事業認定と収用裁決——でも，先行処分には公定力が無い訳ではない。したがって違法性承継否定の理論的根拠を，公定力に求めることはできない。よって，先行行為も争訟取消制度の適用対象であることから，原則的には先行処分の違法性は先行処分を取消対象とする争訟手続でのみ主張されるべき，という結論が導かれるのであり，争訟取消制度自体

に違法性の承継原則否定の根拠を求める外ない，と考える（承継が例外的に肯定される場合については，この原則に対する例外扱いを承認すべき事由を個別に検討する必要がある）。ちなみに先行処分が無効である場合には例外的に違法性が承継される，という表現も正確さを欠く。先行処分が無効であれば，後行処分の成立要件が欠けることになり，後行処分自体に固有の瑕疵が生ずるのであって，違法性が"承継"されるのではない。

② **原因行為の違法性追及の限界 —「職員個人の損害賠償請求」に由来する限界**　　上記のような，公定力論に依拠した違法性承継否定論に対し，学説において，損害賠償請求には公定力が及ばない点を指摘し（この限りでは正当である），4号請求による当該職員への損害賠償を請求する住民訴訟において，原因行為の違法性が財務会計行為に承継され，原因行為の違法性を訴訟で追及できる，という見解が示された（金子芳雄「住民訴訟覚え書き」同『住民訴訟の諸問題』（慶應義塾大学法学研究会，1985年）95頁，特に110頁。ほぼ同旨，木佐・前掲795頁，磯野・前掲202頁）。これら学説が提示された時期が(e)事件より以前のもので，分析対象とされたのが主に(e)事件判決であり，原因行為と財務会計行為の主体が同一の職員である場合のみが眼中に置かれた結果ではないかと推察されるが，(e)事件のような場合にこの見解がさながら妥当すると考えることはできない。個人主義的近代不法行為法の原則からすれば，不法行為の帰責事由は賠償責任主体に生ずる必要があり，他者の違法行為に起因する損害賠償責任を原因行為者以外の者が負うためには，国家賠償法1条のような特別規定を必要とする。したがって，原因行為が他の行政機関（職員）の行為である場合，原因行為の違法が当然財務会計行為を行った職員の違法となる，という理解は原則的には採れない。最高裁は(e)事件に先立ち，法令上の支出命令権者から下級機関に内部委任がなされ，いわゆる専決処分による支出命令がなされていた事例において，専決権者による違法な財務会計行為を，上級行政機関として有する指揮監督権の行使により阻止できなかったか，という点に本来の権限者に対する損害賠償帰責事由を求めるべきである，と判示し，専決権者の違法行為即本来の権限者の違法行為，とする原審の判断を覆した（最三小判平3・12・20民集45巻9号1455頁）。自己の行為にのみ，損害賠償責任の帰責事由は求められるべきである。その意味では，(e)事件での最高裁の一般論自体は，むしろ当然のことを述べたに過ぎない。結果的には，原因行為の違法性は，財務会計行為自体の違

II 行政法編

法性に"翻訳可能"な場合にのみ，住民訴訟で統制されることが確認されざるを得ない。この点で，行政責任（追及）型住民訴訟としての職員に対する損害賠償請求訴訟には，職員個人の損害賠償責任制度自体に由来する限界がある。この点を明確化したところに(e)事件の意義がある。問題は，それ以前の最高裁判例（一見原因行為の違法性が財務会計行為に当然承継されるが如き判断を示していた）との整合的説明が可能かどうか，である。

3 整合的説明の試みと，若干の疑問 (e)事件判決に対する福岡右武調査官による解説（『最高裁判所判例解説民事編平成4年度』525頁）での説明からは，以下のような趣旨が読み取れる。①「職員の財務会計法規上の義務」には，狭義の財務会計に関する法規から来る義務よりも広範なものが含まれる，と理解されている。しばしば被告として登場する普通地方公共団体の長については，その事務を誠実に履行する職務上の義務を課する地方自治法138条の2のような，一般的規定から生ずる義務も「財務会計法規上の義務」を構成するものとされる。②要するに，当該職員の権限として，原因行為の違法性を排除し，結果的に違法な目的のための財務会計行為を抑止する権限が存在していたか否かが問題となる。従来の事件，例えば(e)事件では，分限免職処分を市長自身が職権取消する権限があるのにこれを適切に行使しなかった点に，職員への損害賠償責任の帰責事由を求めることができる，とされたのである。前記のように，従来の最高裁判例が扱った事例では，原因行為者＝財務会計行為者，であり通常違法な原因行為を抑止・排除すべき法的義務を論ずることが可能であり，その義務を怠った場合，①で述べたように非常に広義に解釈された財務会計法規上の義務違反に翻訳することも可能だったのである。したがって(e)判決の立場からも，過去の判例の結論は正当化できる，ということになる。

こうした説明に疑問の余地はないか。ⓐ上記①のような，非常に広い「財務会計法規上の義務」概念は，もはや財務会計法規という言葉が通常持つ意味の枠を越えた理解なのではないか，とおもわれる。むしろ自己の権限を適法に行使する義務，といった一般的かつ抽象的義務がそこで理解されているのではないか。ⓑ上記②では，要するに一種の権限不行使が損害賠償責任の帰責事由とされるが，従来の国家賠償判例理論によれば，権限の不行使が違法とされるには，ただ単に違法状態が存在・放置されていただけでは充分ではない筈である。多くの場合当該権限行使に裁量が認められるのであり，不

作為が違法となるには更に別の考慮要素につき判断される必要がある。「分限免職処分は退職手当支給の直接の原因を成すものというべきであるから、前者が違法であれば後者も当然に違法となる」という(c)事件での最高裁の判断が，こうした問題を意識した上でなされたとは解し難い。第一，改めて懲戒免職処分を行うことを前提として，分限免職処分の職権取消しが法的に可能といえるかどうか？　通常の職権取消理論を前提とすると，疑問である。

むしろ，従来の事件とは異なり，原因行為者が財務会計行為者とは別主体であり，しかも職権行使における独立性が保障されるべき教育委員会が原因行為者であった，という(e)事件の特殊性を前提とした説明の方がむしろ妥当かもしれないのだが，そうすると(e)事件での最高裁が示した一般論的説示を無視することになりかねない，という問題がある。

この問題について，明快な判例整理は未だなされていない。ともかく今後は，(e)判決のいう職員の「財務会計法規上の義務」の内容を個別的に具体化し，原因行為の違法性が財務会計法規上の義務違反を構成する可能性を，理論的に探る必要はあることだけは否定できないだろう。その際には，原因行為者と財務会計行為者が同一職員か否かと，財務会計行為者の権限の広狭とが重要な判断要素とされよう。

◇　**参考文献**

本文中に引用されたものの外，住民訴訟の概説書でこの問題に言及するものとして，佐藤英善『住民訴訟』（学陽書房，1986）97頁以下，関哲夫『住民訴訟論〔新版〕』（勁草書房，1997）70頁以下，園部逸夫監修・編著『住民訴訟』（ぎょうせい，1989）43頁以下［曾和俊文執筆］，伴義聖・大塚康雄（共著）『実務　住民訴訟』（ぎょうせい，1997）106頁以下。住民訴訟の対象及び違法性についての最近の論文として，芝池義一「住民訴訟の対象」佐藤幸治＝清永敬次編『園部逸夫先生古稀記念　憲法裁判と行政訴訟』（有斐閣，1999）589頁以下，同「住民訴訟における違法性（上）（下）」法曹時報51巻6号1頁以下／7号1頁以下。

なお，憲法学の立場から客観訴訟の問題を論じるものとして，本書憲法編の論文「*12*　客観訴訟の限界」をも参照。

10 「機関」訴訟

［大貫裕之］

I　現状分析

　1　現に提起されている訴訟を性格付けて，機関訴訟であるから不適法であるという言い方がなされることがある。この言い方は，持ち込まれている争いが法律上の争訟に当たらないことを意味しているに過ぎないが，あえてそうした言い方がなされるのは，制定法上の機関訴訟の定義に当てはまる訴えは「法律上の争訟」性を検討することなく，その性格を形式的に否定できるからであろう。しかし，このような判断簡略化機能が働くのは，同一の行政主体に属する行政機関同士においてである。同一の行政主体に属する行政機関はそれぞれ権限を持っているが，その権限の範囲内では機関の行動が行政主体の行動となるのであって，この権限の範囲では，機関は行政主体そのもので独立の人格を有さないのである。したがって同一の行政主体に属する行政機関の間で権利義務に関する紛争があり得ないというのは理論上当然のことといえる。しかし，別の行政主体に属する機関同士の関係を考えると，この場合，それぞれの機関のその権限の範囲内の行動は，それぞれの属する行政主体の行動なのであるから，機関の間の紛争は実は行政主体の間の紛争ということになって，同一の行政主体に属する行政機関の間の紛争が権利義務に関する紛争ではないとするのと同様の論拠は援用できない。一般に言われるように，「異なる行政主体の機関の間の権限争議」も機関訴訟であるとされるならば（例えば，広岡隆「6条解説」南博方編『注釈行政事件訴訟法』（有斐閣，1972年）74頁），前述の判断簡略化機能はこの限りで失われ，必ず実質論が必要になるのである。

　2　このような実質論を徹底するのが雄川一郎博士である（雄川一郎「機

関訴訟の法理」同『行政争訟の理論』（有斐閣，1986年）465頁以下）。すなわち，博士は，「不適法とされるべき機関訴訟の『機関』や『権限』の観念」を「実質的かつ相対的」に解し，訴えの適法性は，「具体的な場合において裁判的保護を求むべき固有の利益ないし『権利』が認められるか否かにかかる」とみることによって，形式的な判断を排した。つまり，「不適法とされるべき機関訴訟の『機関』や『権限』の観念」を相対化するのである。

このような相対化によって，同一行政主体に属する，本来理論的に相互に権利を持つことがないはずの機関の間の紛争も，場合によっては，「法律上の争訟」の観念に包摂される可能性がでてくる。逆に，権利主体間の紛争であっても「裁判的保護を求むべき固有の利益ないし『権利』が認められ……」ないとして不適法とされる場合も出てくる（後者の帰結は雄川博士流の考えをとらなくてもあり得る ── その理論的前提は異なる。後述参照 ──。むしろ雄川博士の理論の特色は，権利主体たる行政主体の間の ── 例えば，国と地方公共団体との間の，あるいは国と特殊法人との間の ── 紛争に係る訴えが，両者の特殊な関係を考慮して，不適法却下されるという結論を一般的に導くことを可能にするところにある）。

③　この雄川博士と同様の実質論をとる論者は他にもいる。ある主体が法によって意思決定の独立性を保障されているかどうかによって，その主体が訴訟提起できるか否かを決める，寺田友子教授の見解がそれである（寺田友子「行政組織の原告適格」民商法雑誌83巻2号66頁。また，曽和俊文教授は，地方公共団体（又はその機関）の提起する訴訟について，裁判的保護に値する利益如何という観点から分析しているが，これも実質論という点では雄川博士の議論と同様の見地に立っている。曽和俊文「地方公共団体の訴訟」杉村敏正編『行政救済法②』（有斐閣，1991年）265頁以下）。

II　問題点

1　機関訴訟という範疇で検討されるべき判例は多くはないが，その幾つかを以下概観する。

①　大阪府国民健康保健組合判決で最高裁は，保険者たる大阪市と，大阪府国民健康保健審査会とは，保険者のした保険給付に関する処分の審査に関する限り，上級行政庁と下級行政庁の関係に立ち，保険者は審査会の裁決に

II 行政法編

拘束される，とした（最判昭49・5・30民集28巻4号594頁）。

② 最高裁は，土地改良区の総代選挙を無効とした県選管の裁決は，当該総代選挙を管理した町選管を拘束し，ひいて土地改良区自身も拘束するので，土地改良区は当該裁決の取消を求めることはできない，とした（最判昭42・5・30民集21巻4号1030頁）。

③ 都道府県選管の選挙無効裁決に対して，当該選挙に関する異議申立てを棄却した町選管が訴訟を提起できるか否かが問題となった事件で，最高裁は，出訴できないことの理由付けとして，文理上の理由に加えて，争訟の法理からいって下級審は上級審の判断を争えないとの理由を挙げている（最判昭24・5・17民集3巻6号188頁）。

④ 那覇市情報公開訴訟では，那覇市長の情報公開決定の取消しを求めて国が提起した訴えが却下された。判決は，抗告訴訟が私人の権利利益の救済を目的とする主観訴訟であり，行政主体が原告となって抗告訴訟を提起することは原則として認められず，ただ，「私人と同視される地位にある場合，あるいは国民と同様の立場に立つものと認められる場合に，」例外的に，抗告訴訟を提起する余地があるとした。その上で，「国の適正かつ円滑な行政活動を行う利益」や「国の秘密保護の利益」は，「個人の自由や権利」とはみられないという理由で，原告国の訴えは「一種の機関訴訟」であるとした（那覇地判平7・3・28判時1547号22頁）。

⑤ 池子訴訟は，機関委任事務として準用河川を管理する市長が，防衛施設局長に対して工事中止命令を発したが，無視されたので，訴訟を提起し，工事中止命令の履行等を求めたものである。横浜地裁判決は，市長も防衛施設局長も「共に国の機関としての立場にあって，その双方の事務は共に国家意思を淵源とするものであ……」る以上，二つの機関の間の訴訟は認められないものとした（横浜地判平3・2・15判時1380号122頁。高裁判決もほぼ同様である（東京高判平4・2・26判時1415号100頁）。最高裁は権利義務の帰属主体たり得ない行政庁の提起する訴えであるとして上告を棄却している（最判平5・9・9訟務月報40巻9号2222頁））。

⑥ 成田新幹線訴訟では，運輸大臣が日本鉄道建設公団に対してなした工事実施計画の認可は，行政機関相互の行為と同視すべきであるとして，抗告訴訟の対象となる行政処分ではないとされた（最判昭53・12・8民集32巻9号1617頁）。

⑦　地方公共団体の長による議会解散処分に対して，議員又は議会からの出訴を認めた下級審判決があるが（議員個人について，例えば水戸地判昭23・9・15行政裁判月報5号59頁，議会について，岡山地判昭25・5・29行集1巻2号248頁），最高裁判所の判決はない。

　類似の事例として，⑧　市議会議員が市及び市長を被告として市議会の議決の無効確認を求めた訴訟で，最高裁は，市議会の議決は内部的な決定にすぎないから，市を被告とする訴えは無意味であると述べるとともに，提起されている訴えは，「市の内部の機関相互の関係」における紛争にかかわるものであって，「法律上の争として当然に訴訟の対象となるものではな……」いとした（最判昭28・6・12民集7巻6号663頁）。

　2　判例には雄川流の実質的な思考を採用しているようにみえるものもあるが（①②⑥），権利主体の提起する訴えの法律上の争訟性を実質的にみて否定するものである。⑦を別として，機関相互の紛争をも実質的にみて法律上の争訟とするものはなく，形式的にみて機関同士の争いであるものは，形式的に法律上の争訟性を否定されている（③⑤⑧）。

　権利主体間の提起する訴えの法律上の争訟性を否定する場合に援用される説明は，一つは，指揮監督関係あるいは拘束関係の存在である。もう一つは，訴訟を正当化する法律上の利益の不存在である。前者については，訴訟を正当化する法律上の利益の存在が認められるに拘わらず，法の仕組みの観点から法律上の争訟性を否定することができるのか問題となる。例えば，①②は，いずれも，国民健康保健事業の主体としての地方公共団体，土地改良区の国法上の地位からすれば，裁定的関与に出訴できるとすることもできたが，裁定的関与が持つ国民の救済機能の側面を重視して，関与者と被関与者との間の指揮監督関係あるいは拘束関係を導いて，出訴を否定した。しかし，そのような論理で出訴を否定することが妥当といえるのか。地方公共団体が実質的に当事者となっている場合には，自治権の観点からとりわけ問題となる筈である（ちなみに，近時の地方自治法改正では，いわゆる裁定的関与は，関与の定義から除かれており（245条），関与に関する係争処理手続の対象とはならない）。④の那覇市情報公開訴訟は，抗告訴訟を私人の権利利益の救済を目的とする訴訟と理解したが，「裁判的保護を求むべき固有の利益ないし『権利』」は私人のそれに限定されるのか，議論の余地がないではない。地方公共団体あるいはその機関が出訴する場合，公行政一般の利益と，それとは区

II 行政法編

別される私人と同様の立場に立って持つ利益とを分けて，後者の利益が問題となる場合にのみ出訴を認めるという枠組みは，基本的にこの問いに肯定をもって答える。この枠組みは，別の人格を与えられていようとも，行政は究極的には一体であるという前提，そして，法律上の争訟の観念の主観的な理解を前提としている。この枠組みをもってすると，地方公共団体が国の関与に対して出訴できるかという問いには否定をもって答えられるであろう。現に，今回改正された地方自治法では，国の関与に関する国と地方公共団体間の紛争は国地方係争処理委員会で処理され（県の関与に関する，県と市町村間の紛争は，自治紛争処理委員によって処理される），係争処理委員会の勧告（県の関与に関する，県と市町村間の紛争に関しては，自治紛争処理委員の勧告。国地方係争処理委員会及び自治紛争処理委員は，拘束力のある裁定ではなく，勧告を行うに止まる）に不服のある被関与地方公共団体からの出訴も認められているが，これは機関訴訟として法定されたものである（関与者からの訴訟提起は認められていないが，関与を巡る紛争が法律上の争訟であるならば，関与者の側からの出訴を全面的に否定することはできないであろう）。この係争処理の仕組みを導入するに当たっては，様々な反対があったが，理論的には先の二つの前提が深い影響を与えているものと思われる。

III 展望

1　従来の思考枠組みは，訴訟制度は私人の権利保護を目的としていることを，つまり主観訴訟制度として構築されていることを前提とする（「法律上の争訟」の観念自体がこのような前提に立って構成されている）。このような前提に立つと，私人以外の主体が訴訟制度を権利として利用できるのは，私人が出訴できる場合との類推がきく場合に限られる。したがって例えば，塩野宏教授が，国の関与に対して地方公共団体が出訴することを自治権を梃子として肯定するのは（塩野宏「地方公共団体の法的地位論覚書き」同『国と地方公共団体』（有斐閣，1990年）37頁，同「地方公共団体に対する国家関与の法律問題」同書119頁以下，同『行政法III』177頁），訴訟制度が私人の権利利益を守ることを目的として設けられているという前提を変えることに他ならない。それは結局法律上の争訟の観念を修正することになる（雄川一郎博士は，結論的には地方公共団体が国の関与に対して出訴することを認めないが，出訴を

基礎付けるところの「裁判的保護を求めるべき固有の利益ないし権利」を私人のそれに限定しないことによって，同様に先の理論的な前提を変えている。従来の理論的前提の変更という点では，塩野教授と雄川博士は同様な立場に立っている。雄川一郎「地方公共団体の行政訴訟」同『行政争訟の理論』（有斐閣，1986年）415頁以下，同「機関訴訟の法理」同『行政争訟の理論』431頁以下）。これに対して，前述の塩野教授の議論に藤田宙靖教授が反対するとき，教授は従来の理論的前提に忠実なのである。すなわち，藤田教授は，国民の「裁判を受ける権利」によってではなく，「地方自治の保障」から由来する憲法上の自治権に基づいて地方公共団体が国の関与に対して抗告訴訟を提起できるとする塩野教授の考えに対して，現行の抗告訴訟制度は私人の主観的権利の保護を目的とするとして異論を唱えるのである（藤田宙靖「行政主体相互間の訴訟について ― 覚え書き」成田頼明教授古稀記念『政策実現と行政法』（有斐閣，1998年）102-103頁，同『行政組織法』（良書普及会，1994年）44-45頁，174-175頁。但し，藤田教授は，自治権の保護のための特別の手続を構築する可能性（立法論としてあるいは憲法論として）を示唆しているし，そもそも法律上の争訟の観念の再構成の可能性も否定していない（藤田・前掲論文103-104頁））。

② 問題は次のように整理される。

① どのような紛争を裁判を受ける権利によって定礎するか。現在の解釈論的枠組みで言うと，どのような紛争を「法律上の争訟」の観念に取りこむかである。すなわち，「法律上の争訟」の観念をあくまで私人の権利利益を中核として構成するか，それとも私人間の紛争以外の紛争も取りこめるように構成するかである（「法律上の争訟」の観念には，既に，私人間の紛争以外のものも包摂されている。刑事事件がそれである。雄川一郎『行政争訟法』3頁。なお参照，宮沢俊義『行政争訟法』7頁。「種々の合目的性の考慮の下に」（雄川一郎），私人間の紛争以外のものを「法律上の争訟」の観念に含めることは充分可能である）。

② 次に，法律上の争訟の観念に取りこめない紛争であっても，果たして，何らかの憲法論で（例えば，地方公共団体の場合であれば，自治権によって），出訴権を定礎できないかが問題となる。

③ 更に，憲法上出訴権が基礎付けられない場合でも，機関訴訟として法定すべきか否かの指針（一般的に言えば，裁判所によって処理されるべきことがらか否かを決定する指針）は如何にあるべきか。

II 行政法編

3 以上のように整理された問題を考えるにあたり，我々は手続とそれにより処理されることがらという二つの要因に着目しなければならない。

雄川博士は，機関争議を解決すべき適当な機関のない場合，特に，公平な第三者の判断を求めることを適当とする場合には，機関訴訟法定の理由があるとする。そしてその場合，法定された機関訴訟は一般の権利保護の訴訟とは異なることから，迅速あるいは簡易な手続の導入が検討されてよいと述べる（雄川・前掲「機関訴訟の法理」469頁）。このように雄川博士が述べるとき，処理されることがらに応じた手続の可変性という視点が看取される。しかし，雄川博士の場合，可変性の議論は，「法律上の争訟」の裁判の手続までは及んでおらず，裁判所が本来行う権限行使の手続以外の手続の可変性に止まる。機関訴訟のみを視野に入れた議論ではないが，処理されることがらの性質に応じた手続の可変性の議論を進め，そのことを裁判を受ける権利の問題と結びつけたのが，新堂幸司教授である。

4 新堂幸司教授は，非訟事件と訴訟事件，あるいは訴訟手続と非訟手続といったテーマに関する判例，学説のアプローチを検討し，そのアプローチが，実定法たる訴訟手続と非訟手続を前提にした上で，「訴訟手続か非訟手続かという二者択一的な発想に傾……」いており，「……各事件のもつ類型的差異を……」考慮して，どのような手続がよりよいのかという考察を行っていない，と分析する。

このような議論を批判して，新堂教授は，事件の類型を訴訟事件と非訟事件に，また，手続態様も訴訟手続か非訟手続に二分するという思考を避け，「肌理細かい事件性質の分析とより多様な手続態様との合理的な組合せを考案していくのが今後の課題」であるとする。新堂教授によれば，この立場は，憲法32条は「事件類型に適合した審理方式による裁判を求める権利」を保障しているとする憲法論と結び付くのである（新堂幸司「訴訟と非訟」青山善充＝伊藤真編『民事訴訟法の争点』〔第3版〕12頁以下）。

5 問題は，新堂教授の指摘するように，「肌理細かい事件性質の分析とより多様な手続態様との合理的な組合せ」の見地から検討されなければならない。憲法32条で裁判を受ける権利が保障されるべき事件・ことがらであれば如何なる手続が求められるか，さらに，憲法32条で裁判を受ける権利が保障されるべき事件・ことがらでないとされても，如何なる手続が要求されるのか。例えば，自治権によって地方公共団体の出訴権を定礎するとき，果た

してどんな手続が保障されるのか。機関訴訟として法定されるべきときに，その手続は如何にあるべきか。裁判を受ける権利によってでなくとも憲法に基づいて出訴が基礎付けられる場合には，一定の手続が求められるであろうが（出訴権が憲法上基礎付けられる場合にも，手続保障に段階性はある。従来は暗黙のうちに既存の実定法の手続が前提にされてきたが，これ以外に手続がありえないわけではない），憲法上出訴権が基礎付けられないことがらの処理の手続が憲法上まったくの白地であってはならない。適正手続の要請はそこにも及ぶはずである。

「機関」訴訟の問題も，手続とそれによって処理されることがらという二つの変数の妥当な組み合わせの見地から考える必要があるのである。

◇ **参考文献**

本文中に引用したものの他，機関訴訟については，田村浩一「機関訴訟についての若干の疑問」関西大学法学論集36巻1号1頁以下，東條武治「客観訴訟」『現代行政法大系⑤』107頁以下，法律上の争訟の観念と客観訴訟の関係については，小早川光郎「非主観的訴訟と司法権」法学教室158号97頁以下，いわゆる裁定的関与については，桜田誉「行政不服審査庁の法的性格」関西大学法学論集14巻4・5・6号363頁以下，原田尚彦「地方自治体の法令解釈権」ジュリ増刊総合特集『地方自治の可能性』194頁以下，人見剛「地方自治体の自治事務に関する国家の裁定的関与の法的統制」東京都立大学法学会雑誌36巻2号59頁以下参照。

なお，憲法学の立場から客観訴訟の問題を論じるものとして，本書憲法編の論文『*12* 客観訴訟の限界』及び佐藤＝初宿＝大石編『憲法50年の展望Ⅱ』（有斐閣，1998年）第6章（竹中勲）をも参照。さらに，訴訟と非訟の区別をめぐっては，本書民事訴訟編の論文『*3* 非訟事件の手続保障』をも参照願いたい。

11 司法国家制と行政訴訟制度改革

[亘理　格]

I　現状分析

　わが国の行政訴訟制度は，戦後，行政裁判所を廃止し，通常の司法裁判所に，民事・刑事事件のほか行政事件をも含めた「一切の法律上の争訟」（裁判所法3条1項）に関する裁判管轄権を与えることにより，英米型の司法国家制を採用した。司法国家制は，一般には，必ずしも行政の専門家ではない通常の裁判官に行政紛争の解決を委ねることを意味する。わが国の場合，一部の下級裁判所に専門部としての行政部を設けるという措置は講じられてきたが，行政事件に熟達した裁判官ないし法曹を養成するといった措置は講じられてこなかった。そして，裁判官が行政の専門家でも監督機関でもないということから，行政裁量権行使に対する司法審査を制約しあるいは給付訴訟や義務づけ訴訟の提起可能性を否定する主張が，「司法権の限界」論として唱えられてきた。しかし，裁判官の非専門性に立脚した「司法権の限界」論は，司法国家制の採用から必然的に導かれるべき結論なのであろうか。司法国家制という憲法上の前提の下でも，行政事件に熟達した裁判官による訴訟指揮の下で行政に対する積極的な適法性審査が行われるような制度を構想することも，可能なのではなかろうか。本稿では，第1に，行政事件を専属的に扱う裁判機関（以下では，かりにこれを「行政裁判所」と呼ぶことにする）の設置可能性という問題の検討を通して，この問題を考察することにしたい。

　他方，戦後の行政訴訟法制は，「公権力の行使」に当たる処分・裁決等の取消しを求める訴えをはじめとした抗告訴訟という，特殊の訴訟形態を中心に行政事件特有の訴訟制度を整備してきた。上述のように裁判管轄の面では，行政事件の特殊性を否定する英米型の司法国家制へ転換しながら，訴訟の形

態・手続の面では「行政裁判所時代の行政訴訟法理を受けついだ面が多」く（雄川一郎「行政事件訴訟法立法の回顧と反省」公法研究45号134頁，同『行政争訟の理論』（有斐閣，1986年）197頁），その意味では，明治憲法下の大陸法型の行政訴訟制度を継承してきたのである。大陸法型の行政訴訟手続の採用は，民事訴訟手続の諸原理とは異なる特別の訴訟形態並びに手続の容認を意味しており，一面においてそれは，行政側に公益維持のための特別の地位を容認する可能性を含むことになる。現行法の場合も，出訴期間の制限，個々の法律による不服申立前置の義務づけ，執行不停止原則の採用，執行停止決定に対する内閣総理大臣の異議，仮処分の否定，事情判決制度等々により，円滑な行政と公益確保を優先させる諸手続が組み込まれている。また，訴訟形態の面でも，取消訴訟を中心とした抗告訴訟法制の下で，給付訴訟・差止訴訟・義務づけ訴訟のごとく直接的な権利の救済・実現を可能とするタイプの訴えの提起可能性を否定し若しくは制限的にしか認めない考え方が，維持されてきた。この種の訴訟形態に対する否定的・消極的姿勢は，取消訴訟中心主義という大陸法型の制度によっても支えられているのである。そこで，本稿が取り上げるべき第2の問題として，こうした行政訴訟に特有の仕組みは司法国家制の建前に反しないかが問われるべきである。

以上二つの問題を以下では検討するが，いずれの問題との関係でも結局のところ問われているのは，日本国憲法の司法国家制採用から，いかなる法的帰結が導かれるのかという問題である。

II 問題点

1 行政裁判所の設置は禁じられるか？ まず，司法国家制の採用が，行政訴訟を裁断する裁判機関のあり方につき如何なる方向づけないし制約を課しているかが問題となる。以下では，日本国憲法76条1項は民事・刑事の事件だけではなく行政事件をも司法権の管轄に服せしめた規定であるという通説的解釈を前提にして，この問題を考えてみよう。

さて，同条第2項は，「特別裁判所は，これを設置することができない。行政機関は，終審として裁判を行ふことができない」と定める。この規定の第2文は，行政機関が終審として裁判を行うことを禁じるに止まり，行政機関が，司法裁判所による再審査を条件に前審としての裁判を行う余地は認め

II 行政法編

ている。他方，第1文は「特別裁判所」の設置を禁じるのであるから，前審として裁判を行う行政機関は第1文に言う「特別裁判所」に該当するとすると，第1文と第2文は矛盾することになる。戦後間もない時期の少数説（美濃部達吉，柳瀬良幹）は，両文を整合的に理解するには，第1項の「司法権」は民事・刑事の裁判権のみを指し行政事件の裁判権はこれに含まれないと捉えた上で，第2項第1文に言う「特別裁判所」の設置禁止の趣旨については，民事・刑事に関する限り，最高裁を頂点とする裁判組織系統に属さない裁判機関を設けてこれにその裁判権を付与することを禁じるに止まると主張した。これに対し，行政事件裁判権をも含めた広い意味で第1項の「司法権」を捉えた通説は，第2項第1文に言う「特別裁判所」の設置禁止とは，行政事件をも含むおよそ如何なる「法律上の争訟」についてであれ，「憲法が司法権を付託している通常の裁判所つまり最高裁判所及びその下級裁判所以外の裁判所」（兼子一＝竹下守夫『裁判法〔第4版〕』（有斐閣，1999年）137頁）に，その裁判を行わせることを禁じる趣旨であると捉えた。かくして，最高裁を頂点とする通常裁判所に行政事件裁判権をも含む全司法権を掌握させることにより，「法治国家における法の下の平等（憲法14条）の要求を具体的に法廷の平等にまで徹底させる」（兼子＝竹下・前掲書136頁）点に，第1文の趣旨は存すると，通説的理解は考えた。また，第2文は，行政機関を前審とする行政事件についても，司法裁判所による再審査が確保されることを命じる趣旨と捉えた。これにより，第2項の第1文並びに第2文は，それぞれ異なった角度から，第1項の司法権概念を補強したものとされたわけである。

以上のような通説的「司法権」概念を前提とした場合，76条第2項第1文は，最高裁を頂点とした通常裁判所の系列内にあることを条件に，行政事件を専属的に扱う裁判機関の設置可能性を排除していないことになる。もっとも，そのように解したとしても，司法組織系列内の裁判機関と見なされその設置を許容されるべき場合と，司法組織系列の外にあるがため特別裁判所と見なされその設置が禁じられるべき場合との境界線は，どのように引かれるべきかという問題は残る。司法組織系列内にあると言い得るには，少なくとも，行政裁判所の判決に対し最高裁若しくは通常の高等裁判所への上訴が可能であること，行政裁判所裁判官の任命が最高裁判所の指定した者の名簿に基づき内閣により行われること（憲法80条1項参照）が必要と思われる（『註

解日本国憲法・下巻』1136‐1137頁，兼子＝竹下・前掲書137‐138頁）が，それ以外の要素については検討を要する。そのような派生的問題が生じるとはいえ，ここで肝心なのは，最高裁を頂点とした司法組織の系列内に行政事件を専属的に扱う機関としての行政裁判所を設置することが，司法国家制を採用する日本国憲法の趣旨に反するものではない，という点である。換言すれば，司法国家制の枠の中に，行政事件に積極的に関与する裁判所並びに行政事件に精通した法曹養成のための制度的仕組みを組み込むことは，十分可能である。その意味で，裁判官の非専門性から導かれる「司法権の限界」論は，少なくとも憲法上の議論としては成り立ち難いように思われるのである。

2　司法国家制はいかなる行政訴訟制度を要請しているか？　司法国家制の場合，幾世紀にもわたる司法制度の伝統を踏まえて形成された訴訟手続を前提としているため，行政事件を扱おうとする場合も，司法制度として維持しなければならない制度・手続の核心部分の輪郭は比較的明瞭である。例えば救済の対象については，権利義務に関する法的紛争に該当する限り，行政事件についても民事事件と分け隔てなく出訴を可能とすべきであり，また，訴訟審理手続についても，弁論主義を核とした当事者対等の対審手続が保障されるべきであるとの考え方が，受容され易いと言えよう。これに対し，行政国家制の場合には，19世紀初頭以降のフランスやドイツにおいて，もともと行政機構内部に設けられた行政紛争裁断制度に過ぎなかったものが，次第に公正な裁判制度としての条件を具備することにより，行政裁判所としての地位を確立するようになったものである。したがって，そこには当初，司法制度特有の独立性や訴訟手続の伝統が欠けていたため，一方の極には，国民の権利救済制度としては極めてお粗末なタイプの行政訴訟制度が成立し得たわけであるが，法治主義の進展とともに，他方には，行政裁判の組織と手続を国民の権利救済機関として司法裁判所に劣らず洗練された制度に高めようとする傾向が生まれる。しかも，もともともっていた行政監督的機能を広く発揮することにより，こうした法治主義の要請を司法裁判所以上に徹底して実現しようとする潜在力を生み出し得た。それ故，行政国家制の場合，行政訴訟の具体的な制度設計における選択の幅は，極度に行政優位型のものから権利救済と適法性確保を徹底的に推進せしめる型のものまで広く想定されることになる（雄川一郎『行政争訟法』（有斐閣，1966年）28‐33頁参照）。

したがって，司法国家制と行政国家制とを歴史的に比較すれば，両者間に

II 行政法編

は，具体的な訴訟制度構想における選択幅の広さに差違があっただけのことであり，いずれかを選択することが行政訴訟に関する具体的な制度構想のあり方を直ちに左右することはない。その意味で，司法国家制並びに行政国家制はそれぞれ法的には価値中立的である。しかし，重要なのは，明治憲法から日本国憲法への憲法体制の転換という歴史的文脈の中で司法国家制への転換が担っていた意味であり，何よりも，明治憲法下の行政裁判制度は，行政国家制の下で極めて広く想定された選択肢の中でも，国民の権利救済制度としては極めて不十分なタイプの側に位置していたという事実である。行政裁判所の独立性や裁判官の身分保障といった組織的面でも，訴訟事項が狭く限定された限定列挙主義であったという救済範囲の面でも，あるいはまた，上訴の途を閉ざされた一審にして終審の裁判制度であったという点に照らしても，当時の行政裁判制度は，法治主義の見地から難点の多い制度であった。それ故，戦後改革期における行政裁判所の廃止並びに司法国家制への転換は，単に行政事件の裁判管轄制度の変容に止まらず，権利救済制度としては余りにも多くの欠陥を抱えた従前の行政裁判制度を否認し，行政訴訟をも「裁判を受ける権利」保障の対象に取り込むことをも意味していたと考えるのが素直な理解である。それは，取りも直さず，出訴事項における限定列挙主義から一般概括主義への転換並びに訴訟手続における当事者対等性の保障を意味したと，捉えるべきであろう。

III 展　望

1　「司法国家制への転換」の趣旨の徹底　　現行の行政訴訟法制は，司法国家制への転換という憲法的事象のもつ含意を，十分汲み取っているであろうか。出訴事項に関する一般概括主義の見地からは，まず，抗告訴訟に関する処分性や原告適格等の訴訟要件について，これを狭く限定しようとする判例理論に対する法解釈論上の批判が続けられるとともに，これを明文により拡大する方向での立法的対応が求められる。また，上記一般概括主義採用本来の趣旨は，単に個々の訴訟類型との関係でではなく，違法行政に対する権利救済の仕組み全体との関係で理解されるべきであり，その意味でこれを「権利救済における概括主義」と捉えるべきである（遠藤博也「取消訴訟の原告適格」『実務民事訴訟講座8・行政訴訟Ⅰ』（日本評論社，1970年）75‐76

頁)。そのような見地から義務づけ訴訟の提起可能性を考えるならば，他の訴訟形態によるのでは十分な権利救済を期し難い事案（阿部泰隆『行政訴訟改革論』（有斐閣，1993年）特に231‐272頁参照）については，義務づけ訴訟提起の可能性を明確に認める旨の立法措置がとられるべきであろう。同様に，取消訴訟・義務づけ訴訟・民事差止訴訟等の種々の訴訟形態間での選択が問題となるケースについては，その選択基準を明確化するか若しくは訴訟形態選択の要求を緩和することにより，原告の立場に配慮した訴訟制度へ改める必要もある（阿部・前掲書4頁以下及び28頁以下。また阿部『行政救済の実効性』（弘文堂，1985年）特に14頁以下及び45頁以下参照。）。

　他方，行政訴訟における当事者対等性の保障との関係では，執行不停止原則及び内閣総理大臣の異議の制度はこれに真っ向から対立する制度であり，今日これを維持すべき合理的理由の存否は特に厳しい検討に付されるべきである。さらに，行政訴訟においては行政側の一方的な認定により生じた不利益的な権利変動に対して，原告が防禦的立場から訴えを提起するものであること，また，その違法性を争うための証拠資料も通常は行政側が握っているため，行政側の応訴の便宜を考慮する必要が小さいこと等，行政訴訟に特有の事情を考えるならば，当事者対等の実質化という見地から，土地管轄の例外（行政庁所在地を管轄する裁判所以外の裁判所への出訴の許容）を解釈上広く認める（行政訴訟における当事者間の実質的平等確保の見地から，行訴法12条3項の「事案の処理に当たった下級行政機関」という規定を緩やかに解すべきことを主張するものとして，岡田正則「行政訴訟の管轄と裁判を受ける権利――行政事件訴訟法12条3項の立法史的・比較法的検討」早稲田法学71巻3号39頁以下，とりわけ56‐57頁・75‐78頁参照。）とともに，原告住所地を管轄する裁判所への出訴を認める方向での法改正も視野に入れるべきであろう（阿部『行政訴訟改革論』7頁以下参照。）。

　2　**司法国家制の枠内での創意的制度構想の要請**　　以上のように司法国家制という枠が有する方向づけは無視し得ないとしても，翻って行政訴訟制度の仕組み全体に視野を拡げるならば，出訴事項に関する一般概括主義並びに当事者対等の対審手続保障は，具体的な訴訟制度のあり方との関係では最小限の基本枠を意味するに過ぎないのであり，仔細の制度的仕組みは法律による創意的な制度構想に委ねられていると言えよう。かかる制度構想を唯一制御するのは，行政の適法性確保並びに国民の法的権利利益の救済という行

II 行政法編

政訴訟の制度目的に外ならないとも言える。かかる制度構想の営みの結果として，最高裁を頂点とした司法組織の中にあって可能な限り独自性を有する行政裁判所を創設することも，選択肢の一つではある。他方，より穏やかな選択肢としては，現行司法組織の基本を維持したまま，裁判所が行政事件の裁判のために割く人員と労力を抜本的に高めるとともに，その審理手続を行政事件の特質に即したものに改めることも考えられる。一例として，山村恒年氏が，行政事件訴訟法の全般にわたって提案された改正試案の中で，現行法の処分権主義を改め非訟事件や人事事件のように職権探知主義を採ることを提唱されていることが注目される。この点に関する山村氏の制度構想によれば，地方裁判所に，「大学院博士課程行政法専攻修了者若しくはそれと同等以上の学力，経験を有する者」から成る行政調査官を，1名ないし3名配置すること，及び，裁判所が行政事件処理のため費やす労力を現在の2倍，即ち通常の民事事件6件分にまで高めるという，二つの改善措置を条件に職権探知主義を採用するとともに，裁判官の釈明権の義務化並びに文書提出命令制度の改善（当事者に提出請求権を認める案）が必要とされているのである（山村『行政過程と行政訴訟』（信山社，1995年）314‐315頁及び同書320頁以下所掲の「行政事件訴訟法試案要綱」第24条案。）。通常の司法組織の下でも行政事件に適した司法審査を可能ならしめるための現実的提言として，真摯な検討に値するように思われる。

◇ **参考文献**

本文で言及した文献のほかに，戦後改革期における行政国家制から司法国家制への転換の意味をめぐっては，田中二郎『行政争訟の法理』（1954年，有斐閣）1頁以下（「行政争訟の法理」），柳瀬良幹「行政権と司法権との関係」公法研究8号123頁以下（1953年）（柳瀬『憲法と地方自治』所収），今村成和『現代の行政と行政法の理論』（1972年，有斐閣）特に第2編序章及び第1章，高柳信一「行政国家制より司法国家制へ」『田中二郎先生古稀記念・公法の理論・下II』（1977年，有斐閣）2193頁以下は，必読の文献である。また，特に「司法権の限界」論については，田中・前掲書129頁以下（「行政事件に関する司法裁判所の権限─司法権の限界について」），田中二郎『司法権の限界』（1976年，弘文堂）及び宮崎良夫『行政訴訟の法理論』（1984年，三省堂）第1章（「『司法権の限界』論についての一

11 司法国家制と行政訴訟制度改革

考察」)が参考になる。さらに,行政事件専属的な裁判所設置の可否若しくは行政機関による非「終審」的裁判の可能性をめぐっては,上記柳瀬及び今村の各文献のほかに,三ヶ月章「裁判所制度—比較司法制度論の立場からの一考察」『日本国憲法体系第5巻・統治の機構(Ⅱ)』(1964年,有斐閣) 73頁以下 (後に,三ヶ月『民事訴訟法研究第4巻』に収録) 及び南博方『紛争の行政解決手法』(1993年,有斐閣) 第2章 (「前審的司法権と終審的司法権」) が参考になる。

なお,行政機関による裁判の問題,及び,行政事件を専属的に扱う裁判所の設置可能性の問題との関連で,本書Ⅰ憲法編の論文「*11 行政機関による裁判*」及びⅢ民事訴訟編の論文「*9 多数当事者訴訟*」を参照。行政訴訟の審理のあり方並びに行政事件に精通した法曹養成の問題との関連では,民事訴訟法編「*6 訴訟における情報の収集*」及び「*15 法曹人口*」をも参照。また,この種の行政裁判所を設けた場合や行政機関による前審的裁判を制度化する場合には,三審制原則に対する修正の可否が問題となるが,憲法学の立場からこの問題を扱うものとして,本書Ⅰ憲法編の論文「*3 三審制(審級制)*」を参照。さらに,憲法学における司法権概念をめぐる問題状況については,憲法編の論文「*12 客観訴訟の限界*」をも参照。

III 民事訴訟法編

1 解 題 菅原郁夫
2 民事訴訟へのアクセス ― 訴訟にかかる費用の問題を中心に 菅原郁夫
3 非訟事件手続の手続保障 松村和徳
4 ＡＤＲ ― 裁判外紛争解決制度 菅原郁夫
5 集中審理 勅使川原和彦
6 訴訟における情報の収集 ― 文書提出命令・当事者照会を中心に 西川佳代
7 訴訟上の和解 勅使川原和彦
8 現代型訴訟 西川佳代
9 多数当事者訴訟 松村和徳
10 上告制限 勅使川原和彦
11 少額訴訟 松村和徳
12 民事執行とその実態 西川佳代
13 国際裁判管轄と裁判を受ける権利 元永和彦
14 外国法の適用と憲法 元永和彦
15 法曹人口 菅原郁夫

1 解題

［菅原郁夫］

I 本編の基本的構造

　本編においては民事訴訟法および国際私法にかかわる問題を14のテーマにわたって扱う。司法制度の中核ともいえる民事訴訟を巡る諸問題の現状と今後の展望を試みることにより，わが国の司法制度の現在と未来を探ろうというのがこの編のねらいである。

　民事訴訟法は平成8年に大改正を経て，平成10年から新民事訴訟法が施行されている。大正改正以来70年ぶりとされる改正作業の中では，争点整理手続の充実，証拠収集手続の拡充，少額訴訟制度の創設，上告制限の導入といった点を中心に，国民にわかりやすく利用しやすい民事訴訟が目指された。その成果を示す報告も近時散見される。しかし，訴訟制度の改革の勢いは，この民事訴訟法の改正にとどまるものではない。周知のように，平成11年より，内閣のもとに司法制度改革審議会が設けられ，民事訴訟制度を含む，司法制度全般に対する改革の検討がなされている。その意味で，今日，民事訴訟法を巡る議論は，民事訴訟手続のみにとどまらず，その周辺制度との関連も含めたより大きな枠組みのなかで語られる傾向にある。そこで，Ⅲでは，今回の民事訴訟法改正において改革の柱となった点および現在司法制度改革においても中心的なテーマとして検討されている事柄を中心に検討を試みている。以下においては，はじめに，その全体の相互関係を示しておこう。

　民事訴訟は私人間の紛争解決のための制度である。しかし，その制度も現実の紛争を実質的に解決し得なければ，国民にとって意味のある存在とはならない。この実質的紛争解決制度へのアクセスの問題を扱うのが「2」のテーマである。「2」は，経済的合理性の観点から，実質的に訴訟へのアク

セスを保障するためには如何にすべきかを問うものである。「3」と「4」は民事訴訟を取り囲む紛争解決制度に関わる問題を扱う。非訟事件手続における手続保障の問題は，訴訟以外の裁判所での紛争解決手続にいかに憲法上保障された手続を保障するかという，より制度内的な実質的紛争解決制度へのアクセスの問題を扱うのに対して，ADRについて章は，端点に訴訟外の紛争解決制度の機能と今後の展望を探る。訴訟へのアクセスの問題は，利用者にとって利用しやすい民事訴訟を目指す上で不可欠の視点であり，司法改革の議論の中でも重要な論点と位置づけられている。また，非訟手続を訴訟手続との対比で論じるのは古典的なテーマとも言えるが，その問題は，今日的意味では，家事審判手続の改革への問題へとも連なっている。ADRの問題とあわせ，今日の紛争解決制度に対する議論が多様性を帯びていることを読みとっていただきたい箇所でもある。

「5」から「12」は，狭義の民事訴訟法，すなわち，判決手続に固有の論点を扱うものである。「5」の集中審理の問題，「6」の訴訟における情報の開示の問題，「10」の上告制限，および「11」の少額訴訟に関するテーマは，まさに今回の民事訴訟法改正の柱になった事項である。新民事訴訟において審理形態がどの様に変わったのか，また，新たに導入された制度はどの様に機能し，今後は如何にあるべきかが，これらのテーマで語られる。さらに，「8」の現代型訴訟および「9」の多数当事者訴訟は，それら新民事訴訟が対処すべく求められた二つの大きな課題といえる。今回の改正により，それらの問題がどの様に扱われ，今後どの様な展開が期待されるのかがこれらのテーマで語られる。そして，このような理論的問題点に加えて，民事訴訟実務上の観点から，とくに取り上げたのは「7」の訴訟上の和解の問題である。今日の民事訴訟事件中の多くのものは和解により終結する。かつては判決こそが民事訴訟の原則的終了形態と考えられていたが，今日の実務はその様相を大きく変えている。「7」においては，そのような実務の問題点と今後の展望が語られる。

民事訴訟に関わり最後のテーマとして扱うのは，民事執行の問題である。近時の民事訴訟に関わる改革は判決手続に関するものが中心である。しかし，当事者にとっての紛争解決は，具体的権利の実現段階に至って初めて生じるともいえる。その意味で，判決手続が充実すればするほど，問題の視点は執行段階へシフトしていくことになる。そのような視点から，「12」では，権

利の強制的実現段階である民事執行制度の問題点と今後の展望を探る。

「13」「14」は，国際私法に関わる二つのテーマを扱う。経済のグローバル化に従い，今日，渉外事件は，その質・量ともに，これまでにない勢いで深化し，拡大している。ここでは，その中から，とくに裁判管轄の問題と，外国法の適用の問題を取り上げる。いずれも憲法との関わりで検討がなされるが，前者は裁判を受ける権利，後者は準拠外国法と日本国憲法との関係が議論される。最後の「15」においては，法曹人口の問題を取り上げた。ここでは裁判制度のインフラとしての法曹人口をいかに考えるべきかが検討される。この法曹人口の問題は，広く司法制度全体に関わる問題でもある。

II 各テーマ設定のねらい

つぎに，以下で本章の各論文の概要を搔い摘んで述べることにする。

「2 民事訴訟へのアクセス」（菅原郁夫）は，経済的な観点から，民事訴訟を現実に利用可能なものするためにはその費用分配はいかにあるべきかという，民事訴訟のコストの問題を論じる。具体的には，提訴手数料をいかに設定すべきか，および，弁護士費用の負担をいかにすべきかといった問題が中心である。ここでは，貧困者の訴訟へのアクセスの問題の他にも，近時の新たな視点として訴訟政策の観点からの訴訟費用・弁護士費用の問題が論じられる。

「3 非訟事件手続の手続保障」（松村和徳）は，訴訟事件と比べ，公開性や対審性に欠ける非訟事件における手続保障を，いかにすべきかをテーマとしている。ここでは，訴訟と非訟の二分論から脱却し，事件類型に適合した審理方式を追求すべきとする近時の学説の流れに沿い，当事者主義構造の強化と，「第三の裁判手続」という観点から，非訟事件における実質的手続保障は何かが論じられる。

「4 ADR」（菅原郁夫）は，裁判外の紛争解決制度の現状と展望を論じる。前のテーマの非訟事件手続の問題は，いわば裁判手続内での脱訴訟化の話であるが，この ADR は，紛争解決の脱裁判化の流れともいえる。近時の司法改革論議の中でも，ADR の積極的利用に向けての提言が多いが，現実には必ずしも活発に利用されていないという指摘もある。その問題点や今後の展望について，とくに司法型，民間型といった類型の ADR に焦点をあわせ分

析検討が加えられる。

「5　集中審理」（勅使川原和彦）では，争点整理手続を充実させ，それに引き続く集中証拠調べを実現するという新民事訴訟の集中審理形態の構造が明らかにされる。集中審理を実現するために，訴状の記載事項や争点整理手続に関して多くの改正がなされた点が指摘されるが，今後の実務の運用にあっては，裁判所・弁護士間での健全な実務慣行の形成が必要である点も指摘される。

「6　訴訟における情報の収集」（西川佳代）は，新民事訴訟法下における訴訟当事者の情報収集手段の問題を扱う。おもに文書提出命令と当事者照会制度についての解説がなされる。とくに前者は新法において，提出命令の範囲が拡大され，当事者間の証拠の偏在という弊害を是正する手段として利用が期待されているが，新たな規定の追加により，解釈論上の問題も生じている。ここでは，それらの点を整理するとともに，訴訟における裁判所と当事者との間の役割分担の再検討の必要性が指摘される。

「7　訴訟上の和解」（勅使川原和彦）は，近時，そのメリットが再認識されている訴訟上の和解の特徴および問題点に関しての議論や，新法において創設された書面による和解や裁判所が定める和解条項についての解説がなされる。合意に基づく解決である和解においてもその合意を適正なものに保つ手続の公正さが必要である点が指摘される。

「8　現代型訴訟」（西川佳代）では，新民事訴訟法における現代型訴訟への対応とその限界が指摘される。具体的には，選定当事者制度についての改正，証拠収集手段の拡充，定期金賠償額の変更の申立，損害賠償の立証要件の緩和，大規模訴訟に関する特則などにつての解説がなされるが，これら現代型訴訟への対応も，依然として，現代型訴訟の従来型の訴訟への引き戻してある点が批判される。

「9　多数当事者訴訟」（松村和德）では，新法においてとられた多数当事者訴訟への新たな対応とその限界が指摘される。ここでは，多数当事者訴訟への対応の視点として，当事者適格の拡張，差し止め訴訟の導入の必要性，和解手続における透明性の必要性，訴訟における専門家の利用の必要性が指摘される。

「10　上告制限」（勅使川原和彦）では，新法おいて上告制限が導入されるにいった経緯，および，あらたに導入された裁量上告の制度を巡る解釈論上

の問題点等が指摘される。今後いかなる上告が許されるかは「裁量」に関する慣例の積み重ねが必要とされるが、それらが適正になされるよう期待が示されている。

「11　少額訴訟」(松村和徳)では、新法によって新たに創設された少額訴訟について、その導入の背景、手続の概要、今日の利用状況などが説明される。利用者にとって好評な制度であるが、裁判所の受け入れ態勢の不備や事前準備のための書記官による窓口指導の必要性など、今後の運用上の問題点も指摘される。

「12　民事執行とその実態」(西川佳代)は、民事執行制度の概略、執行制度の基本構造の説明に続き、今日の民事執行においては、多くの事件が取り下げで終わり、制度が本来予定した利用形態にないといった実状や、各種の執行妨害、動産執行の間接強制的利用と言った問題点が指摘される。ここでは、これらの問題点を克服するために個々人にあわせた執行形態を確保するための対話的要素を取り込んだ執行制度の必要性が提言される。

「13　国際裁判管轄と裁判を受ける権利」(元永和彦)では、国際裁判管轄の認定と裁判を受ける権利との関係が議論される。国内裁判管轄の場合と異なり、国際裁判管轄の場合には移送といった措置が不可能であり、そのため、管轄権の否定は則、訴えの却下につながる。そのため、一つの訴えがいずれの国においてもその管轄を拒否されないよう配慮する必要があるが、ここでは、緊急管轄の問題を中心に、そのような裁判権の消極的抵触への対応の問題が議論される。

「14　外国法の適用と憲法」(元永和彦)では、わが国で行われる訴訟において外国法が適用される場合、その準拠外国法とわが国の憲法との関係を如何に考えるべきかが検討される。特に法例33条と憲法との関連を中心に、種々の状況に置ける適用関係が検討される。

「15　法曹人口」(菅原郁夫)では、司法制度のインフラとしての法曹人口の問題、とくに裁判官と弁護士の数を中心に検討がなされる。わが国の法曹人口は欧米に比べ極めて少ないことが指摘されているが、そのことによって生じる弊害についての指摘に引き続き、今後の対応の方向性が議論される。

以上が、本編における個々のテーマの概説である。民事訴訟に関する議論は、民事訴訟法の改正に引き続き、司法改革の議論によりこれまでにないほ

1 解　題

どの活況を呈している。読者の方には，その変動のエネルギーを是非とも感じとっていただきたいところである。また，ここでのテーマは，民事訴訟法固有の問題もあるが，訴訟へのアクセス，非訟事件の手続保障，上告制限などのテーマは憲法と密接な関わりを持つ。また，国際私法の2テーマも同様である。さらに，多数当事者訴訟や現代型訴訟についてのテーマ論じられる問題は行政訴訟に関わる面がある。その意味で，本編を読まれ興味を持たれた方は，是非それら憲法，行政法の編もあわせて参照していただきたい。

2 民事訴訟へのアクセス
—— 訴訟にかかる費用の問題を中心に

[菅原郁夫]

I　現状分析

1　裁判を受ける権利と訴訟費用　憲法32条は国民の裁判を受ける権利を保障している。しかし，訴訟にかかる費用が高すぎる場合，経済的理由から訴訟の利用は控えられ，せっかくの規定も空文と化す。訴訟のための費用を一般市民が利用可能な合理的範囲にとどめることは，一般市民の民事訴訟へのアクセスを考える上でもっとも重要な問題のうちの一つである。

民事訴訟を行なうにあたって要する費用は，訴訟費用と呼ばれるものと，それ以外の費用に大きく分かれる。前者は民事訴訟費用等に関する法律2条に規定されるものであり，訴訟の提訴手数料および証拠調べや書類の送達に要する費用がそれにあたる。それに対して，それ以外の費用は，法定されたもの以外の費用であるが，訴訟を行なうにあたり当事者が裁判所以外に支払うものであり，弁護士への委任に要する弁護士費用がその代表である（このため，以後単に「弁護士費用」と呼ぶ）。訴訟費用の中心となる提訴手数料は，訴額を基準に算定され，その割合は訴額が高額になるに従い逓減するが，額自体は訴額の増加に伴い増額する。たとえば，訴額2,000万円の事件では，97,600円，訴額5,000万円では，217,600円，そして，訴額1億円では，417,600円となる。また，弁護士費用も同様に訴額を基準に算定され，訴額の増加に伴い増額する。弁護士会の報酬規定によれば，訴額2,000万円の事件では，着手金・報酬金それぞれ1,345,000円，訴額5,000万円では着手金・報酬金それぞれ2,845,000円，訴額1億円では，着手金・報酬金それぞれ4,845,000円となっている（日本弁護士連合会調査室編著『弁護士報酬規程コンメンタール』199頁以下（全国弁護士協同組合連合会，1988年）の別表参照）。これらの金額を見る限り，訴額が高額になるに従い，これら費用も相当な額

に達することになる。今日，交通事故による死亡事故の場合，賠償額が5,000万円以上になることも珍しくない。その場合，上の基準に従えば，提訴にあたり，3,072,600円以上の費用が必要となる。この額が，訴訟を躊躇させる要因になることは容易に想像できる。

  ② **訴訟にかかる費用の算定と負担**　訴訟費用の中心となる提訴手数料は，前述のように，訴額に比例する形になっている。この算定方法に関しては，その妥当性を巡り議論がある。とくに，訴額が高額になれば手数料も増額し，提訴の妨げになる可能性が増えるだけに，高額訴訟につき高額な提訴手数料の要求される根拠を明らかする必要がある。従来，この点に関しては，訴訟によって利益を追求するもの（原告）がその利益に応じて支払うという受益者負担の考え方，および，スライド型の手数料を課すことにより，安易な提訴，法外な賠償といった濫訴を抑制するといった点が根拠としてあげられてきた。しかし，後述のように，訴訟費用は最終的に敗訴者負担となることを考えると，敗訴者に受益を想定することに無理があるのではないか，さらに，濫訴防止といった点に関しても，提訴時点では，それが濫訴か否かは判断できないので，むしろ一律に提訴が抑制されていると考えるべきであるといった批判がなされてきた。そのため，最近では，提訴手数料は，受益者負担ではなく，一定のコストを制度に負担させた者が，自分が原因となって生じたコストを負担する司法コストとして考えるべきであり，その場合には，必ずしも訴額にスライドして増額する必要はなく，定額制をとるべきであるといった指摘もなされている（「特集・民訴費用・弁護士報酬の検討」ジュリ1112号4頁以下参照）。

  この費用の算定基準の問題と並んで重要なのは，そのような費用を最終的に誰が負担するかという点である。訴訟費用に関しては，前納が原則であり，事後的に敗訴者負担の原則がとられている。それに対し，弁護士費用は原則各自負担となっている。多くは委任の時点で着手金を支払い，さらに訴訟終了時に勝訴の場合には加えて成功報酬を支払うことになる。これら費用とのかかわりで問題として指摘されるのは，敗訴者負担が原則となっている訴訟費用も実際はその取立手続が複雑なことから現実には利用されず，弁護士費用の各自負担の原則とあわせ，結局は権利者が自らの権利を訴訟において実現した場合にも，相当額の費用を自己負担しなくてはならない状況が存在するという点である。これに対しては，訴訟外では本来無費用で実現されるはずの権利が，訴訟において弁護士を用いたことによって実質減額されるのは

III 民事訴訟法編

おかしい，といった批判がなされ，弁護士費用も含めた訴訟費用の敗訴者負担の制度を導入すべき旨の主張が古くから存在する（論者により主張内容が異なるが，さしあたり中野貞一郎「弁護士費用の敗訴者負担」ジュリ388号78頁以下，菊井維大「弁護士費用問題－論点の整理」ジュリ211号11頁参照）。

しかし，そのような弁護士費用の敗訴者負担という考え方に対しては，わが国では弁護士強制制度はとられておらず，個人的に結ばれる委任契約の対価を，敗訴したからといえ，相手方に支払わせるのはおかしい，といった反論も同時に存在していた。加えて近時では，別な視点からの有力な批判も存在する。たとえば，民事訴訟における裁判所の判断は，単に既存の権利を確認するのではなく，両当事者から提出された証拠を裁判所が自由心証に基づいて総合的に評価し，最終的には証明責任の原則にもとづいてなすものである。そのことを考慮すれば，結果としての判決における勝敗を根拠として敗訴者にすべての訴訟費用を負担させることが公平に合致するとは思われない。あるいは，訴訟費用の負担は，実体権そのものにかかわるものではなく，むしろそれをめぐる紛争解決の費用として位置づけられるべきものであり，紛争解決という点では，勝訴・敗訴の両当事者が等しく利益を受けるということができ，訴訟費用もそれぞれが負担するというのが，公平にも合致し，また実質的公平に沿う，といった指摘である（伊藤眞「訴訟費用の負担と弁護士費用の賠償」中野先生古稀祝賀論集『判例民事訴訟法の理論』下巻（有斐閣，1995年）94頁）。また，相手方の弁護士費用負担のリスクは，法制度の発展の不備から判決の予測がたちにくい消費者訴訟や政策形成訴訟における訴訟回避の傾向を生み，さらに逆に，勝敗の帰趨がはっきりしている貸金，信販事件においては相手方に加重な弁護士費用の負担を上乗せする濫用の危険性も生じうることが指摘されている（杉井厳一「弁護士費用の敗訴者負担の問題点」ジュリ1112号42頁以下）。

③ **訴訟上の救助，法律扶助の問題**　最終的な負担者に関しては更に検討を要するが，その問題の結論にかかわらず，当面，訴訟を提起する者が一定額の費用を準備すべきことにはおそらく争いはなかろう。しかし，これを低額に制限しても，なおそれを準備できない者が存在する場合，その者たちに何らかの救済手段を講じなければ，やはり裁判を受ける権利が保障されたとはいえないことになる。そのため，訴訟費用に関しては，民事訴訟法が訴訟上の救助という制度を設け，一定の要件のもと，その支払いを猶予するこ

とが可能になっている。新民事訴訟法においては，従来「訴訟費用ヲ支払フ資力ナキ者」で「勝訴ノ見込ナキニ非サルトキニ限」るとしていたのを，前者の要件を緩和し，「訴訟の準備および追行に必要な費用を支払う能力がない者またはその支払により生活に著しい支障を生じる者」とし，救助の対象を拡大し，要件を緩和した（民訴法82条）。また，弁護士費用に関しては，法律扶助の制度が存在し，財団法人法律扶助協会がやはり一定要件のもと，弁護士費用の立替払いを行っている。しかし，これらの制度もわが国においては十分に機能していないことが指摘されている。とくに，法律扶助に対しては，西欧諸国では，この制度のための根拠法律が存在し，国の出費のもとに多くの援助がなされているのに対し，わが国では，法律扶助は法律上の制度ではなく，財政基盤も著しく貧弱である点が指摘されている。そのため，近時，その改革が検討の対象となり立法化がはかられた。その過程では，これまで弁護士会が中心となって行なってきた組織の運営に国がどのようにかかわるべきかといった運営主体の問題の他に，立替え後の経済的困窮者に対する費用償還の可否，弁護士費用の算定基準の問題などの議論がなされた。前者の問題に関しては，償還制をとらず，給付制を用いるべきではないかといった提言や，後者の問題に関しては，法律扶助独自の報酬基準を作成すべきか，あるいは，日弁連の報酬基準に準拠すべきかといった点についての議論もなされた（「特集・法律扶助制度のあり方」ジュリ1137号10頁以下参照）。最終的には，民事法律扶助法が平成12年4月に成立し，同年10月より施行されることになった。

II 問題点

前述のように，訴訟にかかる費用が決して低額ではない点を考えるならば，それら費用が，訴訟利用の妨げになっている可能性は否定できない。しかし，訴訟にかかる費用の問題は，単純に手数料計算や弁護士費用の負担の問題のみにかかわるものではなく，より広く弁護士強制制度や報酬制度，さらには各種の訴訟政策ともかかわる問題である。たとえば，司法を通じての社会統制の盛んなアメリカにおいては，懲罰的損害賠償制度（被害者に生じた現実の損害以上に高額の懲罰的な賠償を命じる制度）と成功報酬制度（提訴にあっては弁護士がすべての費用を立て替えるが，勝訴の際には，勝訴額の3割から5

割にのぼる報酬を得る制度）が組み合わされることによって，司法的社会統制が積極的にはかられている。すなわち，懲罰的損害賠償は，実際の損害以上に賠償を加害者に命じることから違法行為の一般予防効果を持ち，さらに，その懲罰的損害賠償による高額な賠償金と成功報酬による高額な弁護士報酬が社会悪の追求に弁護士を駆り立てる。加えて成功報酬制度により当面の訴訟費用の負担から当事者は解放され，訴訟への抵抗がなくなることになる。かねてから濫訴を招くとの批判もあったが，そこには訴訟にかかる費用の分配をうまく用いた社会政策実現のための一連のプロセスが存在する。

　そこで，ここでは問題点を二つの観点に分けて考えてみることにする。一つは，自己の権利を守るためには訴訟が必須であるにもかかわらず，当面の費用が捻出できないがために訴訟を利用できない場合に対する対処という観点である。この場合は，その主な目的は経済的困窮者の権利救済にあり，提訴費用の引き下げと，訴訟上の救助，法律扶助のあり方が重要な問題となってくる。それは，いわばミクロレベルの民事訴訟へのアクセスの問題である。もう一つの観点は，必ずしも提訴時の費用が不足しているわけではないが，訴訟終了時に負担する可能性のある費用との関係で，合理的経済計算の結果，訴訟の利用が控えられるという問題に対する対処の視点である。こちらの問題に関しては，訴訟費用の負担原則の観点がより重要な意味を持つ。と同時に，経済的困窮者の訴訟へのアクセス問題のみにとどまらず，背後には政策形成訴訟の消長など，訴訟政策全般の問題も密接にかかわってくることになる。こちらは，マクロレベルのアクセスの問題ともいえよう。これら二つの視点は重なる部分も多いが，それぞれ独自の視点も内包する。以下これらの視点の相違を踏まえ，問題点への提言を試みる。

III　展　望

1　ミクロレベルの民事訴訟へのアクセスの問題　　経済的困窮者の訴訟へのアクセスといった視点から考えるとき，まずは，提訴の直接の障害となりうる提訴費用の低額化が急務であろう。この点に関しては，従来の提訴手数料を受益者負担とする考え方を改め，訴訟制度の利用コストの負担問題と考え，提訴費用の段階的定額化と費用取立手続の簡易化（大枠での敗訴者負担）をはかるべきである。その際には，割高となっている高額訴訟の費用の引き下

げを行ない，その分，中規模訴訟の費用の引き上げを行なうことになろう。ただし，少額訴訟に関してはコスト倒れを防ぐ政策上，とくに費用の引き下げ定額化も検討させられてしかるべきである。このように考える場合には，中規模訴訟の経費がこれまで以上に高くなるが，その点は，費用取立手続を簡易化し（たとえば，訴訟費用の中心であり，額を容易に明確化できる提訴費用と鑑定費用を独立して計算する方法など，前掲ジュリ・特集民訴費用64頁参照），回収可能性の明確化することによって，提訴バリアの除去を目指すべきであろう。

そして，それと同時に，訴訟上の救助，法律扶助の制度のより一層の充実が望まれる。とくに，法律扶助は憲法32条の裁判を受ける権利を実質保障するものであり，民事法律扶助法の成立により，国の事業として位置づけられたことを契機に大いに利用が促進されることを期待したい。同法のもとでは，立替えに関しては原則償還制をとり，経済的困窮者のみ償還は行なわない方針がとられることになるが，その運用においては，訴訟利用への心理的負担を和らげるよう最大限の配慮が要求されよう。また，立替えられる弁護士費用の額は，特別な基準を設けることは弁護士報酬一律低額化をもたらすとの批判もあることから，その基準の作成にあたっては慎重な配慮が必要であろう。

② **マクロレベルの民事訴訟へのアクセスの問題**　次に個人の権利救済を越えた訴訟政策レベルの視点から考えてみる。弁護士費用の負担の問題に関しては，完全な敗訴者負担制度は，勝訴不確定事件の回避，政策形成訴訟の抑制をもたらす可能性があり，必ずしも好ましくない。弁護士費用の各自負担の原則は維持すべきであろう。ただし，被害者救済や政策上の判断から，別途例外的な措置が検討されるべきでもあろう。たとえば，すでに，最高裁は，不法行為に関しては弁護士費用を一定範囲で訴訟費用の中に組み入れるという判断を示しているが（最判昭44・2・27民集23巻2号441頁），その判例理論の拡張が期待されるべきである。そして，そのほかにも，公的権利が対象となる訴訟に関しては，裁判所は，弁護士費用額の偏面的敗訴者負担を命じることも考えられよう。この点で参考になるのは，アメリカの司法制度平等利用保障法（EAJA）等の制度である（詳細は，金子宏直『民事訴訟費用の負担原則』157頁以下（勁草書房，1997年）参照）。これらの制度のもとでは，裁判所は公的訴訟の費用を一方当事者に負担させる旨の判決を下すことが可能とされている。そのような制度を導入することによって，公的政策実現のための負担を個人に強いることのないよう配慮すると同時に，訴訟への誘因

III　民事訴訟法編

を高め，訴訟による社会統制の機能強化を図ることができる。このような制度も将来的には検討されてしかるべきであろう。

　これまで，わが国では，訴訟にかかる費用の問題は，多くは当事者の個別的権利救済の視点に立って十分なアクセスを保障することを中心に語られてきた。しかし，各種規制緩和後の今後の社会においては，訴訟による政策形成・維持を考える必要性も増大しよう。その意味で，今後は訴訟にかかる費用の問題も，そのような政策形成的視点も含めて考えてみる必要がある。

◇　**参考文献**

　近時訴訟費用制度に関する議論は盛んであり，そのほとんどの文献において裁判を受ける権利や訴訟へのアクセスの問題が論じられている。そのような最近の議論を鳥瞰するものとしては，長谷部由起子「訴訟に要する費用とその調達」民訴法の争点〔第三版〕56頁以下（有斐閣，1998年）が参考になる。また，訴訟費用制度の問題を訴訟施策論の観点から検討したものとしては，棚瀬孝雄「司法運営のコスト」『講座民事訴訟１巻』（弘文堂，1984年）191頁以下，和田仁孝「司法運営のコスト」ジュリ971号79頁がある。これらはいずれも法社会学者による論稿であり，ここでの問題に法社会学的な視点からのアプローチも重要であることを示唆している。さらに最近，訴訟費用制度の問題を比較法的視点，経済学的な視点から鋭く分析した好著として，金子宏直『民事訴訟費用の負担原則』（勁草書房，1997年）がある。そのほか，最近の法改正の動きを含め，問題点の整理を行うものとして，訴訟費用等に関しては，「特集・民訴費用・弁護士報酬の検討」ジュリ1112号４頁以下，法律扶助に関しては，「特集・法律扶助制度のあり方」ジュリ1137号10頁以下がある。とくに，後者の特集には，弁護士費用の敗訴者負担の問題に関する賛否両方の論者の論文が掲載されており論点の理解に役立つ。そのほか，弁護士費用の敗訴者負担の問題に関しては，山本和彦「弁護士費用の敗訴者負担制に関する覚書」リーガル・エイド研究２号25頁が参考になる。

　なお，ここでの問題を考えるにあたって有効な視点を提供する研究領域に「法と経済学」がある。その視点からの論文もいくつか存在するが，さしあたり太田勝造「訴訟の利益享受と費用負担－訴訟コストは誰が負担すべきか？」自由と正義41巻12号43頁以下が参考となろう。

3 非訟事件手続の手続保障

［松村和德］

I 現状分析

1 訴訟と非訟 民事紛争は，多種多様である。それゆえ，それを処理するために国家が準備した裁判手続も多様性を有することになる。そして，民事紛争の中には，当事者双方の私益が対立し，法の適用によって紛争を処理する方が適切な事件と，例えば，家庭の平和と健全な親族共同生活の維持（家審1条）といった公益性を有し，数多くの関係人の利益を衡量して，裁判所の後見的な役割により紛争を迅速に処理する方が適切な事件とがある。一般には，前者は訴訟事件，後者は非訟事件として大別されている（ここで取り扱う非訟事件手続の対象となる非訟事件には，民事非訟事件（非訟事件手続法第2編），商事非訟事件（非訟事件手続法第3編），借地非訟事件（借地借家法第4章），家事審判事件（家事審判法第2章），民事・家事調停事件（民事調停法，家事審判法第3章）などがある）。そして，訴訟事件を処理する手続を訴訟手続といい，一般に民事訴訟法（平成8年法109号）が適用される。非訟事件を処理する手続は，非訟手続といい，一般法として非訟事件手続法（明治32年法14号）が適用される。両手続は，その取り扱う事件の特質に併せ，その構造及び審理方式に著しい違いがある。訴訟手続は，裁判所が公開・対審の原則に従って審理し，判決により判断を下す構造をとる。その手続的特質としては，次のような点を挙げることができる。まず，審理は，必要的口頭弁論に基づき，当事者主義が採用される。すなわち，訴えの提起，訴訟の終結などで処分権主義が採用されており，また訴訟資料の収集には弁論主義が採用されているとされる。また，事実の認定は厳格な証明が要求される。裁判の方式は，判決であり，確定判決は自己拘束力を有する。原則として，控訴・

上告の三審制をとる。そして，代理人は弁護士でなければならない。これに対して，非訟手続は，裁判所の裁量により処理される弾力的な手続である。審理は，公開主義を採用せず，任意的口頭弁論に基づく。処分権主義は制限され，訴訟資料の収集には職権探知主義が採用される。また，事実の認定は自由な証明でよい。裁判の方式は，決定であり，実質は抗告だけの二審制をとる。確定判決は自己拘束力を有しない。代理人は弁護士に限定されない。

　❷　「訴訟の非訟化」現象をめぐる議論　　こうした特質を有する非訟手続は，まず憲法32条及び82条との関係で問題とされた。つまり，憲法32条にいう「裁判」に非訟手続による裁判はあてはまるかという問題である。とりわけ，この問題が顕在化したのは，「訴訟の非訟化」現象によってであった。すなわち，社会関係の変動に伴い，事件の実情に応じた紛争処理が志向され，実体法の要件事実の一般条項化や白字規定の増大，そして調停手続法の拡充，家事審判手続，借地非訟事件手続の創設など，その本質からみれば訴訟事件を非訟的に処理する領域が拡大するに至ったとき，この問題が議論となったのである。今日の通説は，憲法32条の要請は非訟事件，訴訟手続には各々それに相応しい手続を定め，各々その事件類型に適合した審理方式による裁判を求める権利を国民に保障することにあるとの立場をとる（小島武司「非訟化の限界について」中央大学法学部80周年記念論文集（1965年）310頁など）。そして，こうした立場は，訴訟事件と非訟事件との区分が決定的なメルクマールとなる。しかし，この区分について，現在の判例・学説は未だ決定的な基準を示すことができず（判例理論については，最大判昭40・6・30民集19巻4号1089頁など参照），この問題は，民事訴訟のアポリアの一つとなっている（議論の詳細は，新堂幸司「訴訟と非訟」民訴法の争点〔第3版〕（有斐閣，1998年）12頁など参照）。

　他方，非訟事件と訴訟事件の区分による二分思考ではなく，訴訟の非訟化は伝統的な民事訴訟による処理も適当でなく，また非訟事件手続による処理でも不十分な法律関係領域が拡張したことを意味し，それを正面から捉え，むしろ両者の中間の「第三の裁判手続」の創設も唱えられていた（我妻栄「離婚と裁判手続」民商39巻1～3号1頁以下など）。

　❸　**非訟事件手続と手続保障**　　そして，同様に，訴訟と非訟の二分思考から脱却して，むしろ，近時では，事件類型に適合した審理方式を考案して憲法の要請に応えようとする作業の前提として，両手続における「手続保

障」のあり方が論じられてきたのである（「手続保障」という概念は多義的であり，現在その定義はまだ確立されていない。井上治典「民事訴訟における手続保障」民訴法の争点〔第3版〕60頁以下（有斐閣，1998年）参照。ここでは，とりあえず，手続保障とは手続内で当事者が自らの利益を主張し，攻撃防御の機会が十分に保障されることをいうことにする）。とくに，訴訟事件の非訟的処理において，当事者権の保障が議論の対象となってきた。つまり，当事者権とは，当事者が手続上その主体として有する諸権利のことで（山木戸克己「訴訟における当事者権」『民事訴訟理論の基礎的研究』（有斐閣，初出・1959年，1961年）60頁以下参照），その保護は民事訴訟では厚いが，非訟では微弱であり，訴訟事件が非訟的処理を受ける場合には，当事者権の強化が主張されてきたのである。この議論は一方でドイツ法の影響を受け，審問請求権の保障という憲法上の裁判を受ける権利との関連でも議論された（紺谷浩司「審問請求権の保障とその問題点」民訴18号143頁（1972年）143頁など）。また，その後，民訴法学における手続保障論の台頭に伴い，当事者の行為責任の平等分配等がその議論対象に取り上げられていった（佐上善和「利益調整紛争における手続権保障とその限界」法時52巻7号27頁以下など）。そして，今日では，非訟事件においても当事者の弁論権，立会権，記録の閲覧権，当事者公開などの基本的手続保障を満たさなければならないという点で共通の認識が形成されつつある。ただ，非訟事件手続の存在意義を考慮するとき，そこには一定の制約があることが承認されており，現在は，事件類型によりどのような手続保障をどのような形で充足すべきかが議論対象となっているといえよう。

II 問題点

非訟事件手続における手続保障をめぐる問題は多様であるが，紙幅の関係上，以下では，相互に関連してくるが，二つの問題点のみを抽出する。

1 非訟事件手続における当事者主義的運用の必要性 まず挙げることができるのは，非訟事件手続における当事者主義的運用の必要性に関する問題である。これは，三つの側面で問題とされている。まず一つは，手続保障の充足度の問題である。すでに述べたように，裁判所の処理手続の面で非訟的処理領域は拡張するに至った。例えば，借地非訟事件（借地借家41条以下）や家事審判における乙類審判事件（家審9条1項乙類）は，利害の相反

III 民事訴訟法編

する当事者の存在を前提として争訟性が高い（こうした実質が訴訟事件であるような非訟事件を「真正争訟事件」とも呼ぶ）。それゆえ，この種の事件において，裁判所が判断を下す前提として当事者に手続保障を与える必要が訴訟事件と同様に存するといえる。ただ，非訟事件では厳格な形を採らず，実質的に手続保障が充足されればいいと考えることから，非訟事件において手続保障はどの程度充足されるべきかが問題となったのである（訴訟と非訟のそれぞれにおいて果たすべき手続保障の違いについては，佐上善和「家事審判における当事者権」『新実務民訴講座8巻』（日本評論社，1981年）873頁以下など参照）。この場合の議論は，個々の当事者権の保障問題として論じられている（井上哲男「乙類審判事件における職権探知と適正手続の具体的運用」『講座・実務家事審判法Ⅰ』（日本評論社，1989年）127頁など）。例えば，家事審判手続で法的審問請求権を一般に認めることは，審問対象に対する裁判所の裁量権を勘案すれば，困難であるが（非訟当事者に審問請求権がないとするのが判例の立場である。大決大5・6・22民録22輯1255頁，最判昭29・12・21民集8巻12号2222頁など参照），争訟性の高い乙類事件では，合理的理由がない限り審理不尽の評価を受けることになり，実質的に審問請求権を保障すべきであるとか，職権主義の採用されている手続では，利害関係人（当事者）の証拠申出権や立会権，さらには記録の閲覧などは認められていないが，運用上，争訟性の高い事件ではそれらを認めるべきなどの議論が展開されている。なお，借地借家法45条は，審問期日における当事者の陳述権及び立会権を保障しており，新民訴法187条2項は，決定手続における手続保障原則を一般的に規定するなどのように，近時では，個々の法律により当事者権の保障が考慮されてきているといえる。

ここでの議論の第二の側面は，当事者責任の拡張である。非訟事件では，職権探知主義が採られている。しかし，職権探知には限界があり，現実にも当事者の提出した訴訟資料に基づき審理され，当事者の協力がなければ，事実関係の解明の実効をあげることはできない。そこで，争訟性の高い事件で当事者に前述のような諸権利が認められるとするならば，その責任を拡張し，当事者の主体性を高めることが求められてきた（東京高決昭54・6・6家月32巻3号101頁などは当事者主義的運用の実務例を示す）。具体的には，争訟性の高い事件の審理において，弁論主義を導入し，主張事実につき立証責任の分配により処理することを可能とさせることができるか，さらには，当事者

に協力義務ないしは事案解明義務を認めるべきかという問題などが議論対象となってきたのである（渡瀬勲「乙類審判事件の模索」家月28巻5号28頁，佐上善和「利益調整紛争における当事者責任とその限界㈠」家月37巻4号1頁など参照）。しかし，非訟と訴訟では自己責任のあり方は異なって理解されており，非訟での主張のあり方は民事訴訟とは反対に，およそ要件化に親しまない点も指摘されているところであり，当事者責任導入には検討すべき点が多々存在する（佐上善和「訴訟と非訟」『講座・実務家事審判法Ⅰ』（日本評論社，1989年）25頁以下参照）。

また第三に，訴訟と非訟が競合する場合の問題でも同種の議論が展開されている。例えば，人訴法15条は，離婚等の訴えに際して，非訟事項であるが監護者の指定，監護につき必要な事項または財産分与の附帯申立てを認めている。従前の議論では，審判事項は附帯申立てによってもその法的性格を変えることはなく，審理は人訴手続の枠内で非訟事件手続に従って行われざるをえないとされ，その審理に際して，例えば，家事調査官の利用は不可能とされていた。そして，なし崩し審理と呼ばれる，本則の離婚事件の審理に全精力を傾け，心証を得た段階で附帯申立てについても一気に判断してしまう審理方法が実務上採られてきた。しかし，この審理方式では，非訟事項に関する独自の審理がどの程度行われているか疑問が提起され，附帯申立ては，独自の資料を必要とする独立した紛争であるとの認識の下，離婚訴訟と附帯申立ての審理の組み立てはどうあるべきかなどが議論されている（佐上・前掲「訴訟と非訟」28頁以下など）。そして，そこでもまた，附帯申立てに関する当事者の主張・立証のあり方を当事者主義的な運用へ転換していこうとする試みが提唱されているのである（吉村徳重「家事審判手続の当事者主義的運用？」民訴35号141頁など）。その他，人事訴訟の家裁移管問題も古くから論じられている。

　②　「第三の裁判手続」の構想　　ここで最後に掲げるべきは，「第三の裁判手続」の問題である。すでに述べたように，これは，我妻博士により提唱され，伝統的な民事訴訟による処理も適当でなく，また非訟事件手続による処理でも不十分な法律関係紛争の存在を肯定し，その紛争処理を訴訟でもなく，非訟でもない新たな手続により実施しようとするものである。提唱者我妻博士の所説は，人事訴訟事件の審判化と借地借家紛争の処理手続の非訟化を念頭におき，離婚事件の裁判手続に関してこの新たな手続を構想する。基

本的には，「第三の裁判手続」は，非訟手続の範疇に属し，手続保障がその中に保留されてたもので，紛争を一個の社会的事実として捉え，それにまつわる複雑な事項を全体として解決するために，職権探知主義を採って，裁判所が科学的方法を応用して事件を調査し，裁判所は当事者の申立てに拘束されず，審理は非公開で，裁判は対世効を有するとするものである（我妻説の分析については，山木戸克己「裁判手続の多様性」『講座民訴②』（弘文堂，1984年）487頁以下，とくに95頁参照。山木戸博士によれば，借地非訟事件手続は，この新たな手続の構想によって実現されたものではないかと推測されている）。もっとも，こうした構想の前提として，訴訟の非訟化の限界はどこに置くのか，事件類型に応じた審理手続を定める際の事件類型区分の基準は何かなどの問題の解決が必要となる。また，前述の手続保障を中心とした当事者主義的運用議論もこの前提作業の一つと言ってよいであろう。そして，問題点はそこに存するのである。

III　展　望

　最後に，ここで掲げた問題点を中心に，今後の展望につき若干論じることにする。最初に，非訟事件手続における当事者主義的運用について展望する。この局面でまず問題となった当事者の手続保障の充足であるが，その中でも特に非訟手続における法的審問請求権の保障が今後さらに重視されるべきと考える。確かに，非訟事件では裁量性が高く，関係人を審問するか否かも裁判所の裁量の枠内とされ，また裁判の自己拘束力もないことから，法的審問請求権の保障を権利として認めることはできないとの主張がなされてきた。しかし，裁量の余地が大きいほど判断の基礎である資料の収集・評価について対審の方式による審理が強く要請されるという指摘もある（山木戸・前掲講座民訴②97頁参照）。そして，対審構造の前提となるが法的審問請求権の保障である。法的審問請求権は，その根拠を憲法13条1項，31条1項，32条及び国際人権B規約14条1項におくことができ，憲法上保障された手続保障を求める権利であり，その主たる機能は，適正かつ公正な裁判の形成にある。このように，当事者権を憲法レベルで保障することにより，実務での手続保障の充足がより期待される。また，法的審問請求権の保障は，国家の運営する裁判手続において不可欠の要請であり，非訟手続でも当然に法的審問請求

3 非訟事件手続の手続保障

権は保障されねばならないというのが諸外国の議論の趨勢である。近時における諸外国の非訟事件手続法の改正のポイントの一つがこの権利の保障であり，今後のわが国の改正議論の中でも焦点となってくるように思われる。

第二に，当事者責任の問題であるが，この議論の中で当事者の協力義務ないしは事案解明義務の導入については，訴訟手続においてもその導入は限定領域でしか議論されておらず，一般的義務は認められていないことを勘案すると，今後まだ議論すべき点が多く残されているように思われる。また，弁論主義的な意味における主張・立証責任の導入については，盛んに議論されているが，一貫してこの問題に取り組んできた佐上教授は，単に弁論主義や主張立証責任を採用するだけでは無理で，当事者の争点形成過程をも視野に入れることによってはじめて具体化できるとし，裁判所が主導権を発揮しつつ，誰にそのような行動が期待されるかという状況まで当事者の相互の了解が得られるようにしておく必要がある旨を主張されている（佐上・前掲「訴訟と非訟」40頁以下）。そして，今後の課題として裁判所の手続過程の中での手続進行に関する具体的な役割と責任のあり方が挙げられている。そうすると，むしろ，裁判所と当事者の共同作業による事実の収集が必要的とされているといえる。また，このことは，非訟手続では自由証明の採用などにより，事実認定の客観性の保障に薄いことも考慮し，厳格証明の要請までも伴うことになると思われる。いずれにせよ，両者間の役割分担と責任分担が今後の課題といえよう。

最後に，訴訟と非訟が競合する場合の問題があるが，結局はこれは「第三の裁判手続」の構築とも結びつく。ただ，ここで考慮が必要なのは，この方向での議論は，非訟手続の訴訟手続化というだけではなく，少額訴訟制度の創設などに見られる民事訴訟の特殊化という議論とも結びついてくる。例えば，新民訴法の制定に伴い，人事訴訟手続法33条が改正され，判決の対世的効力の正当化のために手続保障を充足すべく，利害関係人への訴訟通知を規定し，人事訴訟での手続保障を一歩進めた（詳細は，高橋宏志「人事訴訟における手続保障」『講座・新民事訴訟法Ⅲ』（弘文堂，1998年）349頁以下など参照）。こうした改正が「第三の裁判手続」構築のためのモデルとなってこよう。いずれも立法論となるであろうが，民事執行法，民事保全法，民事訴訟法，そして倒産法の改正と続いているわが国の民事手続改正作業の次の課題として非訟事件手続法の改正を含め，「第三の裁判手続」の創設がなるか，

III 民事訴訟法編

今後の立法作業の展開が注目される。

◇ **参考文献**

非訟事件における手続保障をめぐる議論については，その前提として訴訟と非訟との関係をみておくことが重要である。この問題については多くの文献があるが，さしあたり新堂幸司「訴訟と非訟」民訴法の争点〔第3版〕（有斐閣，1998年）12頁，鈴木正裕「訴訟と非訟」小山ほか編『演習民訴法〔新版〕』28頁（青林書院，1987年）など参考。また，同様に手続保障概念については，井上治典「民事訴訟における手続保障」民訴法の争点〔第3版〕60頁及び同『民事手続論』（有斐閣，1993年）所収の諸論稿が参考になる。本章のテーマである非訟事件における手続保障については，まずこの問題が本格的に論じられる契機となった山木戸克己「訴訟における当事者権」同『民事訴訟理論の基礎的研究』（有斐閣，1961年，初出1959年）が重要である。その後，より詳細にこの問題を論じたのが鈴木忠一「非訟事件に於ける正当な手続の保障」同『非訟・家事事件の研究』（有斐閣，1971年）300頁である。さらに，この問題を憲法上の審問請求権との関連から考察するものとして，紺谷浩司「審問請求権の保障とその問題点」民訴18号143頁，吉村徳重「民事事件の非訟化傾向と当事者権の保障」日弁連特別研究叢書昭和41年（下）（1966年）135頁などがある。また，近時におけるこの問題をめぐる議論については，この議論をリードする佐上善和教授の一連の論稿が参考になる。本文中に掲げた論文のほか，佐上善和「非訟事件における手続権保障と関係人の事案解明義務」吉川追悼『手続法の理論と実践』（下）（法律文化社，1981年）22頁，同「訴訟と家事審判」竜崎還暦『紛争処理と正義』（有斐閣，1988年）442頁など。なお，第三の裁判手続については本文中に掲載したものを参照のこと。

また，ここでのテーマは本書憲法編「*2 裁判の公開*」の問題および行政法編「*10 『機関』訴訟*」の問題とも関連性を有する。そちらの方も参照していただきたい。さらに憲法の視点からの参考文献としては，芦部信喜編『憲法III人権(2)』第5章（有斐閣，1981年）［芦部］がある。

4　ADR
――裁判外紛争解決制度

［菅原郁夫］

I　現状分析

　ADRとは，Alternative Dispute Resolution の省略であり，一般には代替的紛争解決制度あるいは裁判外の紛争解決制度と呼ばれる。広義では，訴訟上の和解も含め，判決など裁判以外で終わる紛争解決制度全般をさすが，より狭い意味では訴訟手続以外の紛争解決制度をさす。いずれの場合も合意による紛争解決をなす点において共通するが，種々の形態が存在する。

　まず，合意形成の形態に着目した場合には，中立的な第三者が紛争当事者間に入り，紛争解決の合意を進める調停や斡旋・仲介と，中立的な第三者が紛争当事者に対して拘束力ある判断を下す仲裁・裁定とが区別される。前者の場合は，解決案の内容が形成された時点でそれに従うことの合意が調達されるのに対して，後者の場合は手続開始の時点で当該手続により紛争の解決をなす旨の合意がなされる。この違いに着目し，前者は調整型紛争処理手続と呼ばれるのに対し，後者は裁断型紛争処理手続と呼ばれる。なお，前者の調停と斡旋・仲介の区別に関しては，斡旋は媒介となる第三者が合意案を提示しないのに対し，調停は合意案を提示する点で異なるとする説（上野泰男「裁判外紛争処理制度」小島武司編『裁判キーワード〔新版〕』（有斐閣，1993年）207頁），あるいは，調停は対立を前提とするが，斡旋，仲介は対立のない場合も含め行われる点に違いがあるとする説（小島武司＝伊藤眞編『裁判外紛争処理法』（有斐閣，1998年）34頁［萩原金美担当］）があるが，必ずしも厳格な区別ではないようである。他方，仲裁と裁定に関しては，仲裁は仲裁判断の前にそれに従う旨の合意があるのに対して，裁定は一方に拒否権等を認める場合とされる（吉村徳重「裁判外紛争処理の現状と未来」民訴法の争点

III 民事訴訟法編

〔新版〕（有斐閣，1988年）55頁）。なお，仲裁には制度的に整備された機関が恒常的に行っている制度仲裁と，事件ごとに個々に仲裁契約がなされる個別（ad hoc）仲裁がある。

　つぎに，実施主体に関しても，各種のものが存在する。大きく分類すると，司法型，行政型，民間型がある。たとえば，裁判所が行っている民事調停，家事調停は司法型にあたり，行政型としては，国や地方公共団体の行っている，公害等調整委員会，中央建設工事紛争審査会，国民生活センターがその例である。民間型のものとしては，日本海運集会所，国際商事仲裁協会，㈶交通事故紛争処理センター，各種業界のＰＬセンター，さらには弁護士会の行っている仲裁センターなどがある。

　さらに，当該手続の結果生じる解決の拘束力の観点からも区別が可能である。たとえば，司法型のADRである民事調停や家事調停に関しては，成立した調停案には確定判決と同一の拘束力が生じ（民調法16条，家審法21条），それ自体が債務名義となり，執行力を持つことになる。また，仲裁による解決の場合，仲裁判断にもやはり確定判決と同一の効力が生じるが（公催仲裁800条），その執行にあたっては執行判決をえることが必要とされている（同802条）。その他のADRに関しては，紛争解決の合意が成立しても，それは民法上の和解契約にすぎず，確定判決と同一の効力は認められない。そのため，当事者が合意内容を任意に履行しない場合には，訴えの提起などにより強制履行を別途求める必要がある。

　これらADRによる紛争解決の一般的な特徴は，①手続への参加や紛争の解決が当事者の合意を基盤としていることから，当事者に納得のいく解決が得られやすい，②訴訟に比べ手続や解決基準が柔軟であり，事案に応じた解決が図られる，③訴訟よりも経済性に優れている，④迅速な解決が可能である，さらに，⑤専門家の知識の活用が可能である，あるいは，⑥非公開審理が可能なのでプライバシーや企業秘密にかかわる問題の処理に適する，⑦訴訟による解決が難しい国際間の紛争解決に適する，といったメリットが指摘されている。このうち⑤から⑦は仲裁に関して特にいわれる事柄である。

　1960年代までには訴訟外の紛争解決に関しては，非法的なものとして積極的な評価がなされてこなかったが，アメリカにおいて訴訟の増大による訴訟遅延の解消策として，仲裁等が積極的に使用されるようになって以来（アメリカにおける各種ADRの試みについては，三木浩一「アメリカ合衆国連邦地裁

における訴訟付属型 ADR」石川明＝三上威彦編著『比較裁判外紛争解決制度』（慶應大学義塾出版会，1997年）73頁以下参照），上記のようなメリットが自覚され，わが国においても近時積極的評価がなされるようになっている。

現状での利用状況に関しては，わが国では，調停が最も多く利用されている。たとえば，平成10年には，民事調停の新受件数が248,833件，家事調停の新受件数が10,755件に及んでいる。家事調停に関しては調停前置主義が取られていることもあって利用数が多いものと思われるが，民事調停に関しても同年の訴訟件数521,744件に比較すれば少ないものの，相当数に及ぶ利用があることがわかる。しかし，これに対して民間型 ADR の利用件数はそれほど多くない。たとえば，第二東京弁護士会仲裁センターには年間150件を越える申し立てがあるが（原後山治「弁護士会のあっせん・仲裁センターの現状と ADR 機関・裁判所の機能充実方策」民事情報144号67頁参照），そのほかの仲裁では，公害関係では年間40件，建設関係では年間50件，海事関係で年間10程度といった申し立て状況である（比較的最近の状況について，小島武司「裁判外紛争処理機関について」判タ932号52頁以下，豊田博昭「仲裁制度の現状と問題点」民訴法の争点〔第3版〕（有斐閣，1998年）43頁参照）。また，最も利用が盛んであるとされる㈶交通事故紛争処理センターも相談件数は年間16,000件を超えるが，調停に相当する審判申立ては300件程度という状況である。司法型 ADR の利用は盛んであるが，民間型 ADR の利用はさほど進んでいないというのが日本の実情のようである。

II 問題点

前述のように ADR は種々のメリットをもつが，同時に現状ではいくつかの問題点も指摘されている。より一般的なレベルでいえば，ADR による紛争の解決が社会的に正当と見なされるには，処理にあたる機関の中立性と紛争解決基準の正当性が必要とされる（小島＝伊藤編・前掲書8頁）。しかし，前述の諸制度に関してはこれらの点について十分な配慮がなされているかには疑問がのこる。たとえば，各種ＰＬセンターなどでは，設置主体が業界団体である場合が多く，これらに関してはその中立性が疑われよう。とくに，裁定型の ADR の場合は，仲裁人の下した判断が当事者を拘束する面があるだけに，仲裁人の中立性への疑念は利用者の利用意思を低下させることにな

III 民事訴訟法編

ろう。他方，司法型のADRである民事・家事調停に関しては，調停委員の中立性は比較的保たれているといえる。しかし，その任命過程は不透明であり，旧裁判所職員の職員の比率が増大してしていることを指摘する声もある。そのこと自体は中立性を害するわけではなかろうが，調停が過度に法的解決に傾斜するとの批判もある（小島＝伊藤・前掲書40頁）。

解決基準の正当性に関しては，民事・家事調停の場合，裁判官が関与することから判断基準の正当性が一定程度担保されている。しかし，民間型に関してはその保障はない。調停，斡旋等による解決は当事者の合意が基盤となるが，その当事者の合意は個別的事情に導かれる可能性があり，必ずしも合理的な結果に落ち着くとは限らない（そもそも両当事者の合理的な選択を前提とすることに疑問を呈する見解すらある（棚瀬孝雄編『現代法社会学入門』（法律文化社，1994年）191頁［和田安弘］））。そして，この解決基準の不存在は結果予想の困難さをもたらすことにもなろう。これらの点を考えるならば，解決基準に対し必ずしも法的正当性が要求されるとはいわないが，社会的に正当化し得るような解決にいたるべく一定の基準が必要といえる。しかし，その点に関し，現状のADRは何ら枠組みを提示していない。

また，以上の点に加え，現状のADRはより実務的な観点からもいくつかの問題を抱えている。一つは紛争解決結果の効力の問題である。民事・家事調停の場合には，先述のように成立した調停調書には確定判決と同一の効力が認められ，執行力も付与される。また，仲裁判断も調停調書ほどではないが，執行判決を得ることによって執行力が付与される。しかし，他の制度に関しては，執行力が何ら保障されていない。これらの場合においても，各種委機関とも履行確保のために様々な工夫をなしているが（太田勝造「裁判外紛争解決制度のシステム設計と運用」木川統一郎博士古稀祝賀『民事裁判の充実と促進（上）』（判例タイムズ社，1994年）85頁以下参照），実際上，相手方の任意履行に待つのみとなっている。同様の点は時効の中断効果などの点にも現れ，一般にADRの利用は時効を中断しないと解されている。さらに，より実践的な利用が期待される国際仲裁などに関して，現行の「公示催告手続及ビ仲裁手続ニ関スル法律」は明確な規定を欠いており，仲裁契約や仲裁手続の準拠法すら解釈にゆだねられているといった状態である（青山善充「仲裁法改正の基本的視点と問題点」三ヶ月章古稀祝賀『民事手続法学の革新（上）』（有斐閣，1991年）529頁）。これらの点への対応なくしては，これら各制度の

実際上の利用は促進されえないであろう。

III 展 望

　わが国のADRは，アメリカにおけるADRのように，機能不全を起こした訴訟の代替物として登場してきたわけではない。それ故，訴訟事件の多くが半強制的に裁判所付属の仲裁に送られるアメリカのように，代替物としてのADRがラフ・ジャスティス，あるいは，セコンド・ジャスティスであるといった指摘は多くない。むしろ，ADR固有のメリットが自覚され，個別に発生発達してきた面が強い。しかし，残念ながら，民事・家事家事調停をのぞいては必ずしも活発に利用されている状態ではない。原因の一端は先述の諸問題にあると思われるが，ADRの利用は世界的潮流でもあり，今後の発展に期待する声も大きい（小島武司「現行のADRの意義・問題点，今後の展望」法律のひろば2000年3月号12頁以下）。それでは，今後のわが国におけるADRの発展のためにはいかなる要素が必要とされるのであろうか。以下では，司法型ADRと民間型ADRに絞り，今後の展望を試みることにする。
　一口にADRといっても，前述にようにそこに含まれるものは多種多様である。はじめに，比較的成功していると解されている司法型のADRすなわち，民事・家事調停の今後について考えてみる。民事・家事調停は，前述のように，その利用件数は相当数にのぼっている。今後もその積極的な利用が図られるべきであるが，増加する利用件数に見合う位置づけと方向性が提示されるべきであろう。とくに，訴訟との関連においても検討が必要であろう。
　現在の民事調停は，そのほとんどが簡易裁判所における調停であり，地裁および高裁の調停件数はごく僅かである。そして，簡裁の調停は当初より調停として申し立てられ，訴訟との連関性が薄い。その意味では，わが国の司法型ADRは，裁判所付属ではあるが，訴訟付属ではない。しかし，調停が前述のような利点を有するとしたならば，現在訴訟事件として係属している事件に対してもその利用を延長すべきであろう。すなわち，一端訴訟に至ったものに関しても判決で終わるべきもの以外は調停に回すといった利用の仕方も考えられよう。もちろん，わざわざ訴訟を選択した当事者の事件を調停に回すことに関しては慎重な姿勢が必要とさる。とはいえ，調停ではなく訴訟が選択される理由には，相手方が調停では応じてくれる可能性が低いこと

から，仕方なく訴訟を利用している場合，あるいは調停がうまくいかなければ，さらに訴訟を提起しなくてはならないのでは二度手間になるといったことがあると考えられる。そのような場合は，前者に関しては，まずは訴訟としてスタートし，相手方を強制的に呼び出した後に，話し合いは調停形式で行うといったパターン（訴訟の圧力のもとでの調停というパターン）が十分にありうるし，後者に関しては，調停がだめでもそのまま訴訟にもどることから，調停を拒否する理由がないといったこも考えられる。また，権利の存否の争いはなく，被告が手元不如意を主張するような紛争も調停により，より柔軟な解決が図られるといえよう。これまでわが国では，調停と訴訟の連関が必ずしも明確に存在しなかったが（付調停（民調法20条）という制度はあるが，必ずしも積極的には利用されていないようである），今後は訴訟事件を早期に調停に回す訴訟手続内調停といったものも考えられるべきであろう。また，現在でも，調停委員には各種の専門家を配置することができることから，専門的判断を必要とする訴訟に関しては，いったん調停に出して争点整理を行うといった試みもなされている（座談会「民事訴訟における専門的知識の導入」判タ1010号23頁以下）。そのような方向でも今後，調停の利用が期待できよう。

このような調停は，まさに訴訟の代替物としての性質を有することになるが，そのような形での調停の利用にあっては，訴訟同様，手続の公正さや調停委員の構成にも十分な配慮が必要であろう。その点に関わっては，たとえば，近時新たな試みとして同席調停（対席面接方式）の実施の成果が報告されている（井垣康弘「家事調停の改革」判タ892号8頁以下）。この調停方式は，従来の個別調停（個別面接方式）以上に当事者に手続の公正さを感じさせるものであろう。こういった方法での手続の改善努力がなされるべきである。また，調停員に専門家を配置し，かつ調停技術の向上を図るといった試みの必要性も指摘されている（草野芳郎「調停制度の現状と問題点」民訴の争点〔第3版〕（有斐閣，1998年）41頁）。

従来，調停の存在理由に関しては，合意による紛争解決の円満性，妥当性，簡易迅速性などを指摘する説，紛争の公正な全体的根本的解決を図ることにあるとする説などが主張されていた。これに対し，近時，事件＝紛争のスクリーン機能を指摘する見解が示されている（萩原金美「調停理論の再検討」『講座民事訴訟①』（弘文堂，1984年）265頁）。今後の議論の発展により，民事

調停のより明確な位置づけがなされるべきであろう。

　民間型 ADR に関して重要なことは，調停・斡旋であれ，仲裁であれ，第三者機関の中立性を維持することであろう。とくに当事者にとって拘束性の強い仲裁に関しては，仲裁機関の中立性は利用者の信頼を勝ち取るためには必須のものであろう。たとえば，比較的成功を収めているとされる㈶交通事故紛争処理センターでは，相談斡旋を行う弁護士や裁定を行う審査員の選任にあって，「保険会社及びその関係団体の役職員又はその経験者を除く」といったことが寄付行為上に定められている。他の ADR に関しても，同様の配慮が必要であろう。しかし，とはいえ，各種ＰＬ相談センターなどのように，製造物の欠陥等の審査が必要となるような場合には，専門知識を備えたものが製造業者側にしかいないといった場合も起こりうる。そのような場合には，当事者に不利な印象を与えないために片面的仲裁（一方当事者のみを拘束する仲裁判断）といった形を取ることも一つの方策といえよう。

　また，民間型 ADR に関して同様に重要なのは，紛争解決基準の妥当性の維持という点であろう。この点に関しては，調停・仲裁事例の公開による客観的な紛争解決基準の形成が一つの対応となろう。もちろん，調停や仲裁は非公開であることが事案によっては大きなメリットとなっている。それ故，判決と同じような形での公開は不可能であろうが，事案を抽象化した形での公開はなお可能であろう（たとえば，家事事件に関しては「ケース研究」があり，その中において匿名の形で事例を公開検討している）。これによって，紛争の適切な解決基準が蓄積されるともに，それに関する研究も可能となる。それらの努力によって，調停人や仲裁人の訓練研究が発展することも期待しうる（調停の技法を紹介するものとして，レビン小林久子『調停者ハンドブック』（信山社，1999年）など参照）。

　さらに，民間型 ADR の場合には，紛争当事者からの合意の調達という点が大きな問題として残っている。とくに裁断型の仲裁は，利用者の信頼を勝ち取るならば，最終的な紛争解決制度としての役割を大いに期待できる反面，当事者にとって拘束力をもたらす仲裁判断を用いることの合意を取り付けることが難しい場合も多い。この点に関しては，前述のような仲裁人の中立性や判断基準の適正化に配慮することが第一次的な対応であろうが，同時に，手続上各種の配慮をなすことも可能である。たとえば，現在，調停（Mediation）と仲裁（Arbitration）を組み合わせたミーダブ（MedArb）といった

III 民事訴訟法編

手続が生み出されている。これは，はじめに調停を試み，それが失敗した場合には仲裁に移行するという手続であり，近時アメリカにおいて用いられているものである（小島武司編著『調停と法』（中央大学出版部，1989年）269頁）。類似のものとして，わが国においても弁護士会の仲裁センターでは，はじめに調停を試み，両者の間で歩み寄りがはかられ，また，調停人への信頼も形成された時点で，仲裁契約を結ぶといった試みもなされている（小島＝伊藤編・前掲書117頁以下参照）。今後，創意工夫により利用者のニーズにあった手続が生み出されることが期待される。また，渉外事件に関しても，現状では国家の裁判権に頼れる場面が多くはないという点において，仲裁への期待が高まっている。国際仲裁にかかわる規定の不備に関しては，早急に立法的手当がなされるべきであろう。すでに，法務省は1997年より仲裁法制研究会を組織し，仲裁法の近代化を目指しているが，速やかな立法が望まれる。

最後に，近時多くのADRが登場するにいたっているが，利用者の側から見て必ずしもその全貌が明らかになっていない。ADRを利用した場合，果たして如何なる効果が生じるかが必ずしも明確ではない。それらの点を統一的に規定するADR基本法や各種のADRを統合し，その利用の促進をはかる総合ADRセンターのようなものも今後考えられるべきであろう（石川明「ADR基本法の制定を」判タ879号5頁，小島「前掲論文」12頁参照）。

これら基本的な点を整備するならば，民間型ADRは，調停人や仲裁人に専門家を用いることが可能な点や，手続が非公開な点において，専門知識が必要とされる紛争やプライバシーや営業秘密等の保護の必要のある紛争に関しては，訴訟以上に対応性に富む面がある。それらの点を考えるならば，現状では必ずしも活発に利用されていない民間型ADRも今後はその利用が活性化することが十分に予想される。

◇ **参考文献**

裁判外紛争処理法のテキストとしては，小島武司＝伊藤眞編『裁判外紛争処理法』（有斐閣，1998年）が，ADRに関わる理論的研究や各種のADRの実態について詳しい。また，各国のADRの状況については，石川明＝三上威彦編著『比較裁判外紛争解決制度』（慶應大学出版会，1997年）が詳しい。いずれも本文中にも引用があるが，それ以外の部分も一読を勧める。

なお，民事司法の改革の中でのADRの位置を検討するものとして，田

4 ADR

中成明『現代社会と裁判』(弘文堂,1996年),とくに98頁以下が参考となる。また,近時のわが国におけるADRの動向を紹介し,批判的な検討を示すものとして,早川吉尚「日本のADRの批判的考察 — 米国の視点から」立教法学54巻174頁以下がある。さらに,行政法学において公害紛争処理制度などのADRに言及するものとして,南博方『紛争の行政解決手法』(有斐閣,1993年)がある。

5 集中審理

[勅使川原和彦]

I　現状分析

1　民訴法改正への経緯　今次の民事訴訟法改正前の「日本の民事訴訟の平均像」について、現場の裁判官・書記官による次のような報告がある（西口元＝太田朝陽＝河野一郎「チームワークによる汎用的訴訟運営を目指して（1）」判タ846号7頁以下）。両当事者が欠席せずに争い、人証調べを実施して、判決で終局する、という平均的モデルは、（1）訴え提起　～　（2）-（6）第1-5回期日（弁論・各3分）　～　（7）-（8）第6-7回期日（証人尋問・各1時間）　～　（9）-(10)第8-9回期日（本人尋問・各1時間）　～　(11)和解日（30分）　～　(12)第10回期日（最終弁論・3分）　～　(13)第11回期日（判決言渡し）で、（1）～（13）までの各期日間に平均2ヵ月の期間があるので、結局、訴え提起から終局まで24ヵ月かかり、その間に実質的な審理にあてられている時間はわずか4時間48分である、ということになる。

＊　訴訟遅延とその原因

判決までに時間がかかる割に実質の感じられないわかりづらい手続状況に対して、日弁連弁護士業務対策委員会の1985年の調査によれば、訴訟経験者は、「裁判に金がかかりすぎる」「裁判に時間がかかりすぎる」「よほどのことがない限り裁判はしたくない」と9割以上の者が回答し、裁判への信頼感は訴訟経験後に低下するという回答を出す結果となった。人的・物的に法的紛争の解決機能を果たすべき司法制度に対するこうした不信について、上記のような民事訴訟審理についての弊害は、自覚的に指摘されている点をまとめるだけで、次のようになる。

(a) 準備手続の弊害(「繁雑」な事件に限るという手続開始要件・「失権効」をおそれての仮定的主張の増大・証拠調べ等に関する裁判官の権限の少なさ・経験の少ない未特例判事補による手続運営など。さしあたり上原敏夫「訴訟の準備と審理の充実」新堂幸司編『講座民事訴訟(4)』(弘文堂, 1985年) 191頁以下) から, 準備手続による争点整理をほとんど全く経ないまま (従って, 争点がわからず何について立証すべきなのか明確にわからないまま「漂流」しながら), 口頭弁論に入る。

(b) 何が争点か, 当事者双方も裁判所も統一的な理解がないまま, 随時提出主義 (旧民訴137条。かつ, 訴訟遅延防止策としての旧民訴139条・91条の不利用) の支配する口頭弁論において, 互いにぽつりぽつり五月雨式に提出される主張や証拠で, 相手方の出方を見て, あるいは, そこで知った事情からようやく準備をして (よって当事者交互に期日の間に時間が必要となる), またぽつりぽつり主張や証拠を提出する。

(c) 依然として両当事者と裁判所 (裁判官と調書を作成する書記官) の間に当該事件の争点について統一した了解がないまま, 尋問事項の明確に定まらない漂流した人証調べが行われる。しかも関係者を集めて集中的にやらないので, 後から出廷する証人は, 前の相手方証人の証言記録をみて準備できるうえ, 事件関係者が一堂に会しているので嘘がつきづらい, というプレッシャーがない。

(d) 集中して行われない審理を長期間行なっている間に, 裁判官の転勤があって, 証拠調べをした裁判官と判決を書く裁判官が実際上異なったりする (直接主義の形骸化)。証拠調べをした裁判官が判決を書く場合でも, 相当前の証人尋問など覚えていられないので, 書記官の作成した調書に頼って判決を書くことになる。

こうした五月雨式の漂流型長期間審理は, 無駄が多く, 市民的な時間感覚とはかけ離れているうえ, 何より, 民事訴訟法上の直接主義・口頭主義・公開主義といった諸原則を形骸化し, 真実発見から乖離し, アンフェアな手続に堕してしまっているおそれがある。旧民事訴訟法は, 決してこうした事態を予定していたわけではなく, 事前に準備して争点を整理し, 口頭弁論に入ったら直ちに争点について必要な証拠調べだけを行なって, 一気に判決に至る, という手続を, 少なくとも規則上は明らかに命じていた。新法では,

Ⅲ　民事訴訟法編

こうした理念を近年になってより実質化しようと試みられてきた実務の工夫を，手続の中に正式に導入した面が大きい（以下の記述についての主な参考文献：法務省民事局参事官室編『一問一答新民事訴訟法』(商事法務研究会，1996年)，最高裁事務総局民事局監修『条解民事訴訟規則』（司法協会，1997年)，竹下＝青山＝伊藤編『ジュリスト増刊／研究会・新民事訴訟法－立法・解釈・運用』（有斐閣，1999年）135頁以下）。

2　今次の改正における「集中審理」——争点整理手続と集中証拠調べ

(1)　今次の改正で目指した集中審理は，「訴状」を書く段階から始まっている。訴状・答弁書（ないしそれに続く準備書面）では，請求を理由づける事実，それに対する認否及び抗弁事実を「具体的に」記載し，かつ立証を要する事由ごとに関連する重要な間接事実と証拠を記載したり（民訴規53条1項・80条1項・81条)，相手方主張事実を否認する場合は，理由を記載しなければならず（常に積極否認。民訴規79条)，さらに，重要な書証の写しを添付しなければならない（民訴規55条2項・80条2項・81条。なお準備書面で引用された書証につき，不必要な証拠の抑制に資すべく，立証趣旨を明確にした証拠説明書の提出も求められている。民訴規137条1項)。これによって，訴訟開始段階での無駄な期日を減らすとともに，当事者相互に，早期に事実を開示し合って，事件の全体像を把握しやすくすることを狙っている。その手段たる送達にも手が入り，基本的に，とくに重要な書類以外は厳格な手続である「送達」によらず，相手方への「直送その他の送付（＝写しの交付・ファクシミリによる送信)」で済むようになった（民訴規47条。なお裁判所に提出する書類も基本的にファクシミリによることが可能。民訴規3条)。つぎに，期日に内容のある実質的な弁論を行うためには，期日間において充分な準備をする必要があり，期日間（期日外）釈明が認められた（民訴149条)。第一回期日を事件の振り分けのための期日として機能させるために，裁判所は第一回期日前の参考事項の聴取もできる（民訴規61条)。当事者間においても，できる限り充実した攻撃防御を展開する準備を可能ならしめるために，アメリカ法の「interrogatories（質問書)」を参考にした当事者照会という制度も新設された（民訴163条。本書「訴訟における情報の開示」の項参照)。

(2)　さて，集中証拠調べを行なう前提として，当該事件の争点が，重要な間接事実レベルまで含めて証拠とともに整理され，裁判所と両当事者の三者で共通して明確に認識されていなければならない。そのために新法では，旧

5 集中審理

法下の準備手続の欠点を改め，民事訴訟法上三種の「争点等整理手続」と，民事訴訟規則上「進行協議期日」という新しい期日とが用意された。基本的には，ラウンドテーブル法廷における「膝をつき合わせた」話し合いにより，特別な失権効といった強制的契機を伴う負担なしに，裁判官に一定程度の証拠調べの権限を持たせて争点や証拠の整理を行なう。事務作業面でも，実際上裁判所が準備手続に向かいにくい一要因とされた要約調書の作成などに替えて，証明すべき事実を三者間で確認することとされた。

* **新法下における争点・証拠の整理手続**
  (a) **準備的口頭弁論**（民訴164条以下）　社会の注目を浴びて傍聴人が多いなど公開の要請の高い事件のために，公開法廷における口頭弁論期日による争点整理が，旧民訴規則でも消極的に規定されていた「準備的口頭弁論」の規定が整備された。裁判所は，当事者が期日を懈怠する場面では，この手続を終了できるし（民訴166条），準備的口頭弁論の終了に際して，当事者とその後の証拠調べで証明すべき事実を確認し（必要があれば調書に記載。民訴規86条），場合によっては当事者に要約書面を提出させる（民訴165条）。争点・証拠の整理に関する限り，「口頭弁論」として，裁判所のできる訴訟行為に制限はない。
  (b) **弁論準備手続**（民訴168条以下）　従来の「準備手続」を衣替えし，公開を要しない手続として（但し一定の要件で傍聴の許可もできる。民訴169条2項），文書の証拠調べ等一定の範囲で裁判所のできる訴訟行為の範囲が拡大され（民訴170条・171条），電話会議システムの利用も可能となった（当事者の一方が出席した場合に限られる。民訴170条3項。なお170条5項）。手続の主宰者は，受訴裁判所の他は，合議体を構成する受命裁判官だけとなり，左陪席の経験の浅い裁判官でも難件では合議体でバックアップすべく，現行法より狭まった。この手続は，当事者の意見を聴いたうえで，決定によって付され（民訴168条），この決定は当事者双方の申立てにより取り消される（民訴172条）もので，旧準備手続に比べ，当事者の意向が重視されている。当事者双方の立ち会うことのできる期日で行なう（民訴169条）ものとされているのは，旧法下でなされていた「弁論兼和解」（争点整理とも和解ともつかぬ手続を，場合によっては交互面接方式で行なっていた。本書「訴訟上

の和解」の項参照）への弁護士側からの危惧，すなわち，一部で相手方当事者の立ち会いがないところで裁判所が職権的に争点や証拠の整理を押しつけているのでは，という疑念から，対席を保障すべく挿入されたものである。裁判所は，準備的口頭弁論同様，手続の終結にあたり，その後の証拠調べで証明すべき事実を当事者と確認することになっている（民訴170条6項・171条2項）。

(c) **書面による準備手続**（民訴175条以下）　当事者・代理人が遠隔地に居住しているような場面で，当事者の出頭なしに電話会議システムを利用しながら（民訴176条3項），「期日」ならぬ「協議の日時」に（民訴規91条），書面の交換だけで争点を整理できる手続である（民訴175条）。単なる書面交換だけでなく，電話会議システムによる協議を併せて，争点整理の実効を挙げようとしている。実際上は，ファックスのやりとりと電話会議システムの活用が予想される（弁論準備手続や進行協議期日と異なり，当事者の双方が出頭していない場面が想定されている）。手続の主宰者は，裁判長と，高等裁判所の場合にはキャリアがあるので受命裁判官でも可能となっており（民訴176条1項），この手続の終了後の口頭弁論期日で証明すべき事実の確認が裁判所・当事者間でなされる（民訴177条。要約書面の陳述の場合もある。民訴176条による民訴165条2項の準用）。

(d) **進行協議期日**（民訴規95条以下）　立法作業では，上記の三種の争点や証拠の整理手続よりも簡易な争点整理手続として構想されていたが，単に手続の進行に関する打ち合わせの期日として純化され，規則事項にされた経緯をもつ。テクノロジーに関する説明会や，大規模訴訟における審理計画の策定（民訴規165条）などが想定されているが，「証拠調べと争点との関係の確認」のほか，訴えの取下げ，請求の放棄・認諾も可能である（民訴規95条1項・2項）。和解については進行協議期日の款では規定がないが，実際上は現地を検分（民訴規97条）した上での現地和解に利用されるものとみられる（民訴規32条2項）。

　なお，これらの争点および証拠の整理手続とその後に続く口頭弁論を貫く訴訟法原則として，口頭弁論の終結に至るまで攻撃防御方法を提出できた「随時提出主義」を廃し，訴訟の進行状況に応じ適切な時期に提出すべしとする「適時提出主義」も新しく規定された（民訴

156条。詳しくは，勅使川原和彦「適時提出主義」三宅＝塩崎＝小林編『新民事訴訟法大系第二巻』（青林書院，1997年）385頁以下参照）。争点整理手続との関係では，準備手続の失権効（旧民訴255条）に代えて，従来通りの「時機に後れた攻撃防御方法の提出の却下」（民訴157条）に加え，各争点整理手続終了後の新たな提出に関する「説明義務」を新設した（民訴167条・174条・178条・298条2項で控訴審でも準用）。相手方が求めれば，「後出し」の理由を説明させ，説得的な説明ができなければ，民訴157条による却下を導きやすくしようというもので，間接的な「適時提出」へのプレッシャーとなることを期待したものである。

（3）こうして，争点や証拠が，間接事実レベルや証拠評価レベルまで整理され，争点に関する共通認識が裁判所と両当事者の三者間で共通に認識されると，いよいよ新しく規定された集中証拠調べ（民訴182条）に入ることになる（最も進んだ実務家の文献として，西口元「集中証拠調べ」早法74巻4号824頁参照）。それは一般に，「充分な争点及び証拠の整理を終了した後で」「当事者，裁判所が何が重要な争点かについて共通の認識に立った上で」「必要な人証の取調べを一回又は比較的短期の間隔を置いた二，三回の期日に集中して実施する証拠調べの方法」をいう，とされる（司法研修所編『民事訴訟の新しい審理方法に関する研究』（法曹会，1996年）133頁。但し，短期間に集中するとはいえ期日を異にする場合には，人証の供述間の矛盾を明確にしやすくするというメリットは後退する）。

集中審理の要諦は，実はこの集中証拠調べ（内実は，集中「人証」調べ）である。争点整理手続の整備も証拠収集方法の拡充も，この集中証拠調べの前提づくりのためにある。証拠調べ手続そのものも集約化して，能率と公正さとより適正な真実発見と「国民にわかりやすい裁判」を獲得しようとするものである。期日毎の記録の検討の繰り返しや重複した尋問を改め，記録による裁判に代えて，真相を解明しやすく心証もとりやすいうえ，審理も迅速化するというメリットがそこに求められている。

II 問題点

1 新法施行後1年半を経て，各地の実務状況がシンポジウム等で報告さ

れるようになってきた（例えば、「新民事訴訟法施行一年を振り返る」判タ998〜1000号、「特集・新民事訴訟法施行１年の回顧と展望」判タ1007号等）。そうした報告によると、訴状の充実は、一定程度成果を挙げているようであるし、提出もある程度前倒しになってきているようであるし、書証の添付も増えているようである。ただし、当事者が送達を受けて期日を指定されてから弁護士に駆け込むことの多い被告側は、代理人受任後、期日まで間がないこともあって、（当事者に準備能力があるとか事前交渉に弁護士が関わっているといった場合を除いて）充実した答弁書が出されることは多くない。そこで第一回期日を延期しても、結局充実した答弁書が提出されず時間が延びただけ、ということも少なくないので、従来通りの「形式的」答弁書と期日での口頭での補充で済ますという扱いがなされているようである。新設された調書判決の制度（民訴254条）は非常に活用されており、原告から提出された訴状の写しの引用などで、省力化が図られている。当事者照会については、不当な回答拒否に対する制裁がないことに弁護士サイドが不満を抱いているようであるが、裁判所は関知しないという立場であり、有効回答が得られないケースも多く未だ揺籃期といった観がある。期日外釈明については、ファックスの当事者双方への同時送信や送信記録により、裁判所の中立性・透明性の確保が要請されている。

② 争点整理手続については、第一回期日で顔合わせと事件の振り分けをした後、第二回から利用されているが、準備的口頭弁論と違って開廷日と無関係に行える点からか、弁論準備手続がほとんどである（準備的口頭弁論については、通常の口頭弁論でまかなえてしまうという面もある）。電話会議のような便利なシステムの利用は進んでいるが、争点の共通認識のための、弁論準備手続後の結果陳述はあまり励行されていない（代理人弁護士側からは、すでにわかっていることを繰り返したくないという側面と、不利な点はわざわざクリアにせずぼかしておきたいという本音が漏れている）。陳述書を出す機会が増えた点については、生の事実をつきあわせて争点整理に使う段階と、人証調べに入る前に一種の尋問事項書（民訴規107条）のような供述事前開示機能を果たさせるために用いる段階があり、準備書面と陳述書と尋問事項書の機能の重複が見られる（実際には、尋問事項書より陳述書の方がはるかに利用されている。いずれにしても、反対尋問の準備のためにある程度網羅的な内容が必要であろう）。証拠説明書はよく提出されているが、必ずしも書証の申

し出の度ごとに提出されておらず，遅れて一括提出している例も少なくない（書証だと裁判所の方でも比較的安易に受け取ってしまうために，立証趣旨を吟味する必要性を代理人弁護士が余り感じられない，という指摘もある）。

　3　集中証拠調べに関しては，多数の人証調べを同一期日に実施しようとすれば，自ずと一つの尋問時間は凝縮されざるをえない（民訴規106条は，証人尋問の見込み時間の明示を要求する）。また従来珍しくなかった人証調べ当日の書証等の証拠の提出は，相手方準備のための期日の続行を強いられ，アンフェアかつ期日の無駄遣いとなるから，証拠の事前提出も必須であるが（民訴規102条），実際には，新争点の作出ではなくすでに整理された争点についての主張を補強するための付随的な書証が，尋問直前の最終的な打ち合わせで出てきてしまうために，当日提出も依然なされている（その場合，口頭で内容の説明をさせる運用で対応しているという報告もある）。その他，事前の入念な打ち合わせ（場合により立証プランの作成）や，供述間の矛盾を明らかにするための集中人証調べであるから，人証全員の出頭確保は，当事者・代理人による（民訴規109条）のみならず書記官によっても行なうといった工夫も不可欠である。加えて，供述間の矛盾の発見のために，集中証拠調べの方法として，在廷尋問（民訴規120条），対質（民訴規118条・126条）等の活用が考えられている。

III　展　望

　未だ新法改正から日が浅く，上記に述べた以外にも種々の問題点が報告されているが，そのほとんどは旧法下の五月雨式審理の習慣を維持することから生じているものであり，弁護士サイドの自覚的な改善はもちろん必要である。ただ，依頼人の利害を背負い，日々多種の仕事に忙殺される代理人弁護士にも限界はあり，新法の理念を具体化して，「充実させれば勝ち負けを左右する」「きちんと提出すれば有利になる」といったことを，裁判所サイドから手続のいろいろな場面である程度明確に示せば，代理人弁護士サイドでも敏感に反応する，と弁護士自身が言うように，健全な手続慣習の形成に裁判所として一役買うことも必要であろう。新法の理念は，法の規定それ自体を墨守することにあるのではなく，例えば前述した実務の工夫，すなわち書面が事前に提出されないなら，提出の時点で口頭で内容をわかりやすく説明

III 民事訴訟法編

するなど，本来の「口頭」弁論に立ち返って実現することでも，具体化できる。プロの法曹として，「法律家ギルド内で相身互いによくわかる」のではなく，「市民にわかりやすい」「市民のための」適正・迅速な手続を適宜工夫できればよいのである。

かつて訴訟法改正は，改正直後だけ効果があって，あとはすぐ元通りという歴史であったとされる。集中審理は，確実に市民の迅速な権利保護にかなうものであり，司法への信頼をこれ以上失わないためにも，後戻りは許されない。

◇ 参考文献

集中審理は，迅速性のためばかりでなく，適正な裁判のために行なわれるものである。そのために，専門的知識の必要な事件では，専門家の活用も考えられている。小山稔「争点整理手法と争点の確認」西口元編『現代裁判法大系13・民事訴訟』（新日本法規，1998年）182頁以下，西口元「民事訴訟における専門家の関わり」『民事訴訟制度の一側面（内田武吉先生古稀祝賀論文集）』（成文堂，1999年）167頁参照。

集中審理の実現は，先般の民訴法改正の目玉であり，改正作業以前からの実務的努力，理論的裏付けについて，論稿は多数ある。新民訴法の代表的研究書として，三宅＝塩崎＝小林編『新民事訴訟法大系』（青林書院，1997年），加藤＝園尾＝柳田＝塚原編『新民事訴訟法の理論と実務』（ぎょうせい，1997年），竹下守夫編集代表『講座新民事訴訟法』（弘文堂，1998年・1999年）というシリーズものがあるが，論点の網羅という意味では，「ジュリスト」誌での研究会の連載を一冊にまとめた竹下＝青山＝伊藤編『ジュリスト増刊／研究会・新民事訴訟法―立法・解釈・運用』（有斐閣，1999年）が，最も簡便にして有用である。また個々の改正点について，立法担当者の見解を探るためには，法務省民事局参事官室編『一問一答　新民事訴訟法』（商事法務研究会，1999年）が有益である。新法施行後の各地の運用状況については，判例時報・判例タイムズといった判例雑誌に，よく報告が掲載されているので，目を通すとよい。

なお，陪審制をとる英米においては徹底した集中審理が行われるが，その点に関しては，本書憲法編「4　陪審制・参審制」において関連問題についての指摘がある。あわせて参照していただきたい。

6 訴訟における情報の収集
——文書提出命令・当事者照会を中心に

［西川佳代］

I 現状分析

　情報の収集は，二当事者対立構造を基本とする民事訴訟手続において訴訟の勝敗を握る重要な問題であると考えられている。この考え方の背後には両当事者が対等な力をもち，互角に戦えるという前提がある。しかし，いわゆる現代型訴訟においては「証拠の構造的偏在」といった言葉で表されるように，そもそも訴訟外での当事者の立場に不平等が存在し，その不平等な立場のまま訴訟においては「平等な」当事者として戦うことを要請されることになるという問題が指摘されていた。

　他方，平成民事訴訟法改正において五月雨型審理の反省から取り入れられた集中審理の実践のためには，争点整理手続とともに証拠をはじめとする情報の収集がよりいっそう重要となる。

　そこで新民事訴訟法は情報収集手段として，従来，証拠の偏在の是正手段として実務上活用されてきた文書提出命令制度を強化すると同時に当事者照会制度を新設したのである。

　1 文書提出命令の強化　当事者は相手方や第三者が所持する書証の提出を命ずることを裁判所に申し立てることができる。これが文書提出命令制度であり，従来，わが国では証拠の偏在を是正する手段のひとつとして重要な機能を果たしてきた。

　新民事訴訟法は文書提出命令制度につき，提出義務の拡大，提出命令の申立方法の緩和と審理手続，および提出命令違反の場合の罰則の強化，の3点にわたって手当を施した。

（1）文書提出義務

III 民事訴訟法編

　旧法においては，文書提出義務の範囲については制限列挙主義が採られていた。旧法312条では引用文書（1号），引渡・閲覧請求権のある文書（2号），利益文書（3号前段）および法律関係文書（3号後段）に限って提出義務を認めていたのである。証人義務が一般的な義務として規定されていたことに対して，文書提出義務が所定の事由がある場合に限って認められる特別かつ限定的な義務であったのは，文書が所有権の対象であることからその提出の強制が所有権侵害につながりかねないことや，文書の記載内容が不可分であり当該証明に不要な部分まで公開されることなど所持者への影響が大きいという文書それ自体の性質によるものであった。

　1960年代頃から，いわゆる現代型訴訟の隆盛にともなって文書提出義務に関する判例は増大してくる。公害訴訟，薬害訴訟，環境訴訟，医療過誤訴訟，行政訴訟など，証拠がそもそも国や大企業など一方当事者に偏在していると考えられる事件においては，この文書提出命令の申立てが相手方や第三者の所持する文書を公表させたり証拠として利用するための手段として使われたのである（特に3号の利益文書と法律関係文書）。

　学説はこのような傾向に対して，証拠の偏在を是正し当事者の実質的平等を実現する，あるいは実体的な真実を発見するといった制度目的論的観点から文書提出義務の範囲を拡張することに積極的であったが，実務側は制限列挙主義をとる旧法の建前や義務範囲が不明確となることを憂慮して拡張に消極的な立場をとるものもあった。

　実際の決定例においても拡張傾向はあるものの，同種の文書に対して提出命令を発令するか否かにつき裁判所による立場の違いも散見され，文書の種類によって発令基準を画するアプローチの限界を示していたようにも思われる（旧法時の学説・決定例を整理しつつ，訴訟外の行為規範を反映することにより文書提出義務の動的把握を試みるものとして，佐藤彰一「文書提出命令」竹下＝石川編『講座民事訴訟5』（弘文堂，1983年）271頁）。

　新民訴法220条は1号ないし3号において，旧法時から提出義務を認められていた四つの範疇の文書について提出義務を認めつつ，新たに4号において三つの除外事由に該当しない場合には一般的提出義務を認めることとした。三つの除外事由とはすなわち，㋑文書の所持者又は文書の所持者と196条各号に掲げる関係を有するものについての同条に規定する事項が記載されている文書（刑事訴追・名誉毀損文書），㋺197条1項2号に規定する事実又は同

項3号に規定する事項で，黙秘の義務が免除されていないものが記載されている文書（技術・職業上の秘密文書），ⓒもっぱら文書の所持者の利用に供するための文書（自己使用文書又は内部文書）である。

(2) 発 令 手 続

次に旧法では文書提出命令の申立手続については，文書の表示（文書の標目，作成者，種別，作成日付など文書を特定するのに必要な事項とされる），趣旨（文書に記載されている内容の概略などを意味する）などを明らかにしなければならないとされていた（旧法313条）。しかし証拠の偏在が見られるケースにおいては，申立人が当該文書の作成過程に関与していないことが多く，そもそも文書の表示や趣旨を明らかにすること自体難しい。そのため，このようなケースについては，必ずしも文書を具体的に特定していない場合であっても文書提出命令の申立てを適法と認める決定例が出されており，学説もこのような傾向を支持する見解が有力であった。

そこで新民事訴訟法では，文書の表示と文書の趣旨の明示を要求する従来の規定を維持しつつ（221条1項），文書の表示と趣旨の明示が著しく困難であるときは，文書の識別ができる事項を明らかにすれば足り，この場合においては裁判所は文書の所持者にそれらについて明らかにするよう求めることとされ（222条），文書の特定要件が緩和された。

他方，4号文書については，当事者と対象文書との間の特別の関係を問わない一般義務を規定するものであるため，申立人自身が自ら証拠を収集して提出できる場合にまでその努力をせずに文書提出命令に頼ることがないよう，書証の申出を文書提出命令の申立てによってする必要がある場合でなければすることができないとした（221条2項）。

発令は決定でできるが，このとき，文書に取調べる必要がないと認める部分または提出の義務があると認めることができない部分があるときは，その部分を除いて提出を命ずることができることとなった（223条1項）。この場合，裁判所は提出義務の存否の審理を当該文書をみることなく行うのであるが，220条4号の一般義務の除外事由にあたるかどうかを判断する際には，申立人には閲覧させずに裁判所だけが文書を閲読した上で審理できる手続も設けられた（イン・カメラ手続。223条3項）。

(3) 違反の効果

文書提出命令違反の効果について旧法316条は，裁判所は文書に関する相

III　民事訴訟法編

手方の主張を真実と認めることができるとしていた。この「相手方の主張」が何を指すのかについては，通説によれば当該文書の性質・記載内容に関する相手方の主張をいうにとどまり，その文書によって証明しようとした事実そのものについての主張を指すものではないとしていた。すなわち，不提出の場合，当該文書が申立人の主張通りの性質・内容を有しているとみなし，そのような文書が提出されたものとして証拠調べ手続を続行させるという考え方である。

しかしこの考え方では，結局，申立人が申立手続において文書の内容を明示できなければ意味がなく，提出義務範囲や申立方式が緩やかに解される傾向にあったとしても，実質上の効果はほとんど期待されない。そこで，このような伝統的解釈に対し，不提出の効果として証明主題自体を真実とみるとする有力説も出ていた（竹下守夫「模索的証明と文書提出命令違反の効果」吉川追悼『手続法の理論と実践〔下〕』（法律文化社，1981年）163頁以下）。

そこで新民事訴訟法は，当事者が提出命令に従わない場合の法的効果として従来の規定に加え，当該文書の記載に関して具体的な主張をすること及び当該文書により証明すべき事実を他の証拠により証明することが著しく困難であるときに限って，その事実に関する相手方の主張を真実と認めることができることとした（224条3項）。また，命令違反の過料は20万円以下となり，従来の10万円以下よりも引き上げられている（225条1項）。

　②　**当事者照会制度の新設**　　文書提出命令と同様に相手方当事者からの情報収集をはかる手続として，新民事訴訟法は当事者照会制度（163条）を新設した。これは訴訟の係属後に，当事者が裁判所を介さずに直接相手方当事者に対して主張又は立証を準備するために必要な事項についての質問書を送付し，相手方からの書面による回答によって情報を得るという手続である。

弁護士会側からアメリカのdiscoveryを参考とした立法提案がいくつか存在した中で，この当事者照会は質問書（interrogatory）に似た制度として設計された。当初は証拠収集手続のひとつとされていたが最終的には「第2章　口頭弁論及びその準備」に位置づけられ，証拠のみならず広く情報を獲得する手段としての効果が期待されている。しかし他方で，回答拒絶の場合に制裁がないことなどから実効性を疑問視する声もある。

従来は相手方の手中にある情報を知りたいと考える場合，裁判所に対し求問権により釈明を求めるという裁判所を介した情報収集方法が存在していた。

今回の民事訴訟法改正ではさらに期日外の求問権も認められたが，これらとは別に当事者照会制度ができたことにより，これまで実務で行われてきた内容証明郵便による質問のやりとりをこえて，訴訟外での当事者間の自律的なやりとりによって当事者相互の紛争イメージの確認などが行われることが期待される。制裁規定の不存在も，広く当事者照会が利用され，今後，実務慣行が成立することを促すものとして積極的に評価することができよう。

II 問題点

　文書提出命令については，1991年の「民事訴訟手続に関する検討事項」や1993年の「民事訴訟手続に関する改正要綱試案」「民事訴訟手続に関する改正要項試案補足説明」において，証言拒絶事由と同様の事由がある場合を除いて提出義務を負うものとするという一般義務的な方向での考え方と，旧法312条1号ないし3号までの限定義務的文書とその拡張という考え方の二方向が示されていた。これに関しては，文書提出命令を申し立てられる側に立つと考えられる経済界などが一般義務化に反対していたこともあり，結局のところ，旧法の制限列挙的な規定（220条1号ないし3号）と一般義務的規定（同4号）を同一条文の中に併記するという折衷的な形となっている。

　そのため，これをめぐっては解釈上の問題が指摘されている。たとえば，従来，利益文書および法律関係文書を拡張解釈するという形で提出義務が認められてきた文書については，今後も同様に，利益文書・法律関係文書として提出義務が認められるのか，それとも4号が設置されたので4号にあたるとして提出が認められるのかという問題が存在する。この点については，今のところ3号の拡張は4号がなかった旧法時代の解釈であり4号が規定された以上個別規定の方は本来の読み方に戻すべきものであるという意見が多数を占める。もっとも実務上は「3号または4号文書」として申立てるか，「4号文書」として申し立てることになり問題は生じにくいとの見解も示されている（上野泰男「文書提出義務の範囲」松本=宮崎編『講座新民事訴訟法II』（弘文堂，1999年）33頁以下）。

　次に，4号の除外規定が個別規定にも適用があるのかといった点が問題となる。

　従来，文書提出義務は裁判所の審理に協力すべき公法上の義務という点で

は証人義務と同じ性格の義務であることから文書提出義務についても証言拒絶権に関する規定が類推適用されるとするのが一般的な見解であった。これに対して新法は4号にのみ証言拒絶事由が記載された文書につき提出義務を免除することを明文化したが、1ないし3号文書に関してはこのような規定をおいていない。

そこで、従来の解釈がそのまま維持され、1号ないし3号文書についても証言拒絶事由が記載されている場合には、文書提出義務が免除されるのか、免除されるとすれば、それは従来どおり証言拒絶権に関する規定が類推適用されると解するのか、それとも4号に新設された除外規定が類推適用されるのかということが問題となる。

これについては文理解釈からすれば、3号文書については文書提出義務の除外を認めないと解するのが自然であるという指摘もあるが、元来、法律関係文書や利益文書が拡張解釈を受けなければ証言拒絶権に関する規定による抑制を考える必要がなかったという点を考慮すれば、今後3号文書がどのようなものとして扱われるかにこの解釈は依存するとも考えられるだろう。

さらに、旧法下で利益文書・法律関係文書の拡張的解釈を抑制する概念として展開してきた「自己使用文書」が新法では4号の一般義務の例外として規定されたことにより、従来の「自己使用文書」概念との違いやその根拠など、新たな検討課題が残ることとなった。

すでに銀行の貸出稟議書については自己使用文書性を認め提出義務を否定する最高裁決定が出ており（最二小決平11・11・12）、これは旧法下の裁判例の方向性と合致しているといえよう。しかしながら、最高裁は民訴法220条4号ハ所定の「専ら文書の所持者の利用に供するための文書」に当たる以上「民訴法220条3号後段の文書に該当しないことは言うまでもない」とするなど、3号と4号の関係や自己使用文書概念が妥当する範囲については依然として不明確なままである。

III 展　望

情報の収集をめぐる問題を考えるにあたっては、トータルにみて新法がどのような態度をとったと考えられるかが重要なポイントとなるだろう。

たとえば情報収集手段としての当事者照会制度を民訴法2条の「訴訟遂行

協力義務」に基づくものと考え，実効性の確保のために訴訟費用負担などによる制裁を構想する立場がある（たとえば松村和德『新民事訴訟法ノートⅠ』（成文堂，1998年）74頁以下。なお，2条を「古典的弁論主義からの転換」とするのは，後掲『研究会・新民事訴訟法』21-22頁［伊藤発言］）。また，文書提出命令制度の拡充も，真実発見あるいは武器対等実現のために，当事者の地位の不均衡や証拠の偏在を是正する一般義務化であると捉える考え方もある（たとえば松本博之「民事証拠法の領域における武器対等の原則」前掲講座新民訴Ⅱ1頁以下）。

　これに対して，流動的で発展的な当事者間の関係の中で，「いま当事者の一方が相手方に何を求めることができ，相手方はどのような行動選択ができるかを，当事者間のこれから先の対等で公正な関係づけのあり方をみすえて考究していこうとする」観点から文書提出義務を一般義務と捉えることを否定する考え方がある。ここでは当事者照会における訴訟外での質問と回答という相互作用も訴訟手続の一環として展開されているのであり，裁判内での当事者間の主張・立証の具体的分配と同質であるとし当事者照会によるやりとりの結果は，以後の裁判内手続としての主張・立証の負担分配に影響していくとして，あくまでも訴訟内外で一貫した当事者間の状況関係的かつミクロな行動負担分配を追求しようとするのである（井上治典「民事訴訟における手続保障」民訴法の争点〔第3版〕（有斐閣，1998年））。

　前者に対しては，なぜ対立する当事者が訴訟の場面では協力しあわねばならないのか，また，なぜ訴訟外では存在するとされる格差が訴訟において是正されることになるのかといった素朴な疑問がどうしても残る。後者に対しては，肝心のミクロかつ動態的な行動負担分配がなされるメカニズムが不明確である点が指摘できよう。

　民事訴訟における情報の収集の問題を考えるにあたっては，社会的に見ても情報公開の風潮が高まりインターネット等の普及で情報へのアクセスおよび情報の発信が容易になった現在，訴訟が証拠の構造的偏在是正の頼みの綱となっていた時代とは多少状況が異なってきていることを視野にいれておかなければならないのではないだろうか。また，訴訟外での当事者の立場も，そもそも「対等」という理念では間に合わず，「強者－弱者」という固定的枠組みでも把握できない流動的なものであるということが認識されねばなるまい。新民事訴訟法が弁論主義から訣別しようとしているのか，あるいはミ

III 民事訴訟法編

クロな当事者間の行動負担の分配に開かれていると考えるのか，もう一度現代社会における訴訟の機能や裁判所の役割自体の検討に立ち返って考えねばならないと思われる。

◇ 参考文献

文書提出命令に関する立法経過と問題点については，竹下守夫＝青山善充＝伊藤眞ほか『研究会・新民事訴訟法 ― 立法・解釈・運用』（有斐閣，1999年）273頁以下参照。

証拠収集に関する新法の概説としては，竹下守夫「新民事訴訟法と証拠収集制度」法学教室196号（1997年）6頁，佐藤彰一「証拠収集」法時845号（1996年）15頁，田原睦夫「文書提出命令」民訴法の争点（有斐閣，1999年）220頁以下。

自己使用文書の問題に関しては，伊藤眞「文書提出義務と自己使用文書の意義 ― 民事訴訟における情報提供義務の限界」法協114巻12号（1997年）2頁。

なお，公務文書について政府原案は一般義務の対象としつつも「公務員の職務上の秘密に関する文書でその提出について当該監督官庁が承認しないもの」を除外事由とし，裁判所は必要があると認めるときはこの承認をするかどうかについて監督官庁に意見照会をしなければならないとされていた。これらの点につき政府情報の公開との関係で国会は紛糾し，最終的には公務文書は220条4号において公務文書を一般義務の対象から除外した上で，附則27条において情報公開法の制定作業と並行して再度立法作業を行うこととされた。これを受けて，1998年4月「民事訴訟法の一部を改正する法律案」が上程されるに到っている。なお，ここでの問題は，本書憲法編「2 裁判の公開」および行政法編「11 司法国家制と行政訴訟制度改革」での議論にも関連する。あわせて参照していただきたい。

7 訴訟上の和解

［勅使川原和彦］

I 現状分析

1 訴訟上の和解の機能 裁判官の間で「和解判事となるなかれ」と戒められていた時代はとうに終わり，和解は，訴訟手続を経由した紛争解決の上でも重要な機能を果たすようになっている（草野芳郎「訴訟上の和解についての裁判官の和解観の変遷とあるべき和解運営の模索」判タ704号28頁以下参照）。1998年の司法統計年報によれば，地方裁判所における民事第一審通常訴訟既済事件数156,683件のうち，判決によって終局したもの79,632件（うち当事者対席のものは，46,913件）に対して，和解によるものは50,102件であり，当事者が欠席して事実上訴訟追行を放棄している場合を除くと，むしろ和解によって第一審手続が終了するほうが多いということになる。

訴訟上の和解のメリットは，当事者にとっては，判決のようなオール・オア・ナッシングな解決ではなく実情に即した柔軟な解決，しかもその後に連なる上訴のような手続を原則として予定しないため，最終的な解決を，比較的迅速に手に入れられ，債務者に自発的な履行が期待できる点があり，それに対して，裁判所側にとっては，実情に即した柔軟な解決を提示でき，事件処理において省力化がはかれるほか（草野芳郎『和解技術論』（信山社，1995年）10頁以下参照），下級審で事件処理に当たる裁判官にとっては上訴で覆される恐れがないという点も心理的なメリットではあろう。

2 和解の方法 いつでも和解は勧試できるし（民訴89条），裁判所（または受命・受託裁判官）は，和解のために当事者・法定代理人の出頭を命令することができ（民訴規32条1項），成立した和解を調書に記載すると，確定判決と同一の効力を有する（民訴267条）。

III 民事訴訟法編

　和解期日には，相手方に弱みを見せられないという事情を考慮して，一般に双方当事者を対席させず，交互に裁判官と話し合う交互面接方式がとられる。相手方当事者のいない席では，できる限り自分の方に有利に裁判官の事実上の心証を引きつけようと，「ここだけの話ですが」的な本音も含め，相手方がいないからこそできる主張をすることがある（裁判官の側では，双方対席でない場面で心証は採らない，と言うが，代理人弁護士側では当然採られていると考えている）。交互面接方式ではフェアネスに疑問が生じるという理由から，和解も常に双方対席を原則とするという裁判官もいるが（例えば西口元「争点整理の原点に立ち返って」判タ915号59頁），少数派とされる。

　旧法下では，準備手続が避けられ，形骸化した口頭弁論では実質的な争点整理ができなかったため（本書「集中審理」の項参照），非公開の準備室等で，非開廷日に期日が入り，準備書面の陳述・証拠の提出・書証の取調べをしながら，膝をつき合わせた議論が行われる「弁論兼和解」が多用されるに至った（草野芳郎「和解」加藤新太郎ほか編『新民事訴訟法の理論と実務（下）』（ぎょうせい，1997年）163頁以下参照）。この弁論兼和解は，弁論期日と和解期日をない交ぜにしたインフォーマルな手続であったため，和解が成立しなかった場合にも，改めて弁論期日を指定して弁論の終結をせず，弁論兼和解期日で和解をうち切り，即弁論を終結をして判決言渡期日の指定に入れ，事件の早期解決を図れるというメリットもあったとされる。しかし，本来は口頭弁論でなされるべきものが和解期日に行われるという構造が，公開・双方対席・書記官の立ち会いといった手続の透明性を奪い，手続の公正さに対する疑念，裁判所による和解の押しつけにつながっているという危惧を生み出すことになった。こうした法の根拠を持たない非正規の便宜的手続は，旧・準備手続の不都合を是正した，争点整理手続の整備によって，その使命を一応終えることが意図された。

　また，境界紛争・建築物の瑕疵をめぐる紛争で，現場で状況を確認しながら和解協議をする有益性，病気で出頭できない当事者のためにその当事者のいる場所で和解に向けた協議をする必要性から，旧法下で事実上行われていた裁判所外での和解，いわゆる「現地和解」が，今次の民訴法改正で法文上の根拠を与えられた（民訴規32条2項。これにより裁判官・書記官の旅費日当の負担の問題が回避される。民訴費2条4号）。調停ではすでに同種の規定がある（民調規9条，家審規132条）。

II 問題点

1 「弁論準備手続兼和解」 弁論兼和解は，争点整理手続の整備によって，本来はその存在意義を失うはずであるが，消滅させたはずの「弁論兼和解」が，実際には「弁論準備手続兼和解」となって相変わらず行われているという報告がある。弁論準備期日としていながら，実質は主張の整理を和解期日のようにやる例があるとされ，そこで一方当事者を退席させてなされる「ここだけの話ですが」といった主張が争点整理に用いられてしまう，という恐れも残ってしまっている。争点整理のために双方対席の弁論準備手続をして心証をとっているときに，並行的に和解の気運が高まり和解手続を行なうということは実際上やむを得ない（なお，電話会議システムを用いて和解を成立させることはできない。民訴170条5項）。ただし，手続の透明性といった視点からは，その場合でも和解期日に切り替えて交互面接に入り，そこで出た法律上意味のある主張については，双方対席の弁論準備期日に戻ったときには改めて確認するとか，和解も双方対席で行なうといったように，心証形成手続・双方対席が必要な手続と，そうでない手続との明確な区別が要請される。

2 新法で付け加えられた二つの和解の問題点

(1) 「和解条項案の書面による受諾」

今次の改正で，当事者が，遠隔地に居住しているなど出頭が困難と認められる場合には，①その当事者が予め裁判所（または受命・受託裁判官）から提示された和解条項案を受諾する旨の書面を提出し，②他の当事者が口頭弁論等の期日（口頭弁論期日，和解期日又は弁論準備期日。民訴261条3項参照）に出頭して当該和解条項案を受諾したとき，は当事者間に和解が調ったものと見なされる，という制度が新設された（民訴264条。伊藤眞司会「研究会・新民事訴訟法をめぐって(20)」ジュリ1132号111頁以下，園部＝原「和解①──和解条項案の書面による受諾」三宅＝塩崎＝小林編『新民事訴訟法大系三巻』（青林書院，1997年）325頁以下参照）。家事調停の遺産分割事件における調停条項案の書面による受諾制度（家審21条の2）の制度を参考にしたとされるが，遺産分割の場合には，多数の相続人の出頭確保の困難という背景と，当事者の出頭の必要性の緩和への強い要請があり，本制度の新設された要請とは若干事情が異なる。しかしながら，両当事者の単なる「合意」以外に，両当事

者共が出頭して裁判所の面前でその合意内容を陳述しなければならないという要式性が要求されていた訴訟上の和解につき，当事者双方による出頭・陳述の必要性を緩和したものである。両当事者間の和解の合意の存在が，一方当事者の予めの「受諾書面」と，出頭した他方当事者の「受諾」で，確証されたととらえていることになるが，実は通常の訴訟上の和解と異なり，まず合意ありき，ではない。「受諾」そのものは，予めの「受諾書面」も出頭しての「受諾」も，常に裁判所に向けられている訴訟行為である。ただ，あとの（出頭しての）「受諾」が，予めの一方当事者からの和解の申込みに対する承諾（私法行為）でもあり，それと同時に実体法的にも和解契約成立となる（民526条2項）ものと考えられる。

　この制度は，利用の仕方にいろいろなバリエーションが考えられる。第1は，本来弁論準備手続期日でできない和解を，この制度でくぐり抜けるやり方である。すなわち，事前に裁判所が和解条項案を出頭しない相手方に示し，書面による受諾をとっておいて，弁論準備手続期日に出頭した当事者が受諾する，という和解である。これは，条文上，「口頭弁論等の期日」とされていることからも，すでに想定済の使用法である。第2は，双方不出頭の場面で，事前に条項案を示して一方当事者から受諾書面をとっておき，他方当事者が加われるところまで出かけて現地和解（民訴規32条2項）をする，というやり方も考えられる。これも条文の禁ずるところではない。第3は，裁判所の提示した和解条項案に不出頭当事者が，若干変更を加え，「条件付き受諾書面」を返してきた場面で，出頭当事者がそれを「受諾」した場合で，これは有効性につき争いがある。「条件付き受諾書面」は，全く別な和解条項案を不出頭当事者が出してきた場合と同様，裁判所に向けた受諾ではなく，新たな申込みであって（私法行為についてであるが民528条参照），それに出頭当事者が受諾をしても，私法上の和解契約の成立しか認められえない。そもそも付された「条件」が，真に受諾の意思を意味しているかが不明瞭であることもありうるので（本制度では出頭要件の緩和に伴い，当事者の真意の確認は慎重になされ，通常の受諾書面についてさえさらなる真意の確認が必要とされている。民訴規163条），この場合には，再度裁判所が和解条項案を提示し直し，それについて受諾書面を返してもらう，という手続を必要とすべきであろう。結局，本制度は，常に裁判所による和解条項案の提示が先行する，という限りで要式性を要求しているものとみるべきである。第4に，第三者

(利害関係人)が関与する場合に,この制度による和解は可能かという問題がある。この利害関係人が私法上の和解契約の当事者となることをも意味する場合があると考える立場では(勅使川原和彦「第三者のためにする契約と訴訟上の和解の効力の主体的範囲」中村英郎先生古稀『民事訴訟法学の新展開』(上)(成文堂,1996年)391頁以下参照),当該利害関係人が和解交渉にかなりの程度関与しており,内容的にも和解契約の当事者たる地位が合意されようとしているのであれば,最終段階で欠席したとしても,予めの「受諾書面」をもって本制度を適用することを肯定してもよいかと思われる。

(2) 「裁判所等が定める和解条項」

裁判所(または受命裁判官・受託裁判官)は,当事者の書面による「(裁判所の定める和解条項に服する旨の)共同の申立て」があれば,「事件の解決のために適当な」和解条項を定めることができ,和解条項の告知が当事者双方にされると和解が調ったものとされる(民訴265条。前掲「研究会⑳」124頁以下,吉田元子「和解②――裁判所等が定める和解条項」三宅ほか編『新民事訴訟法大系三巻』(青林書院,1997年)341頁以下参照)。従来の和解の概念をまったく覆す,和解「合意」内容を裁判官に委ねてしまう点で,形式的には仲裁に似た制度である。あまり利用されていないが,地代増額調停事件・商事調停事件・鉱害調停事件という専門性の高い事件において,事件の解決を最終的に(異議権を認めずに)専門家を交えた判断に委ねるべく,調停委員会の定める調停条項の制度があり(民調24条の3・31条・33条),これを参考にしながら,特に専門性を問わず,事件全般について裁判所に和解条項を裁定する権限を与えた新設制度である。

立法担当者の一人は「必ずしも当事者が了解するような結論が得られないかもしれない」と明言するが(「(座談会)新民事訴訟法及び新民事訴訟規則の運用について」『新民事訴訟法・同規則の運用と関係法律・規則の解説』(法曹会,1999年)372頁[柳田発言]),それが真に裁判官に全面的な内容策定を委ねる意思なら問題はないが,両当事者が「この範囲内で」和解条項の裁定を希望する,といった場合にそれを逸脱できる,という趣旨であるならば,非常に問題である。当事者がこの範囲でと言っているときにそれに従わない裁判官はいない,と一般に言われるが,それは事実上の話に過ぎない。あってはならないことだが,素人の当事者が,裁判官に「判決になってもどうせ同じですよ」と言われ,その後の時間と費用と精神的負担を考え,ここでの「共同

申立て」に応じ，裁判所は「白紙委任」を手に入れて上訴もされないという，実に裁判所にのみ都合のよい「押しつけ和解」制度に堕するおそれすらある。不服申立ての方途がない，裁判所による判断に，確定判決と同一の強行的な効果を付与することになる。通常の仲裁（公催仲裁786条以下）でも，調停に代わる決定（民調17条）でも，不服申立ての方途は保障されている（公催仲裁801条，民調18条）。この265条の「裁定」が，「裁判」であるなら，最終的には最高裁による審査を保障しなければ，憲法32条違反となるであろう。この規定が違憲無効でないとすれば，この「裁定」は，「裁判」ではなく（なお，憲法76条3項で「憲法と法律に」従うべき裁判官は，ここでは「善と衡平」に従った判断を行なう），当事者の「合意の補完」をする内部的な判断行為である（いわば時系列は前後するが，従来型の和解案の提示に近い），ということになる。当事者の「合意」の補完であるなら，当事者が補完を委ねた範囲の確認作業は制度内在的に要されよう（民訴規164条で必要とされている「当事者の意見の聴取」は，内容全部を白紙的に任せるのか，いかなる範囲で任せるのかを確認すべき作業と考えられる。前掲「研究会⒇」128頁［福田発言参照］）。その確認作業では，裁判所として裁定を行なう範囲を示すべきことになり（最高裁事務総局民事局監修『新しい民事訴訟の実務』109頁以下の運用例参照），それによって，告知前に当事者は「申立て」を無条件に取り下げるか（民訴265条4項），申立てを維持するかの判断材料を手に入れる手続を保障されることになる。

III 展望

　従来からある，訴訟上の和解の性質論（私法行為か訴訟行為か両行為併存か等），あるいは，和解の効力の性質論（既判力肯定説か否定説か等）は，新法においても立法的に決着がつけられたわけではない。ただ新法で新設された二つの制度については，当事者の「受諾」や裁判所の「裁定」の評価如何によって，議論が再び左右される余地があるし，それが従来型の和解の「合意」観に変容を来させる可能性がある。

　こうした学説上の展望とは別に，実務的には，新たな形で和解の謙抑論が登場していることに注目しておくべきであろう（例えば，那須弘平「謙抑的和解論」木川統一郎博士古稀『民事裁判の充実と促進（上）』（判例タイムズ社，

1994年）692頁）。裁判官側の和解に対する古めかしい箍が外れ，和解のメリット（特に裁判所にとってのメリット）が認識されるようになると，今度は逆に，当事者にとっては望ましからぬ和解が勧められるおそれが高まることにもなる。和解勧試も，当事者にしてみれば，後に同趣旨の「判決」が控えているという「脅迫」と受け取られかねない場面もあって，そうした運用は逆に，当事者の司法に対する信頼を害してしまうことになる。現実に，菅原郁夫助教授らによる和解の運用についての実態調査によれば，和解が当事者間の交渉の結果というより，和解交渉の理由としても成立理由としても，弁護士・裁判官からの勧めが最重要因子となっているし，この結果を踏まえての座談会では，和解の実情は「合意」ではなく裁判所の裁定案を受け入れるか否かである，とか「和解裁判」という言葉を素人である当事者が用いることがある，といった弁護士の発言がある（伊藤司会「〈座談会〉当事者本人から見た和解 ── 実態調査の結果を踏まえて」判タ1008号4頁）。同じ実態調査で，和解成立理由には「和解内容の公正さ」や「手続の公正さ」を挙げるものが比較的多かったという点から見ても，和解手続に，判決手続と比肩しうるほどの「両」当事者に対する公正さが，なおいっそう要求されよう。

◇ **参考文献**

和解の研究書としては，本文中にはいちいち掲げなかったが，後藤勇＝藤田耕三編『訴訟上の和解の理論と実務』（西神田編集室，1987年）が第1に挙げられる。書き手の多くが実務家なので，どちらかというと実務的な観点の論稿が並ぶが，和解の性質論から比較法，各種和解の特質等，訴訟上の和解の論点全般がほぼ網羅され，いずれも有益である。実務家側からは，和解が権道であると言われた時代からの転換点で，和解の有用性と発展的な利用法を扱った文献として，廣田尚久『和解と正義 ── 民事紛争解決の道しるべ』（自由国民社，1990年）や草野芳郎『和解技術論 ── 和解の基本原理』（信山社，1995年）がある。学者側からの研究書としては，やや古いが，石川明『訴訟上の和解の研究』（慶應義塾大学法学研究会叢書，1966年），同『民事調停と訴訟上の和解』（一粒社，1979年）が著名である。また，具体的事案に即して，合意内容から和解の効力を適切に生ぜしめるために和解条項をどのように記載すべきかを，実際に和解調書を作成する書記官側から検討したものとして，小川弘喜＝渡辺昭二『書記官事務を中心とした和解条項に関する実証的研究』（法曹会，1980年）が，権利の実現とい

III 民事訴訟法編

う視点から和解を考える上で有用である。

なお，訴訟上の和解の憲法的位置づけを検討する文献として，笹田栄司『裁判制度』第三章VI（信山社，1997年）がある。

8 現代型訴訟

[西川佳代]

I 現状分析

「現代型訴訟」の定義については、必ずしも一致した見解はない。そもそも紛争というものが、社会・経済の状況に大きく影響を受けるということを考えあわせるならば、現代社会において提起される訴訟は現代という時代を反映しているという意味ですべて現代型訴訟であると言うこともできるだろう。

例えば、住宅地におけるゴミ集積場の位置を輪番制にすることをめぐって争われた一般廃棄物排出差止訴訟も（東京高裁平8・2・28判時1575号54頁）、「昔なら考えられないこと」といった感覚で受けめられている（朝日新聞1996年4月1日朝刊「リポートかながわ」）。

しかしながらこのような近隣紛争が、民事訴訟法学において使われている「現代型訴訟」という言葉に含まれるかというとそこには些か違和感があるといわざるを得ない。定着した定義はないものの、それが指す性質については一定の了解があると考えられるのである。

現代型訴訟は、そもそも昭和40年代に生じた公害訴訟をきっかけとして認識されはじめ、大阪空港訴訟や名古屋新幹線訴訟などがその典型と考えられてきた。これらの特徴としては、原被告両当事者の互換性の喪失（原告となる損害を受けた多数の市民と被告となる国、公共団体、大企業など）とそれに由来する証拠の偏在、少額かつ拡散した係争利益、救済方法の不確定性、および過去だけではなく将来的な解決の要求などが挙げられ、民事訴訟理論としては証明論（証明責任の分配、証明度の軽減、間接反証、一応の推定、表見証明など）、文書提出命令や証拠保全といった証拠収集に関する議論、当事者適格論、将来的な救済方法の必要性とその執行可能性、さらには訴訟機能

自体の問題など多くの理論の展開を招いた。

　要するにそれらの訴訟では，従来の伝統的な訴訟制度・理論ではうまく処理しきれない問題が噴出したからこそ「伝統型」と対比して「現代型」と呼ばれたのであり，現代型訴訟を契機とした解釈論や立法論の展開を経た上で，新民事訴訟法は現代型訴訟に対し以下のような対応策を講じたのである。

　① **選定当事者制度**　まず，選定当事者制度については，従来，共同利益を有する多数者が訴え提起前に選定当事者を選定する場合と，これらの多数者が訴えを提起した後に選定当事者を選定する場合があったが，これでは共同の利益を有する者の一部が既に訴訟を追行している場合，その者に自分のためにも訴訟追行してもらうためには，いったん訴えを提起して弁論の併合を受け，選定行為をしなければならず，煩雑な手続が問題となっていた。そこで，新民事訴訟法は係属中の訴訟の原告または被告と共同の利益を有する第三者が，その原告または被告を選定当事者とすることもできるとし（民訴法30条），制度利用が容易になったと考えられる。クラスアクションや団体訴訟の導入とまでは至らず，また，選定者を募る方法などの整備について問題はなお残るが，今後は消費者訴訟などにおいて活発に利用されると考えられる。

　② **証拠収集手続**　次に，証拠収集手続についての拡充があげられる。

　現代型訴訟においては，しばしば「一般市民たる原告」対「大企業や国といった被告」というように原告と被告の間の互換性の喪失現象がみられた。伝統型の訴訟が，原告，被告両者とも一般市民たる個人をモデルとし，その交渉力が対等であるがゆえに訴訟においても平等に取り扱うことが想定されていたのに対し，現代型訴訟の場合，そもそも経済的にも証拠収集能力にも格差があり対等とは言えない個人当事者と組織当事者を同じ土俵で勝負させること自体が問題となるわけである。特に公害訴訟，環境訴訟などで，被害者たる原告が証明責任を負う事実に関する証拠を，そもそも被告企業等，相手方が一方的に集中して保持しているような場合は，「証拠の構造的偏在」と呼ばれていた。このような状況を是正し実質的な武器対等を図ると同時に，新法で取り入れられる争点中心審理を実現するための方策として，証拠収集手続の拡充は改革の中心のひとつとされたのである。

　具体的には，訴訟の係属中，相手方に対し主張または立証を準備するために必要な事項について，相当の期間を定めて書面で回答するよう照会するこ

8 現代型訴訟

とができる当事者照会制度（民訴法163条）の新設と，文書提出義務の一般義務化やインカメラ手続，文書の特定のための手続の新設および文書提出命令違反に対する制裁の強化などの文書提出命令制度の拡充があげられる（民訴法220条～224条）。

③ **定期金賠償判決の変更を求める訴え，損害賠償額の裁量的認定** 現代型訴訟はしばしば不法行為に基づく損害賠償請求訴訟の体裁をとるが，現代型訴訟に限らず一般に損害賠償のケースでは，将来の得べかりし利益も含めて賠償する一時金賠償方式が採用されてきた。定期金賠償にした場合，加害者側は一時の賠償により経済的に破綻するのをさけることができ，被害者側は長期にわたる生活の安定が保障されるというメリットが考えられるものの，その後の賃金・物価水準，当事者の財産状態，生活費などの損害額算定の基準となる事情，および身体障害を伴うケースにおいては障害の予後，潜在的後遺症の有無，将来の加療・介護の要否，不法行為の継続性など不法行為自体に関する事情についての将来的予測と現実の状態に差が出る危険を当事者が負担することになる。そこで定期金賠償を命ずる判決の変更を求める訴えが新設され，口頭弁論終結後の事情の変更による判決の修正が認められることとなった（民訴法117条）。

また，原告側がなすべき損害額の証明は，損害の因果関係などともからみ，困難なことが多い。特に現代型訴訟ではこれが顕著であると考えられるが，従来は証明度の軽減，表見証明，心証度，間接反証などの理論によって救済を図る試みがなされてきた。しかしこれについては，損害額認定についての裁判所の裁量権を認めるという形での立法的解決をみている（民訴法248条）。

④ **大規模訴訟の特則** 選定当事者を利用しない現代型訴訟の場合，当事者がきわめて多数になることがある。この場合について，当事者が著しく多数で，かつ，尋問すべき証人または当事者本人が著しく多数である訴訟を「大規模訴訟」とし，その特則を定めている。具体的には同一裁判所内の受命裁判官による証人等の尋問や（民訴法268条），5人の裁判官による合議体での審理裁判を可能とした（民訴法269条1項）。さらに，適正かつ迅速な審理の実現のために，進行協議期日等を利用して「審理の計画」を定めるための協議を行うこと（民訴規165条），当事者が裁判所に提出した書面に記載した内容をフレキシブルディスク等に記録しているときは，その複製物の提出を当事者に求めることができることなども定められている（民訴規167条）。

II 問題点

　以上みてきたように，現代型訴訟は民事訴訟法改正に様々な影響を与えている。しかしながら，現代型訴訟が伝統型訴訟と対比されて論じられていたことに鑑みると，今回の改正は現代型訴訟を伝統型訴訟のパターンに引きつけ，その枠組みの中での処理を可能にすることを意図したものであるとも考えられる。

　ここではいま一度，伝統型訴訟との対比で現代型訴訟の特質について考えつつ，民事訴訟法の対応を検討しよう。

　まず第１に，先に見たとおり伝統型訴訟の場合は原告対被告という独立対等な個人が権利の有無を争うというバイポーラーな構造を持ち争点が明確であるのに対して，現代型訴訟の場合は集団拡散利益を持つ多数の関係者が存在し，しかもその一人一人が多様な利害を持つというポリセントリックな構造を持っている。ここでは争点すら多義で不分明であることが多い。

　しかしながら，現代型訴訟も民事訴訟の上では原告対被告という対立構造をとるため多くは被害者対加害者のように集団化されるが，この場合，そもそも多様な利害を持つ諸個人の集団である原告＝被害者側には常に分裂の危機がつきまとうことになる。選定当事者の選定要件緩和による利用促進も，訴訟の場に当事者として現れる人数を限定し手続を簡易化することには資するであろうが，実際にはどのようにして選定者を募るのか，また，選定当事者が選定者の利害をくみ取りつつ訴訟追行できるのか，また訴訟外の場面での選定者と選定当事者との関係や集団の維持には難しい問題が残ることとなるのではないだろうか。

　次に，伝統型訴訟は過去の事実関係について事後的個別的救済を志向しているが，これに対して現代型訴訟では被害の発生自体を事前に防止するための措置が求められたり，判例による新しい権利の承認が求められるなど，将来展望的，政策形成的であるといわれる。この背景には，そもそも現代型訴訟の提起自体が，立法や行政などの対応が不十分であることから裁判に救済が求められていたり，国や地方自治体などの政策形成・実現過程の批判のための市民の参加フォーラムとして，あるいはそれらに対する波及的作用をねらって裁判が利用される場合もある。ここでは伝統的な要件－効果型の法的思考だけでは不十分であり，目的－手段型や妥協調整型の手法が必要となる

と指摘されている。

この問題に対し，民事訴訟法は必ずしも積極的に取り組んでいるとはいえないであろう。前述の定期金賠償判決の変更を求める訴えに対しても，その前提として決して将来の損害賠償を求めることを許容しているわけではないと考えられている。また，公害・環境訴訟の分野での有力な手段として期待される抽象的差止請求の適法性についても立法的な解決が図られたとはいえまい（川嶋四郎「差止請求訴訟の今日的課題」民訴法の争点〔第3版〕（有斐閣，1998年））。

また，民事訴訟法の争点中心審理主義は，そもそも争点の確定が難しい新しい権利をめぐって争われる現代型訴訟には対応しにくいということも考えられよう。

以上のように，現代型訴訟が提起した問題点に対して，民事訴訟法はもっぱら伝統型訴訟の枠内で現代型訴訟を扱うという方針を採ったと評価できよう。すなわち裁判制度の役割は政策形成機能を果たすことではなく，既に生じた個別具体的な事件の争点を確定・整理し，集中的に証拠調べをすることによって事後的な救済をはかることであることが確認できるのである。裁判官像としても，裁量の余地が増えているとはいえ，公共訴訟において政策形成をはかりその実現のために後見的に関与し続けるアメリカの「管理型裁判官」ではなく，出された争点に対し判断を下す「アンパイア型裁判官」として位置づけられているのである。この裁判制度や裁判官の役割認識自体は，現代型訴訟の出現によってもほとんどゆらがなかったのである。

このような裁判制度・裁判官像を持ち続ける限り，社会の進展に伴い必ず発生してくる新たな分野・類型の紛争は，新たな「現代型訴訟」として受けとめられ，「伝統型訴訟」とは異なる対処をその都度していかざるを得ないであろう。近時検討されはじめた「専門訴訟」のように，次々と類型化し，それにあった手続を考え続けなければならないのである。

III 展望

現代型訴訟の議論における裁判の政策形成機能の主張と，民事訴訟法が伝統型訴訟観にもとづく裁判所の「控えめな」機能を固持したことは，一見正反対に見えるのだが実のところ，その前提には共通点がある。それはどちら

も「判決」を裁判機能の中心として捉えている点である。

　前者は裁判判決によって政策形成を促し原告を救済することを目指しているのであり，そこでは何が望ましい政策かを裁判所が自らのイニシアティヴで解明することが期待されている。後者は裁判判決にできることは個別具体的な紛争を解決することだけであるとし，判決による政策形成を認めるのには消極的である。

　このように裁判機能を判決を中心として捉える考え方に対しては，訴訟を当事者が自律的に紛争を解決するためのフォーラムのひとつであると捉え，対等な交渉が行われる手続を保障することがその役割であるというように，手続過程に注目して裁判機能を考える立場からの批判がある。そこでは特に現代型訴訟の政策形成機能を認めることによって訴訟の機能が肥大化し，当事者の訴訟内でのイニシアティヴを制限する結果となる点が問題とされる。

　また，現代型訴訟と伝統型訴訟の議論を対立するものとして捉えるのではなく，紛争を類型化・峻別化し，それぞれのタイプにあった手続を適用するという形で「棲み分け」をはかる考え方が中心である。

　この考え方に対しても，手続過程を重視する立場からは，現実には類型化が困難であることと，また，現代型訴訟に特有のものと考えられている問題点は，実は伝統型の紛争についての既成の理論や手続上の問題点がこれらの新領域で先鋭化された形で現れただけと捉えられることから，問われるべきは伝統型を含めた実体法，手続法の理論のあり方自体にあると主張されている。

　手続過程を重視する立場にとっての現代型訴訟のインパクトは，伝統型訴訟よりも活性化された弁論がそこでは行われていたという点にあったと考えられよう。行政・立法での救済が進まず，裁判外の場では相手方との交渉ルートすら存在しなかった原告にとって，訴えの提起によってはじめて訴訟という対論の場が作られる。そこでは伝統型訴訟のように権利義務が画一的に決まっていて定型的な要件事実の主張をすればすむということはなく，そもそも原告が受けた被害とは何なのか，それが被告の権利侵害によるものといえるのか，それにはどんな救済が望ましいのか，ということがすべてはっきりとせず，ひとつひとつ相手方や裁判官をはじめ社会に問いながら，また，当事者自身も自己整序しつつ考えて行かざるを得ないのである。そのための弁論や手続の進行を積極的にサポートするという裁判所の営みの中に，司法

消極主義的な裁判官像としての「アンパイア型裁判官」とそれに対する司法積極主義的な「管理型裁判官」の枠組みを超え，なおかつ現代型訴訟，伝統型訴訟の両類型に通底する新たな裁判所の役割の方向性があったのではないだろうか。そしてそれは，新民事訴訟法自体には見出されにくいが，例えば「Nコート」のような訴訟運営実務の中に受け継がれていると考えられるのである。

◇ **参考文献**

現代型訴訟の特色を伝統型訴訟との比較で論じたものとして，新堂幸司「現代型訴訟とその役割」同著『民事訴訟制度の役割』（有斐閣，1993年）291頁以下所収（初出『岩波講座・基本法学8—紛争』（岩波書店，1983年）305頁以下）。

現代型訴訟と民事訴訟法改正については，徳田和幸「現代型訴訟の役割と特質」民訴法の争点〔第3版〕（有斐閣，1998年）24頁以下。

アメリカの公共訴訟の議論を題材に，日米それぞれの社会の中の裁判所の役割を考えるものとして，大沢秀介『現代型訴訟の日米比較』（1988年，弘文堂）。

現代型訴訟を通じて現代社会における裁判の位置と役割を手続過程を重視しつつ論ずるものとしては，法理学者の立場から田中成明『現代社会と裁判』（弘文堂，1996年），民訴学者の立場から井上治典「民事訴訟の役割」同著『民事手続論』（有斐閣，1993年）所収（初出『岩波講座・基本法学8—紛争』岩波書店，1983年）。ただし，両者は手続過程に着目するとはいっても，訴訟機能の拡大に関する見解や，法規範の役割，判決と和解の関係の理解などに根本的な差異があることは見逃せない。

なお，「Nコート」については，さしあたり西口元＝太田朝陽＝河野一郎「チームワークによる汎用的訴訟運営を目指して（1）〜（5・完）」判タ846・847・849・851・858号（1994年）を参照。

9 多数当事者訴訟

[松村和德]

I 現状分析

1 多数当事者訴訟の特質　民事訴訟においては，原告・被告の二当事者対立構造が基本的訴訟形態である。しかし，訴訟おいては，訴訟対象に利害関係を有するのは原告・被告の二当事者に限定されるわけではなく，複数の当事者が登場することがある。こうした訴訟を「多数当事者訴訟」という。これには，大別して二つの形態がある。すなわち，一つの訴訟手続に複数の原告または被告が関与する訴訟形態である「共同訴訟」（必要的共同訴訟，通常共同訴訟など）と他人間に係属している訴訟に利害関係を有する者が参入してくる訴訟形態である「訴訟参加」（独立当事者参加，共同訴訟参加など）である（なお，後述の現代型訴訟の登場を契機に，集団またはその構成員の権利・利益が追求され場合の訴訟を「集団訴訟」とし，共同訴訟，代表訴訟，団体訴訟の三つのパターンがあるとの主張もある。谷口安平「集団訴訟の諸問題」『新・実務民事訴訟講座3』（日本評論社，1982年）157頁）。

多数当事者訴訟に共通する特質（機能）としては，①訴訟経済性と②紛争の統一的・一回的解決性を挙げることができる。つまり，①は，多数当事者間での争訟が同一手続で行われることにより，攻撃防御方法も，期日も記録も共通し，審判の重複を回避することができる点である。それゆえ，裁判所，当事者にとって，時間・労力・費用のコストを節減できるメリットがある。②は，一つの手続と判決，つまり，統一的な紛争の処理が可能となり，とくに，必要的共同訴訟，独立当事者参加などの場合には合一確定による判決の矛盾回避が予定されている。ただ，これらの機能は，共同訴訟，訴訟参加の種類により，その重視される特質は異なってくる。

9 多数当事者訴訟

②　**戦後民訴法学における多数当事者訴訟理論の進展**　多数当事者訴訟の分野における研究は，戦後の民事訴訟法学において最も進展したものである。この進展には，相互に関連してくるが，二つの要因があったと考える。一つは，訴訟理念的側面から生じた。つまり，戦後の民訴法学を席巻していった紛争解決理念の浸透と，これにあるときは鋭く対立し，あるときは接近して融和した手続保障理念の発展である。換言すると，多数当事者訴訟の特質から明らかなように，紛争解決理念にとって，多数当事者訴訟論はその重要性を強調できる格好の題材であったのである。必要的共同訴訟の拡大，訴えの主観的予備的併合及び主観的追加的併合の肯定などは，まさに紛争の一回的・統一的解決というこの理念を背景に展開していったのである。しかし，多数当事者訴訟におけるこうした紛争解決理念の強調が利害関係人に広く判決効を及ぼすことになることから，反面で，判決が及ぼされる利害関係人への配慮が考慮されることになった。そこで台頭してきたのが手続保障理念である。そして，簡潔に言えば，利害関係人への手続保障がなされるならば，多数当事者訴訟における紛争の一回的解決が認められるという論理が構成されてきたのである。

そして，この進展のもう一つの要因は，訴訟事実的側面から生じた。すなわち，従来想定されていなかった紛争形態，いわゆる現代型訴訟の登場である（本編「8　現代型訴訟」の項参照）。この現代型訴訟，例えば，公害訴訟，薬害訴訟などの訴訟では，異なる地域でそれぞれ多数の人々が訴訟に関与する結果，手続自体が複雑となる。他方，原因事実，因果関係などの複雑さによる係争事実の把握の困難さあるいは従来の法カタログにない紛争であることから生じる適用法規の不明確さなどで，審理自体も困難となる。こうした従来の手続では処理がむずかしい多数当事者紛争について，民訴法学は，立法論も含め，その解釈論の中での処理を試み，それが多数当事者訴訟論を進展させた一要因となったのである。そして，この局面での理論の進展は，裁判へのアクセスの局面，審理過程の局面及び判決・執行の局面に大別してまとめることができよう。アクセス面では，当事者適格論でめざましい進展が見られる。現代型訴訟では，係争利益が広範囲に拡散し，また個人の利益よりも環境といったような集団的な利益が問題となる。しかし，従来の民訴法は個人の実体的利益を基準として管轄，当事者適格等のアクセス面を考慮していた。その結果，きわめて多くの者が各自個別に訴訟を提起すると，事実

認定，法判断・解釈，賠償額等でばらつきを生じ，また訴訟経済的でない。そこで，立法論上，アメリカ法のクラス・アクションやドイツ法の団体訴訟の導入が議論された（谷口・前掲論文57頁など参照）。また，係争利益主体でなくとも，訴訟前の紛争処理行動と関連させて，そこで重要な役割を果たしてきた団体などにも当事者適格を認める紛争管理権論の提唱もなされたりした（伊藤眞『民事訴訟の当事者』（弘文堂，1978年）90頁）。審理の局面では，当事者の証拠収集権限の弱さがとくに議論され，文書提出命令の拡張論，証明妨害，証明責任の分配，表見証明，鑑定などの証明論，証明責任を負わない当事者の事案解明義務論などが展開された（なお本編「6　訴訟における情報収集」の項参照）。また，判決・執行面では，裁判による法形成，政策形成が議論され（例えば，田中成明『現代社会と裁判』（弘文堂，1996年）など），和解的解決の重要性も考慮された（松野信夫「和解勧告に関する一考察－水俣病訴訟をめぐって」判タ792号52頁以下など）。さらには，差止訴訟における強制執行の方法などが議論の対象とされた（川嶋四郎「差止訴訟における強制執行の意義と役割」ジュリ971号260頁など）。

3　新民事訴訟法における改正点　　上述の議論を背景に平成8年の民訴改正では，多数当事者訴訟に関して直接又は間接的にいくつかの改正が実施された。まずアクセス面では，選定当事者制度において，係属中の訴訟の当事者でない者がその訴訟の当事者を選定当事者として選定することを通じて，訴訟への参加を容易にした（30条3項）。また，独立当事者参加においては，当事者の一方のみを相手方として，当事者として参加することができるようにした（47条1項）。さらに，共同被告の一方に対する訴訟の目的である権利と他方に対する訴訟の目的である権利とが法律上併存しえない関係にある共同訴訟について，同時審判の機会を保障するため，原告の申出があったときは，裁判所は弁論及び裁判を分離してはならないとする同時審判申出共同訴訟を創設した（41条）。審理面においては，大規模訴訟に関する特則（268条，269条）を創設し，合議体の拡張し，受命裁判官による証人尋問を認めた。また，当事者照会の創設（163条），文書提出命令の一般義務化（220条）などは，一般訴訟だけではなく，多数当事者訴訟においてはとくに重要となってこよう。そして，判決の側面では，損害額の裁量認定が認められるに至っている（248条）。今後の実務の運用が注目される。

9　多数当事者訴訟

II　問題点

　新民訴法により，確かに一定程度は多数当事者訴訟をめぐる問題は解決されたかもしれない。しかし，立法過程の初期において検討された改正項目の多くが見送られており（例えば，任意的訴訟担当の法文化，当事者適格の団体への拡張，訴えの主観的追加的併合の認容など，詳細は，法務省民事局参事官室編・民事訴訟手続の検討事項「第二　当事者」4頁以下参照），民訴法学が積み重ねてきた研究の多くは結実することはなかった。その意味で，多数当事者訴訟をめぐる問題点の多くは，今日も依然残されているといえよう。他方，法改正により新たな問題も生じている。例えば，同時審判申出訴訟の適用範囲の限界，新法下での主観的予備的併合の適否，片面的独立当事者参加における合一確定の問題などがある。また，近時判例に現われた株主代表訴訟等における補助参加の利益の拡張，固有必要的共同訴訟における訴権の保障なども解釈論上の新たな問題点である。このように，多数当事者訴訟をめぐる問題は多岐にわたる。紙幅の関係上，それらを個々に指摘することはできない。そこで，以下では，司法制度の多角的検討という本書の趣旨に沿って，多数当事者訴訟に関する立法論を中心に若干の問題点のみを抽出する。

　まず第1は，アクセス面での問題点である当事者適格の拡張が重要である。確かに，選定当事者制度の改正により，訴訟係属後の訴訟参加の枠は広がった。しかし，選定当事者制度は，共同の利益を個々の被害者に要求し，また被害者からの授権があって初めて訴訟が開始される点は変わらない。それゆえ，とりわけ集団的利益が問題となる訴訟においては，選定当事者制度のみ規定するわが国民訴法は，裁判へのアクセスを十分に保障したものとは言い難い。また，当事者の訴訟遂行を考えたときにも，集団的利益を代表し，専門的な知識をもって訴訟を遂行できる者に当事者適格を付与することが便宜である。そこで，立法論上，当事者適格の拡張につながるアメリカ法のクラス・アクションやドイツ法の団体訴訟の導入議論は依然として残る。

　第2に，現代型訴訟との関係で問題となるのだが，裁判は将来的救済をなしうるかという点である。従来の裁判制度では，単に損害賠償による被害の事後的個別的救済が念頭に置かれていた。しかし，四大公害訴訟後の議論にみられるように，被害後に賠償金を得ても失われた生命や健康は取り戻せないという考えから，裁判制度の利用は事後的救済から事前防止へと展開して

いる。差止請求訴訟や将来の損害賠償請求訴訟は，まさにかかる予防的観点からの救済の申立てといえよう。ところが，実体的な要件を含め，これらの請求の特定について明確な基準はない。また，公共性の関連する事件では，裁判所は，将来的救済について消極的姿勢を堅持している。しかし，そうした事件では，行政・立法の対応が極めて緩慢な結果，人々は裁判所へ救いを求めているのである。さらに，差止請求訴訟では，強制執行の方法が問題となってくる。これらは，通常訴訟でも問題となるが，現代型訴訟で顕在化した問題である。

第3に，多数当事者訴訟においては，その事実関係や利害関係人の複雑さから紛争の早期処理がむずかしい状況にある。また，現代型訴訟などでは，法の枠を超えた紛争処理も要請されてくる。法適用による裁断的な現在の裁判システムにおいては，そうした要請に応えることはむずかしい。そこで，注目されるのが和解的解決である。スモン訴訟や水俣病訴訟における和解的解決に，まさにそのメリットをみることができる（スモン訴訟につき，「座談会・スモン訴訟の和解と被害者の救済」ジュリ706号17頁以下など参照。水俣病訴訟については，松野・前掲論文参照）。ただ，問題は，和解的紛争処理のためのプロセスやその技法については，まだ確立されたものがなく，そのための議論が必要となっている。

第4に，多数当事者訴訟では事実認定等において専門家の知識を必要とする場合が多々みられる。ところが，わが国における専門家の活用は，必ずしもスムースではない。とりわけ，鑑定における適切な鑑定人の選択，鑑定意見の評価の問題は従前から主張されてきたところである（酒井一「科学裁判における鑑定」民訴法の争点〔第3版〕（有斐閣，1998年）226頁以下など参照）。そして，今日では，専門家による争点整理などを含めた，多数当事者訴訟における専門家の利用制度の確立が望まれている。以下，これらの問題点を検討する。

III 展　望

まず，多数当事者訴訟におけるアクセスの面からみると，クラス・アクションの導入などのような当事者適格の拡張が必要ではなかろうか。環境問題が社会的注目を集め，消費者の意識の高まりを見て取れる現代の社会状況

に鑑みると，これらをめぐる訴訟は，今後も増えることが予想される。そうすると，将来的には，係争利益との関連が希薄であっても，集団的利益を代表でき，専門的な知識をもって訴訟を遂行できる者や団体に当事者適格を付与する立法が考慮されるべきであろう。民訴法改正が実施された今，民訴法の中でこうした立法を考えるのはわが国の立法状況ではむずかしい。むしろ，消費者保護法などの実体法領域での立法化が期待される（例えば，ドイツでは，不正競争防止法や普通取引約款法において消費者団体に提訴権を認める）。また，訴訟理論内では，任意的訴訟担当の拡張論などが唱えられている（例えば，伊藤眞「紛争管理権再論」竜崎還暦『紛争処理と正義』（有斐閣，1988年）203頁以下）。適用領域を限定するのであれば，傾聴に値する見解である。ただ，解釈論では安定性に欠けるので，立法による安定化はやはり必要であろう。

次に，将来的救済の可能性であるが，これが問題となる訴訟は多数の市民が参加する行政訴訟が中心となってくるであろう。そうすると，行政訴訟との関係を考慮する必要が出てくる。問題の一つは，将来的救済は民事訴訟によるか，それとも行政訴訟によるかという形で現われた。この点につき，判例は定まっていない（最大判昭56・12・16民集35巻10号1369頁（大阪空港事件），最判昭62・5・28判時1246号80頁（日本原事件）など参照）。学説においても確固とした見解はなく，事件が民事訴訟の対象となるのか行政訴訟の対象となるのかの明確な判断基準も確立されていない。行政訴訟は，公益性が問題となり，行政作用が広範多岐な内容と形態を有する以上，行政裁判所等の特別裁判所の創設を念頭に入れた議論を今後は視野に入れていくべきであろう。また，この関係では，司法権の限界の問題も議論の対象となってくる。さらには，将来的救済であることから，民事保全の利用も検討課題となってくるであろう。

最後に，多数当事者訴訟の和解的処理は，どのような展開をみせるであろうか。基本的には，積極的な活用を支持したい。問題は，和解的紛争処理のためのプロセスやその技法の確立である。公害訴訟などに代表される複雑訴訟で和解の積極的利用が期待できるが，こうした事件では，係争事実の複雑さも絡み，また裁判所及び弁護士も手探りの状態が多い。そこで，水俣病訴訟における和解のように，裁判所と弁護士が個々の争点毎に一つ一つ和解を積み重ねていく方法などが参考になるであろう。

III 民事訴訟法編

　また，これらの訴訟では，専門的知識が必要不可欠な場合が多い。そこで，専門家の活用という点が重要になってくる。例えば，アメリカ法による中立的和解協議（Moderate Settlement Coference）や早期中立評価（Early Neutral Evaluation）を参考にすべき意見も提示されている（中村慎「専門訴訟はなぜ時間がかかるのか」判タ1004号7頁参照）。新民訴法では，進行協議期日における専門家の説明会も予定されており（松村和徳『新民事訴訟法ノートI』（成文堂，1998年）118頁以下参照），そこでの活用が期待できる。また，裁判官仲裁的和解（265条）もこうした訴訟では利用できるのではなかろうか。そして，司法改革の観点から言えば，専門家を裁判官として訴訟に参加させるドイツ法の参審制の導入も検討すべきものと思われる。また，特許訴訟における特別裁判所の創設が最近新聞紙上をにぎわしているが，例えば，医療過誤や製造物責任訴訟などでもこうした方向は今後検討されるべきと考える。いずれにせよ，専門家の訴訟での活用は，この種の事件では不可欠であり，それに対応すべき手続の構築が重要である。しかし，手続だけでなく，そうした専門性に対応できる裁判官及び弁護士の育成が車の両輪として不可欠である。そして，その結果，裁判官及び弁護士の専門化の進展も今後の課題となる。それは，訴訟を利用する市民にとっても歓迎されることであり，司法の信頼にもつながるように思われる。

◇　**参考文献**

　多数当事者訴訟に関する文献は，その問題領域の広さに相応して，膨大である。現在の議論の現状とその問題点の概要を知るには，伊藤眞「多数当事者訴訟論の現状と課題」民訴法の争点〔第3版〕（有斐閣，1998年）86頁が簡明である。もう少し詳細な議論状況を参照したいときは，共同訴訟については，上田徹一郎＝井上治典編『注釈民訴法(2)』（有斐閣，1993年）1頁以下（上田徹一郎），訴訟参加については，同92頁以下（井上治典）参照。なお，訴訟参加を中心とした井上治典教授の『多数当事者訴訟の法理』（弘文堂，1981年）及び『多数当事者の訴訟』（信山社，1992年）は，独自の視点からの分析で興味深い。さらに，現代型訴訟については本編「8」，徳田和幸「現代型訴訟の役割と特質」民訴法の争点〔第3版〕24頁以下及びそこに掲げられた文献を参照。新法下における多数当事者訴訟の規律については，山本弘「多数当事者訴訟」竹下編集代表『講座新民事訴訟法I』（弘文

堂，1998年）141頁など参照。

　なお，本項の議論は，本書行政法編「3　行政訴訟へのアクセス(1)」での議論とも関連性を有する。あわせて参照していただきたい。行政事件における集団訴訟及び団体訴訟の問題点を論じるものとして，小早川光郎『行政訴訟の構造分析』（東大出版会，1983年）第2部II，宮崎良夫『行政訴訟の法理論』（三省堂，1984年）第2章および第4章，比較法的視点からの分析として，大沢秀介『現代型訴訟の日米比較』（弘文堂，1988年）がある。また，憲法学の視点からは，佐藤幸治『現代国家と司法権』（有斐閣，1988年）も参照していただきたい。

10 上告制限

[勅使川原和彦]

I 現状分析

1 1996年民事訴訟法改正前の上告制度の状況　今次の新民事訴訟法（1996年6月26日公布，1998年1月1日施行）による上告制度関係の改正の主たる対象は，「最高裁判所」に対する上訴制度である。かねてから議論されていた最高裁判所の負担過重に対し，より実質的な上告の制限の導入がなされた。確かに，院長を含め最大47人にのぼった大審院の裁判官（林屋礼二編著『データムック民事訴訟』（有斐閣，1993年）174頁。旧・裁判所構成法5条では「各裁判所ニハ相応ナル員数ノ判事ヲ置ク」と規定されていた）と，長官を含め常に15人しかいない（裁法5条）最高裁の裁判官とでは，単純に裁判官の人数だけ比較しても，また，最高裁自体の役割において，憲法保障的機能と法令解釈の最終的統一を図る機能とを一身に背負い，しかも実質的な上告制限を持たない「円筒形」の三審制であった（三ヶ月章「上訴制度の目的」『民事訴訟法研究8巻』（有斐閣，1981年）85頁以下。上級審へ行くほど事件が絞られていく諸外国の上訴制度は「円錐形」と称されている。欧米の上告制度については後掲のコラム参照）ことからしても，事件処理の滞留は容易に想像がつくものであった。

◇ **欧米の最高裁判所との比較**
　アメリカの連邦最高裁判所（Supreme Court）は，9名の裁判官により構成されているが，州と連邦の管轄権限分配を前提とし，裁量上告制（certiorari）という上告の流路規制を採用している（1997年9月期の統計では，

年間4809件の申立てに対し裁量上訴が認められたのは135件ということである。http://www.uscourts.gov/judicial_business/contents.html 参照)。ドイツでは，連邦憲法裁判所 (Bundesverfassungsgericht) が憲法保障的機能を担い，別建てで，連邦通常裁判所・連邦行政裁判所・連邦労働裁判所・連邦社会裁判所・連邦財政裁判所の5つの最高裁が各種事件を分担し，民刑事事件を扱う連邦通常裁判所 (Bundesgerichtshof；民事部12，刑事部7。各部に平均7名の裁判官。なお，30名にのぼる最高裁所属専門弁護士の制度があり，これによる上告の質の維持も期待されている。http://www.uni-karls-ruhe.de/~BGH/aufgabe.htm 参照。民事新受事件は，1997年で4198件。http://www.statistik-bund.de/basis/d/recht/rechtsl.htm 参照) は約120名の裁判官を擁するうえ，財産権上の請求では不服の価額が60000DM (約450万円) を超えない場合，高裁の許可がないと上告できないという，不服額によるスクリーニングがある (§546 ZPO) ほか，不服額が60000マルクを超えていても，上告裁判所は受理を決定で拒絶できる (§554 b ZPO)。なお，その他諸外国における上告制限の現状については，山本克己「上告制度に関する改正の経緯」三宅＝塩崎＝小林編『新民事訴訟法大系四巻』(青林書院) 23頁以下参照。

1947年の発足後 (同時に，簡易裁判所［区裁判所］事件に対する上告事件につき，大審院から高等裁判所へと管轄裁判所が変更されてはいたものの)，我が国の最高裁は，すぐに事件増に直面し，1950年から1951年にかけて未済事件が7,000件を突破し，上告制限は，焦眉の急となった (中野貞一郎「民事司法制度の立法小史」ジュリ971号6頁)。そこで，上告制限を目的に，1950年「最高裁判所における民事上告事件の審判の特例に関する法律」(いわゆる民事上告事件特例法) が，時限立法として施行された。この特例法では，(1)上告理由のうち，調査が義務とされるのは憲法違反・判例違反のみとされ，(2)法令解釈の誤りについては，最高裁が重要と認めるものだけを調査すれば足りるという裁量調査制が導入された。この特例法は1954年に失効し，同時に行われた民事訴訟法の改正では，仮差押え・仮処分事件については口頭弁論が開かれても上告ができない，という点を除き，旧法の規律状態に復し，その後も負担加重に悩まされ続けることになった (山本克己「上告制度に関する改正の経緯」三宅＝塩崎＝小林編『新民事訴訟法大系4巻』24頁以下 (青林書院，1997年))。

III 民事訴訟法編

② 今次の上告制度改正の趣旨　　今次の改正では，旧法下の民事・行政事件の最高裁判所に対する上告については，第1に，事件数が1987年以降増加傾向にあり（1997年度の司法統計年報によれば，民事・行政事件の上告事件の最高裁における新受件数は2,718件（うち民事2,470件）であり，1987年の1,782件に比して52％余の増加である），刑事上告事件その他の事件数も考え併せると負担過重の状態にあり，また今後も増加傾向は続くと思われる点，かつ，第2に，原判決に影響を及ぼすことが明らかな一般法令違反（旧民訴394条）に藉口し，実質的には原審の事実認定や証拠の採否を非難するに過ぎないような「実のない」上告が多く（竹下守夫司会「座談会・最高裁判所の機能の充実」ジュリ1053号9頁以下，高林龍「最高裁に対する上訴手続の特則」塚原朋一ほか編『新民事訴訟法の理論と実務〔下〕』（ぎょうせい，1997年）336頁等参照。なお1997年の司法統計年報によれば，民事の上告既済事件2,768件のうち，原判決の破棄に至った事件はわずか65件，2.3％である），最高裁に課せられた憲法判断と法令解釈の統一という責務を迅速かつ十二分に全うすることが困難な状況にある点，の二つを主たる理由として（法務省民事局参事官室編『一問一答新民事訴訟法』341頁（商事法務研究会，1996年）341頁），実質的には最高裁判所の負担軽減を主眼に置いている。

＊　ただし，最高裁に対する抗告については，旧法上は憲法違反を理由とする特別抗告（旧民訴419条ノ2）を除いて認められておらず（裁7条），とくに執行・保全の分野で決定で判断される事項につき，憲法問題ではないが重要な法律問題について，抗告審たる高等裁判所の判断が分かれており，最高裁による法令解釈の統一の必要性が強かった。そこで，今次改正では，決定事件についても法律審として最高裁が判断できる枠組みが創設された。この点では，最高裁の負担増よりも，法令解釈の統一機能の充実が優先されたといえる。

③ 従来の上告ルート　　まず改正前の上告制度における事件のスクリーニングを確認しておきたい。

前述のとおり，旧法下では，上告提起に際して，事件が最高裁にのぼるまでに，重要でない事件をふるい落とすスクリーニングは，比較法的に見ても厳しいものではなかった。まず前提として，①上告理由がひろく一般の法令

違反まで含んでいる（旧民訴394条。1954年の改正で「判決ニ影響ヲ及ボスコト明」らかなものに限られたが，結局法令違反が主張されれば，判決に影響を及ぼすか否かが調査されねばならなかった）。そのうえで上告を原裁判所に提起すると（旧民訴397条1項），②裁判長による上告状却下（旧民訴397条2項・396条・370条・367条2項）を免れれば，③原裁判所による適法性の審査（旧民訴399条）が行なわれ，不適法とされれば決定で却下される。ここをクリアすると事件は最高裁に送付され（旧民訴399条ノ2），④最高裁による適法性（旧民訴399条1項）の審査がなされ，口頭弁論を経ずに「判決」で上告が却下される（旧民訴399条ノ3）。あとは，⑤書面審理による上告棄却（旧民訴401条）が，わずかに最高裁の負担軽減に資するのみであった。

今回の改正では，大前提の①，および④に手が加えられ，①の制限については，別に「裁量上告」の制度が新設された。以下，各々について説明する。

4　新法における権利上告（上告提起事件）のルート　今回の改正で最も重要なのが，上告理由の限定である。改正の議論中にあった，ドイツのような不服額によるスクリーニングは採用されなかった。

新法によれば，最高裁に対する上告は，判決に憲法の解釈の誤りがあることを理由とするとき（民訴312条1項），および，重大な手続法違反である旧民訴法395条所定の事由（いわゆる絶対的上告理由）によるとき（民訴312条2項）に限って，提起することができる。「法令違反」を上告理由から外し，制限された上告理由によるスクリーニングにより，事実認定等への非難でしかないのに一般の法令違反に藉口した「実のない上告」の最高裁への流入を，できる限り防ごうというのである。この範囲では，上告理由が認められれば原判決は破棄されねばならない（民訴325条1項）。

上告状は原裁判所に提出すること（民訴314条1項），上告状を受理した原裁判所の裁判長による上告状の審査と却下があること（民訴314条2項），原裁判所による上告の適法性等の審査（民訴316条）についても，旧法と同様である（なお最一小決平11・3・9判タ1000号256頁）。

ただし，原裁判所による上告の適法性の審査事由（民訴316条1項）と同一の事由が認められれば，旧民訴法399条ノ3条と異なり，「決定」で上告を却下できることになった（民訴317条1項。この条文は高等裁判所が上告審である場合も適用がある）。上告審の判断はそれ以上に不服申立てはできないし，上告審では口頭弁論を開かない点では棄却判決（民訴319条←旧民訴401条）

III 民事訴訟法編

も却下判決も同じで，却下「判決」をする訴訟経済上のメリットは少ない（高林・前掲320頁）。「判決」の場合は，判決をした裁判官の署名押印（民訴規157条←旧民訴191条。最高裁では小法廷でも5名の署名押印が必要となる）や，言渡し（民訴250条←旧民訴188条。旧法時は，後述するように言渡期日を事前に当事者に知らせない運用であったので，言渡しは完全にセレモニー化していた）のほか，書記官への交付（民訴規158条←旧民訴192条），記載内容（民訴253条，民訴規157条←旧民訴191条），送達（民訴255条，民訴規159条←旧民訴193条）など厳格な手続が必要なので，「決定」による処理が広がることは，実際上の負担軽減という面からみて，その意義を軽んじることはできない。

さらに，憲法違反と重大な手続法違反という限定された2種類の上告事由に明らかに該当しない上告は，簡易に「決定」で棄却することができるという条文が新設された（民訴317条2項）。限定された上告理由でも，それに名を借りた「実のない」上告がなされる可能性は減らないため（とくに後述のような民訴325条2項による原判決破棄の可能性がある限り，それが当事者の申立て内容とは別のところで「実のある」ものである可能性も消えない），それを簡易な決定手続で排斥できる訴訟経済上のメリットは大きいことになる（高林・前掲341頁）。

以上のとおり，一般の法令違反は上告理由から外され，判決に影響を及ぼすことが明らかでも，直ちには上告理由とはならない（後述）が，仮に上告理由とされた憲法違反や重大な手続法違反にあたる事由がない場合でも，判決に影響を及ぼすことが明らかな法令違反が発見された場合には，最高裁は原判決を破棄できる（民訴325条2項）。このような上告の適法事由と原判決破棄事由の分離は，調査「義務」の範囲の差でもある。権利上告において，当事者が上告の申立ての理由にできない「法令違反」については，調査は義務ではないが，最高裁側でたまたま発見したら裁量的に破棄が可能というものである（学説の側ではこの場合，破棄するのが「職責」だとする考え方が根強い。竹下守夫司会「研究会・新民事訴訟法をめぐって(23)」ジュリスト1140号84頁以下）。この325条2項による破棄は，権利上告のルートで，職権調査事項についての調査（民訴322条）の結果ここでの破棄事由が判明する場面や，後述する「裁量上告」のルートで破棄事由が認められる場面等が考えられる（前者の例として，最判平11・6・29：平成10年(オ)第2189号約束手形金請求事件，http://courtdomino.courts.go.jp/judge.nsf/View1?OpenView 参照）。

5　新法における裁量上告（上告受理申立て事件）のルート　では一般の法令違反を理由とする上告は全く許されなくなったのかといえば，そうではない。新設された「上告受理の申立て」を通じて，法令違反のうち「法令の解釈に関する重要な事項を含むものと認められる」事件については，最高裁によって上告が決定で受理され（民訴318条1項），受理の決定があると上告があったものとみなされる（民訴318条4項）。この制度は，アメリカ合衆国の裁量上告制度（certiorari）に範をとったものといわれ，改正の議論中にあった，高等裁判所が上告の可否を決定する「許可上告」よりも，同一審級の裁判所が当該審級の裁判所の裁判をレヴューするということへの疑念を免れる点，また，重要な法律解釈を含む事件を汲みとる可能性ないし将来の判例変更の可能性を最高裁の手に留保する点で，優れているとされる（旧法時でも実際上は，上告棄却判決の大半が理由を述べないに等しい，いわゆる「例文棄却」なので，「裁量上告制」でもそんなに負担軽減にはならないのではないか，という指摘もあったが，ある最高裁判事経験者はそれを否定する。竹下ほか・前掲「座談会」37頁）。

最高裁への送付までの具体的な手続は，318条5項の準用により，（権利）上告の規定が準用される。ただし，上告受理の申立てにおいては，民訴312条所定の憲法違反および絶対的上告理由を理由にはできないし（民訴318条条2項），上告の提起と上告受理の申立てを一通の書面でする場合には，上告状と上告受理申立書を兼ねる旨を明らかにしたうえ，上告理由と上告受理申立ての理由を区別して記載しなければならず（民訴規188条），申立ての受理決定によって上告ありとみなされる場合も，受理申立ての理由中の重要でないものは排除されて（民訴318条3項），排除された以外のものが上告理由とみなされるにすぎないので（民訴318条4項），あくまで，上告受理申立ての最高裁による裁量的受理のルートと，権利上告のルートは区別されている。

なお，新法施行前後の文献上は，民訴318条5項による313条の準用（民訴規199条による民訴規186条の準用も同様）の結果，293条（民訴規178条）も準用され，上告受理の申立てに対して，相手方は附帯上告受理申立てをなしうることになるという意見が強かったが（山本克己「最高裁判所による上告受理及び最高裁判所に対する許可抗告」ジュリ1098号88頁，高林・前掲341頁参照），最二小決平11・4・23（判タ1002号130頁，判時1675号91頁）で，上告受理の申立てに対して附帯上告を提起し，又は上告に対して附帯上告受理の申立て

III 民事訴訟法編

をすることはできない，と判示された。

以上のようなスクリーニングにより，がらんとした法廷で，法令違反に藉口した「実のない」上告に対して，口頭弁論を開かず「例文棄却」の「判決」をしなければならない場面（島谷元最高裁判事は，こうした「儀式」がなくてすむように，刑事事件同様民事でも決定による処理の余地が広がれば，と述懐していた。竹下ほか・前掲「座談会」25頁）は相当に少なくなるし，仮に原判決を破棄する場合でも口頭弁論を開いて当事者の意見を聴く機会を設けるのが容易化することが予想され，最高裁の判決の言渡期日の日時を原則としてあらかじめ通知すべきことも新たに規定された（民訴規186条・179条による民訴規156条の準用）。従前は，最高裁で口頭弁論を経ない上告棄却判決につき，判決期日の告知を行なわない運用がなされていたが，口頭弁論を開くことが原判決破棄という結論を予測させるものになってしまう点がその大きな理由の一つであった。これにより，いわゆる「抜き打ち判決」は原則的にはなくなることになる（第二東京弁護士会民事訴訟改善研究委員会編『新民事訴訟法実務マニュアル』（判例タイムズ社，1997年）212頁［倉田卓次］）。

なお，地方裁判所が第一審としてした終局判決に対して，いわゆる飛躍上告の合意がある場合（民訴281条1項但），民訴318条1項にいわゆる「上告をすべき裁判所が最高裁判所」となるので（民訴311条2項），この場合にも上告受理申立てをすることができる。

II 問題点

新法では，かつて我が国の民事訴訟法の知らなかった「上告受理申立て」という裁量上告制度が導入された。権利上告から切り離された「法令違反」という事由をどのように扱うかが，今次の「上告制限」の実効性を左右する部分である。では，上告受理申立てとは，いったいいかなる内容の申立てと把握できるのであろうか。

民訴318条4項によれば，受理決定（民訴318条1項。確定遮断効排斥のために「不受理」決定もなされる）があってはじめて，上告があったものと見なされる。したがって，受理申立てそのものは，最高裁への「受理」を求めているにすぎない（この段階では，最高裁に応答義務があるのは，受理・不受理の判断だけである）。上告受理申立ても，上訴の一種である以上，不服の利

益がある当事者しかなすことができないのは当然といえようが，ここで，「原判決に不服（の利益）があること」以外に，上告受理申立書に含まれるべき内容につき，「原判決が法令解釈に関する重要な事項を含むこと」（すなわち「受理を求める申立て」）だけで足りる（原判決の破棄の申立ては民訴318条4項の「みなし上告」によって当然に擬制され，法令の解釈適用は裁判所の職責として，民訴325条2項による破棄の判断がなされうる）とみる考え方と，事件の受理を求める申立てと原判決の破棄を求める申立ての両方が必要である，という考え方が対立している（竹下守夫司会「研究会・新民事訴訟法をめぐって(24)」ジュリ1141号146頁以下）。おそらくは通説・実務でとられているであろう後者の考え方にたつと，理論上，原判決の破棄のためには，民訴325条2項所定の「判決に影響を及ぼすことが明らかな法令違反」（上告受理申立てにおいて民訴312条の事由による破棄を求めることはできない）を申立ての中に具体的に明記しておかなければ，上告受理申立てそのものが，（高等裁判所において）不適法として却下されてしまう，という可能性が生じるということになる。ここで民訴325条2項は，上告受理申立ての場合には，職権による破棄（＝権利上告の場合）なのではなく，必要的破棄の条文となる，とも説明される（325条2項の二重機能性）。なお理論的には，民訴318条3項で排除された上告受理事由について，あとから破棄対象となることがわかったので325条2項により「職権で」破棄をする，ということも考えられなくはないが，実際には一度排除したものを取り上げることには問題があろう（前掲「研究会(24)」163頁以下参照）。ただし，この解釈は，国会における政府委員答弁（「判決の結論に影響があるかないかということを問うてないということでございますから，仮に上告棄却となるものであっても重要な法令解釈については取り上げる」最高裁事務総局民事局監修『民事訴訟手続の改正関係資料(2)』］（法曹会，1997年）433頁［山崎潮・法務大臣官房審議官］）とは齟齬をきたし，上告受理申立ての受理・不受理の判断要素とは無関係の内容の記載を欠くことによって，受理申立てが原裁判所で不適法却下されてしまうことにもなりうる（それを避けるためには，あくまで民訴325条2項による破棄は職権によるものとみつつ，ただ抽象的・形式的に「判決に影響を及ぼすことが明らかな法令違反がある」とか，あるいは単に「破棄を求める」とだけ記載する，ということになろう）。

III 展望

　今次の上告制限は，ドイツ流ではなくアメリカ流の上告制度の導入を図ったものと評価できる。しかし，アメリカの裁量上告より，条件がより厳しくなっているようにみえる部分がある。上告受理申立て制度の範とされたアメリカのサーシオレーライでは，「Rule of Four」といって，9人中，過半数に満たない4人の賛成で受理がなされる慣例がある（裁量上訴が認められ実質審理がなされた事件で原判決破棄ないし取消となるのは60～70％程度とのことである。浅香吉幹『現代アメリカの司法』（東京大学出版会，1999年）67頁）。我が国では，条文上は，裁判所法77条の原則どおり，裁判官の過半数による受理ということになり，事実上は受理と破棄が比例的な相関関係を示すものと思われる。現実には全員一致の処理がほとんどであるとしても（全員一致による裁決じたいは，上告受理申立てが排斥される場合には，簡易に決定でそれがなされる以上，より慎重な処理として望ましいとはいえるが），少なくとも意見が分かれた場合には裁判所法11条にしたがって少数意見の表示がなされるほうが，司法の公正さの表明と将来の展開予測のうえで望ましいことは確かだろう。

　今後の最も重要な問題は，民訴318条1項にいわゆる「法令の解釈に関する重要な事項を含む」か否かにつき，いかなる判断がなされていくのかである。すでに，「判決に影響を及ぼすことが明らかな法令違反」と同視され，旧民訴394条と同様の扱いがなされるのではないか，という懸念も表明されている（前掲「研究会(24)」153頁。この懸念通りの運用がなされると，受理・不受理の判断が，原判決を破棄するか否かの判断と事実上一致して，多数決による裁決と相まってさらに受理と破棄の比例的な相関関係は確固としたものとなる）。「重要な事項」に関する条文上の例示は判例違反のみであり，何をもって「重要な事項」とするのかは最高裁の運用に完全に委ねられている。アメリカ同様，「裁量」の慣例がこれから形作られていくことになろうが，その一件を受理して最高裁として判断を出すことが，市井の潜在的な法的紛争にとって指導的な役割を果たすことになるならば，それは司法全体にとっての負担軽減につながるのであり，その場面で受理が躊躇されるようなことになってはならない。憲法判断と法令解釈の統一という機能の充実のための上告制限であるならば，その機能を積極的に果たすような運用が望まれる。

また，旧法で上告事由としての「法令違反」の問題とされていた外国法の解釈・経験則などの問題は，そのまま新法における上告受理申立て制度に持ち込まれよう（その他の細かな問題点については，拙稿「上告制度の改正」西口元編『現代裁判法大系13巻』（新日本法規，1998年）392頁以下参照）。
　なお，受理決定がなされた最初の事件（平成10年10月19日受理決定）は，原審の法令解釈が大審院の判例に反しているとしてなされたものであった（結論的に，原判決は破棄されている。最判平11・1・21判タ994号117頁以下参照）。また新法施行後の直近年度である1998年の司法統計年報によれば，最高裁の上告審民事訴訟新受事件数は，上告2,204件・上告受理661件・特別上告20件の計2,885件であった。

◇ **参考文献**

　本文中に掲記したものを参照。なお本項は「上告制限」がテーマなので，それ以上に触れるところはなかったが，上告のみならず，上訴制度そのものに関する代表的研究書として，小室直人『上訴制度の研究』（有斐閣，1961年），花村治郎『民事上訴制度の研究』（成文堂，1986年），右田堯雄『上訴制度の実務と理論』（信山社，1998年）が挙げられる。
　ここでの問題は，本書憲法編「3　三審制度（審級制）」，「5　違憲審査制」，「7　最高裁判所と少数意見」の議論とも密接な関連性を有するので参照していただきたい。また，憲法の視点からの参考文献としては，市川正人『ケースメソッド憲法』15（日本評論社，1998年）がある。

11 少額訴訟

［松村和徳］

I 現状分析

少額訴訟手続創設の背景及びその目的　少額裁判制度とは，市民生活から生じる紛争で比較的少額の事件を簡易，迅速かつ低廉に処理する裁判制度である。新民事訴訟法（平成8年法律第109号）において，その改正の目玉の一つとして導入された。もっとも，こうした制度は，アメリカ法の影響を受け，すでに昭和22年に「裁判所の民衆化」という理念に基づいて成立した簡易裁判所の手続で実現が目指されていた。ところが，簡易裁判所は，司法制度全体の構造から地方裁判所と第一審民事事件の管轄を分担する性格を必然的に有するがゆえに，ミニ地裁化するに至り，当初期待された機能の不全状態に陥っていた。簡裁のミニ地裁化は，一般市民の側からみれば，その利用を時間的にも経済的にも割りに合わないものとした。その一方で，近時の簡裁利用は増大傾向を示していた。しかし，それは消費者信用事件が多数を占め，簡裁は業者の取立機関と化しているとの指摘もなされていた。そこで，議論の方向は，国民に利用しやすい簡易，迅速，低廉な裁判という当初の目的に合致すべく，簡易裁判所の再生が唱えられ，新たな少額裁判制度創設へと進むことになっていく。

　この少額裁判制度再生議論の背景には，相互に関連するのであるが，大別して次の三つの要因が存在すると思われる（詳細は，松村和徳「少額訴訟手続に関する若干の考察（上）」山法12号1頁以下参照）。まず一つは，「裁判へのアクセス保障」理念の世界的な高まりである。これは，訴訟の増加現象への対応と関連し，一方で裁判所の「サービス機関」としての視点を，他方で「裁判所の負担軽減」という視点を提供した。そして，諸外国では主に後者

の視点から少額裁判を裁判外の独自の紛争処理制度として位置づけることが行われてきたのであった。第2に，二割司法と称されるような市民の裁判（司法）離れ・不信に対する危機意識が，裁判所・弁護士の両サイドで持ち上がり，従来裁判に現われてこなかった生活紛争を裁判に取り込もうという意識が大きくなっていったことである。そして，この動きに側面から影響を与えたのが，消費者保護問題に対する意識の高まりであろう。第3の要因である。つまり，消費者保護の社会問題化の中で，法律専門家の社会的責務として少額紛争への積極的な取り組みが要請されていったのである。そして，こうした背景から浮かび上がってくる共通の視点が，市民への「サービス提供」というものであり，裁判所及び弁護士に対し，「サービス機関」としての社会的機能を自覚させる契機となっていった。新民訴法における少額訴訟手続は，まさにこの視点から，従来の簡裁実務の反省に基づき，手続等の構造改革を試みた結果といえる（その詳細は，松村和德「少額訴訟の特則」西口元編『現代裁判法体系13』（新日本法規，1998年）414頁以下及びそこに掲げた文献等参照）。

2 **少額訴訟手続の概要**　「少額訴訟制度」（民訴368条以下，後述のカッコ内条文はすべて民訴法及び民訴規則である）は，新民訴法では簡易裁判所手続の特則として創設された。したがって，少額事件は，特別に規定されていない事項については，民訴法その他の規定（とくに簡易裁判所の手続規定）の適用を受ける。しかし，その制度目的から以下の特徴を有する。

　まず，訴訟の提起段階においては，次の特徴がある。①少額訴訟の対象は，訴額が30万円以下の金銭支払請求である（368条1項本文）。特定業者の独占利用を排除するために，②年10回の回数制限が設けられている（368条1項但書，規則223条）。審理段階では，手続創設の趣旨に基づき，次のような特則が存する。まず，③原則として，最初にすべき1回の口頭弁論期日だけで審理は完了する（370条1項）。そして，判決は審理終了後直ちに言い渡される（374条1項）。「一期日審理の原則」である。次に，この原則との関連で④反訴は禁止され（369条，379条2項），⑤証拠調べ対象の即時性が要請される（371条）。このため，当事者は，原則として，その口頭弁論期日前またはその期日に，すべての主張および証拠を提出しなければならない（370条2項。したがって，現場におもむく必要があったり，長時間を要するような検証・鑑定のような証拠調べは許されない）。また，口頭弁論期日に証人や当事者本

III　民事訴訟法編

人が在廷する必要がある（こうした審理ための方策として，372条，規則224条，規則227条1項などの特則がある）。判決・執行段階では，即日言渡しが認められることから，⑥判決書の原本に基づかない言渡し（調書判決）をできる（374条2項，254条，255条）。また，新民訴法は，支払方法等について被告にとって任意の履行のインセンティブとなるような内容の判決をすることによって，被告の任意履行を促進し，原告の強制執行の負担を軽減することが望ましいという趣旨から，⑦支払猶予判決・分割支払判決を導入した（375条1項）。この目的のために，新法は，強制執行についても，原告の負担軽減と，早期の執行実現とその容易化を図った。⑧必要的仮執行宣言制度の導入（376条1項）と単純執行文の不要化である（民執25条但書）。

　こうした特徴を有する少額訴訟は，その手続進行においても特則を設けている。すなわち，少額訴訟手続は，通常の簡裁手続と競合関係に立つことから，新民訴法では，⑨第一次的に，原告が訴え提起のときに，いずれの手続で裁判するかをまず選択できることになっている（368条2項）。このように，原告に手続選択権を与えることとの衡平から，被告の利益保障のために，次の段階で，新法は被告に手続選択権を与える。つまり，⑩被告は，原告が少額訴訟手続を選択した事件について，簡裁における通常手続への移行を申述することができるのである（373条1項）。この移行申述がなされれば，申述のときに訴訟は通常手続に移行し（373条2項），その後は三審制の通常手続によって審理・裁判が行われる。また少額訴訟による審理・裁判をするのを相当でないと認める場合には，裁判所は職権で通常手続の移行決定をなしうる（373条3項）。

　簡易迅速な訴訟の処理を掲げる少額訴訟手続においては，さらに不服申立方法についても通常訴訟とは異なる規律が必要となる。まず，⑪控訴禁止がある（377条）。他の一つが，⑫不服申立てとしては，判決をした簡易裁判所に対する異議の申立てのみを認めた点である（378条1項）。少額訴訟判決に対して適法な異議があった場合には，訴訟は，口頭弁論終結前の程度に復し，通常手続によって審理・裁判される（379条1項）。異議審の下した判決に対しては，特別上告を除き，不服申立てはできない（380条）。また，少額訴訟の趣旨の貫徹のため，異議後の判決でも，判決による支払い猶予が認められる（379条2項，375条）。

❸　**新民事訴訟法施行後の利用状況とその特徴**　それでは次に，少額訴訟

11 少額訴訟

は新民訴法の施行後どのような利用状況にあるのであろうか。公表された文献からその利用状況を概観してみる。

まず，その利用状況は，少額訴訟手続の国民への浸透度と比例するようである。東京簡裁の統計では（以下の数値は基本的に東京簡裁のデータである。東京簡易裁判所少額訴訟手続等研究委員会「制度導入後一年間の少額訴訟の事件と審理の概況」曹時51巻9号1頁以下，同「東京簡裁における少額訴訟事件の概況」金法1538号19頁以下参照），テレビ放送等のマスコミに頻繁に取り上げられた後に受理件数が急増している（年間総数1471件，内上半期平均約106件，下半期平均約140件，また平成10年度の全国統計（平成10年度司法統計年報）では，通常移行を含まない既済事件総数5958件である）。また，経済不況の影響もその増加要因となっているとの指摘もある。請求金額では，20万～30万円までの請求が最も多く（664件，45.1％），種類別では敷金返還請求が最も多い（255件，17.3％，全国では交通事故，売買代金の割合が高い）。弁護士訴訟は少なく（原告側102件，6.9％，全国では総数で413件），ほとんどが本人訴訟であり，法人等が原告となるのは3割程度である（525件，35.7％）。訴状は，簡裁備えつけの定型訴状用紙が多く利用されている（948件，64.4％）。また，ある程度の数の事件では，司法書士の関与の指摘がなされている。利用回数制限の届出は守られているようである。訴状の提出時に書証が同時に提出されている割合が非常に高い（1333件，90.6％）。人証調べの実施はあまり行われてないが（人証なし294件，63.0％，全国では証人尋問473件，当事者尋問760件），複数人の人証調べはかなり実施されている（2名以上132件，28.3％。電話会議の利用は0件）。通常訴訟への移行は，2割弱である（210件，16.0％）。一期日審理原則は，ほとんどの事件で実施されており（2回以上14件，3.0％），訴え提起から40日程度で期日が入れられており，審理時間は2時間ほどで9割近い事件がすんでいる（401件，86.0％）。事件処理については，東京簡裁では，訴えの取下げ・和解で終了している事件が5割を占め（全国統計5958件中，取下げ1231件，和解2158件，56.8％，東京簡裁，取下げ246件，和解407件，49.8％），判決までいったのは3割程度で（全国2532件，42.0％，東京444件，33.9％），その内，欠席判決が8割を超える（全国1799件，71.0％，東京384件，86.5％）。また，支払い猶予・分割払い判決は，22件である。他は，移行により終了している。異議の申立ては，判決言渡し事件に対して24件しかない。

III 民事訴訟法編

II　問題点

　以上，少額訴訟手続の概要と新法施行後の利用状況を概観したが，そこからどのような問題点を抽出できようか。基本的には，実務運営上の問題と法理論上の問題に分けることができよう。以下，紙幅の関係上，その基本的問題点と思われるもののみを抽出する。

　実務運営上まず問われなければならないのは，少額訴訟の目的のひとつである従来訴訟の場に顕出することのなかった小規模な生活紛争が裁判所に顕出しているかという点である。利用状況をみると，テレビ等で広報された後に利用数が激増していることが注目される。このことは，多くの小規模な紛争が社会に潜在していたことを示し，他方，その紛争処理を市民は望んでいたことを窺い知ることができる。ここから，少額訴訟の広報活動が重要であることがわかる。つまり，少額訴訟制度を国民に広くアピールし続けることによって，社会的に認知され，「サービス機関」としての創設目的の実現が期待できる。ところが，ここに一つの問題が生じる。つまり，現在の簡易裁判所の執務体制では現在よりさらに利用数が増えた場合に，ハード面で耐えられないという点である。裁判官，書記官不足である。しかし，これを理由に広報活動を縮減することは，少額訴訟制度を無に帰することにつながる。それゆえ，司法改革の重点課題のひとつとして，少額訴訟の広報活動とハード面の充実が浮かび上がってくる。

　次の問題は，一期日審理の原則を維持し，この手続による審理を成功させるためには事前準備が不可欠との一致した認識から（前掲金法1538号26頁，シンポ「新民事訴訟の審理」法政研究65巻3・4号888頁など参照），その工夫をいかにすべきかである。具体的には，裁判所の書記官による窓口指導，弁護士の法律相談などの充実が課題となってくる。

　第3に，少額訴訟により取得された権利は現実に実現されたかが問題となる。通常の市民意識からすれば，権利が現実に実現されて初めて，紛争は処理されたといえる。それゆえ，執行の局面が重要である。しかし，どの程度任意履行がなされたか，まだ資料がない。ただ，訴訟の終了状況をみる限り，判決のうち欠席判決の比率が高いことは，これらの事件では，任意履行の実行性が低く，基本的には債務名義取得が少額訴訟利用の主たる機能となっていることを示している。また，より重要と思われるのは，訴えの取下げ，和

解が全体の半数を占める点である。これは，少額訴訟判決により紛争を処理するという側面よりも，判決を得る前に，少額訴訟制度を通して相手方を交渉の場につかせ，相手方の任意履行を促す側面でこの制度が機能していることをも示すものであろう。こうした機能は，少額訴訟制度の当初予定していなかったものであり，むしろこれが主要な機能となっている点が重要である。異議の申立てや移行率がさほど高くないのは，かかる機能が影響していることが推測される。したがって，今後の運用は，かかる機能を念頭に置くべきかが問われることになる。

　理論的には，多くの問題がある。例えば，①事件対象に拡張の可能性，つまり，債務不存在確認訴訟の可否，少額動産引渡訴訟の可否などが問題となる。また②一部請求の可否も問題である。さらに，③一期日審理の原則のために証拠調べの即時性の要請，調書判決制度等は，事実上，通常訴訟より心証度を下げているといえるが，かかる審理方式は適正裁判の保障という観点から正当化されるかという点も問題となろう。また，④証拠調べの即時性の要請の点で，疎明の場合の証拠の即時性との関連性の理論化や，訴状陳述前の証拠決定の適法性も問題となる。⑤支払猶予・分割払い判決の既判力は，どのような範囲で生じるのか，その判決の性質はどう把握すべきか，これらの判決に対する不服申立禁止（375条3項）の正当化根拠なども重要な問題である。そして，⑥異議審における異議前の証拠調べの効力及び異議審における終局判決の効力の問題などもある。しかし，いずれも決定的な解決までに至っておらず，今後の判例・学説上の議論の深化が望まれている（少額訴訟の問題点については，竹下守夫ほか「研究会・新民事訴訟法をめぐって（27, 28）」ジュリ1146号122頁以下，1147号292頁以下，松村・前掲論文など参照）。

III 展　望

　少額訴訟については，前述のように，理論的に解決すべき問題は多々ある。しかし，個々に論じることは，紙幅の関係上，ここでは不可能である。そこで，以下では，本書の趣旨からも，実務・運用上の観点を中心に，司法改革をも視野に入れ，若干の問題に絞ってその将来の展望を試みたい。

　まず少額訴訟制度利用のあり方である。現在の利用状況では，相手方を交渉の場につかせ，相手方の任意履行を促す機能が重要となっている。こうし

III 民事訴訟法編

た利用形態の事件では，権利・義務関係が明確である場合が通常であり，低廉な費用で裁判官による審判という権威的側面の利用が意識されていると言えよう。従前の潜在的紛争の掘り起こしという点では，評価できる。ただ，かかる利用形態は，少額訴訟制度の創設趣旨とは若干ずれるように思われるが，他に任意履行の席に着かない者に圧力をかける類似の制度がない以上，今後も変わらず維持されることが予想される。むしろ，かかる機能を積極的に評価し，少額訴訟の利用の促進を進めることが司法と国民との関係では有意義と思われる。

第2に，一期日審理原則をとる少額訴訟制度が成功するには，事前準備の充実が不可欠である点が重要である。これが，制度運用上の最大のポイントとなる。現在，書記官による窓口指導がなされているが，基本的には手続教示が中心である。しかし，審理の準備である以上，裁判官と書記官の連携による事件の実体的教示をも含めた裁判所サイドでの積極性が不可欠となってこよう（松村・前掲体系427頁参照）。また，それだけでなく，弁護士による法律相談を通したサービス提供も重要となる（弁護士会内部でも報酬規定の改定や民事少額事件照会センター（仮称）などの提案がなされており，今後の展開が期待される（例えば，東弁法友会新民訴法実務研究部会編『実践新民事訴訟法』（ぎょうせい，1998年）354頁参照））。さらには，司法書士への業務委託の認可も検討されてこよう（松村・前掲体系430頁参照）。

第3に，事前準備の充実とも関わってくるのだが，少額訴訟制度のハード面の改革が重要である。司法サービス機関として少額訴訟制度を設置した以上，広く広報活動を持続的に展開すべきである。しかし，それにより，事件数が増大すれば，現在の執務体制がパンクするのは必然である。司法政策のツケを国民に負担させる形で司法サービスを拡充しないとすれば，本末転倒である。今日の司法改革議論の中で，少額訴訟のハード面の充実も図られるべきである。また，その間の暫定措置として，パートタイム裁判官，司法委員の積極的活用，休日・夜間開廷などの工夫も考慮すべきと思われる（利用が増えれば，さらに，事件対象の拡張も議論対象となってこよう）。

いずれにせよ，「1日数時間で裁判が終わる」少額訴訟制度は，国民にとって魅力的でないわけはない。国民の司法意識転換の試金石となりうるものであろう。それゆえ，この制度の利用が増えることが望まれる。そして，その結果として，必然的に様々な問題点が顕在化してこよう。その時に，真

の意味での少額訴訟議論が始まるように思われる。

◇ **参考文献**

　少額訴訟制度は，新法により改正の目玉の一つとして導入されたものである。それゆえ，文献も多い。さしあたり，立法者の見解を知るためには，法務省民事局参事官編『一問一答新民事訴訟法』（商事法務研究会，1996年）386頁以下がある。また，少額訴訟をめぐる立法過程の議論と論点を鳥瞰するには，竹下守夫ほか「研究会・新民事訴訟法をめぐって（27，28）」ジュリ1146号122頁以下，1147号292頁以下がある。また，実務の認識を把握するには，最高裁判所事務総局民事局監修『簡易裁判所における新しい民事訴訟の実務』（法曹会，1998年）がある。研究者による少額訴訟研究としては，松浦馨「新少額訴訟制度の趣旨・目的と性質並びに若干の問題点について」司法研修所論集1998年1月（100号）45頁以下，小島武司「少額訴訟手続の意義」竹下守夫編集代表『講座新民事訴訟法Ⅲ』（弘文堂，1998年）195頁以下，池田辰夫「少額訴訟の手続構造」民訴法の争点〔第3版〕（有斐閣，1998年）310頁以下，松村・前掲論文などがある。実務家によるものとしては，宗宮英俊＝石崎實「少額訴訟手続の構造」前掲・講座223頁以下，井上英昭「少額訴訟に関する特則」滝井繁男ほか編『論点新民事訴訟法』（判例タイムズ社，1998年）515頁以下などがある。また，司法書士サイドからの文献として，日本司法書士会連合会編『少額訴訟ガイダンス』（青林書院，1999年）がある。

12 民事執行とその実態

[西川佳代]

I 現状分析

　民事訴訟が判決，あるいは和解で終了したとしても，その内容が履行されなければそれらの判決や和解は単なる紙切れにすぎなくなってしまう。国家はこのような場合に備えて自力救済を禁止しつつ，判決や和解内容が任意に履行されたのと同じ状況を作り出す制度を設けた。これが民事執行制度である。

　1　民事執行制度の概略　現行の民事執行法（昭和54年法律第4号）は，旧民事訴訟法（明治23年法律第29号）第六編の強制執行および仮差押え・仮処分と，担保権実行のための競売および形式的競売に関する競売法（明治31年法律第15号）を統合して成立し，昭和55年10月1日より施行された。

　国家の強制権力の発動としての強制執行と，担保権に内在する換価権を基礎とする競売手続は，その性質を異にするという認識から区別されてきたが，結局のところ私法上の権利の強制的実現という点では目的を同じくすること，また，実際上も同一物の上に競合することがあるため，両者の区別の合理性が疑われていたのである。

　その他に，民事執行法においては，それまで即時抗告による執行停止が手続の遅延を招いていた点をあらためるため，不服申立方法の整備と執行停止の合理的制限を行い，また，競売ブローカーの排除のために入札方法を整えるなど，手続の近代化・合理化が図られたのである。

　なお，その後，民事保全法（平成元年法律第91号）の成立に伴い，仮差押えおよび仮処分に関する規定が民事保全法に移され，また，平成8年には住専処理対策等との関連で，および平成10年には金融再生関連法との関係で，

一部の改正を経て現在に至っている。

❷ **執行制度の基本構造——執行の正当性保障の観点から**　民事執行においては，判決手続などの観念的な処分と異なり，執行債務者の生活圏に国家機関が直接踏みこむという性質を持っている。そのため，国家としても正当な法的根拠をもって慎重に執行を行うことが要求される。

しかしながら，その反面，執行債権者の立場からは，迅速性・効率性も要求される。

この正当性と迅速・効率性の相矛盾する要求を満たすため，民事執行法は執行機関と判断機関を分離した。債権者は実体権の確定や判断を，判決手続をはじめとする判断手続に要求し，その判断結果たる債務名義や執行文，担保権実行名義を執行機関に提出する。そして執行機関はそれらの名義が適法に存在するならば，その実体的内容について実質的な判断をすることなく執行に専念するのである。

他方，執行開始後，債務者が執行債権の不存在，消滅等を主張しても，執行機関は迅速性・効率性の観点から，および執行機関が執行官である場合にはその資格の観点から実体的な審理・判定をすることはできない。従って，債務者は執行債権や担保権の不存在等について執行手続とは別に判決手続などで不服を申立て，そこで作成された法定の文書を執行機関に提出することにより民事執行の停止・取消を求めなければならないのである。

このように，民事執行の正当性は，その迅速・効率性の要求との関係で，債権者の執行名義提出責任と債務者の反対名義提出責任の双方により確保されると考えられているのである。

❸ **執行手続の進行プログラム**　民事執行は，それによって満足を与えられる請求権が，金銭の支払いを目的とするものか否か（金銭執行か非金銭執行か）によって手続構造が異なる。

金銭執行は，その執行の対象により，動産執行，不動産執行，船舶・航空機・自動車などの準不動産執行，債権執行に区別される。このうち動産執行については執行官が，不動産執行，準不動産執行，債権執行については執行裁判所が執行機関となる。例えば不動産執行の場合は，執行裁判所の競売開始決定により差押えがなされた後，現況調査や評価，物件明細書の作成など売却の準備が行われ，それらの公開により買受希望者を広く募る。その後，入札等によって決定された買受人の代金納付によって，当該不動産の所有権

は買受人に移転し，配当期日において配当が実施されることになる。動産執行の場合は，執行官が直接債務者の動産を占有することによって差押えをなすなど，それぞれ手続が異なるが，基本的には競売の場合，差押え — 換価 — 配当という共通プログラムをふむ。

非金銭執行には，このような共通プログラムはなく，請求権の目的に応じて執行手続は様々である。例えば，物の引渡・明渡請求権については直接強制によるが，作為・不作為請求権については代替執行か間接強制による。さらに意思表示を求める請求権については，意思表示の擬制による。

前述のように執行機関は執行のみに専念するシステムとなっているため，執行手続がいったん開始されると，債権者や債務者の協力がなくとも執行手続が進行できる建前となっている。そのため，債権者，債務者，その他利害関係人は，交渉，和解などの利害調整の必要が出てきたとしても，それを執行手続外の場で行わなければならず，また，そのような交渉が進んでいても，執行を停止する手段は法的には制限されている。このような手続の硬直した部分は，従来，実務の運用や個々の執行機関の日常的な微調整によって柔軟化されていたと思われるが，近年，以下でみるように，執行の迅速化が社会的にも問題になるにつれ，実務における執行手続外の状況との調整配慮の観点が失われつつあるのではないかと思われる。

II 問題点

1 執行制度の実態　前述のように，金銭執行においては基本的に，差押え — 換価 — 満足のプログラムに沿って執行は行われ，これによりあたかも債務者によって任意に実現されたのと同じ状況を作り出すことになっている。

しかし，その実態に目を向けてみると，例えば強制執行の場合，換価，満足の段階に至るのは，不動産執行，準不動産執行，債権執行の場合，全体の16％にすぎず，取下げが43％を占めている（平成10年度司法統計年報による）。特に，動産執行においては，債権者が執行申立ての際に指定した場所に差押えるべき動産がなく執行不能に終わる場合が約83％を占め，取下げとあわせると約93％になる（執行官雑誌30号。平成10年度の統計）。このことは，強制執行においては，差押え — 換価 — 満足のプログラムによって終了するケー

12 民事執行とその実態

スの方が例外であるということを示す。

次に担保権実行は強制執行よりも件数自体多く、満足段階まで進む割合も高い。担保権実行において近年問題となっているのは、バブル経済の崩壊による事件数の増加と、いわゆる執行妨害の顕在化である。

典型的な例は、担保権実行が開始される前後から、担保物件の所有者ではない第三者が短期賃借権などを権原として物件を占有するというものである。これによって、買受人になろうとする者に対して即座には物件を使用できないような印象を与え、買受申出を躊躇させ、売却手続の停滞をはかることを目的とする。

これらの現象に対しては、不良債権の処理を急迫の課題とする経済界のみならず、公的資金導入により関心をもった国民により早期の対策が望まれる事になったのである。

② **執行妨害排除の方策**　執行妨害の排除には、まず実務が先鞭をつけた。例えば、東京地裁は、民事執行法上の保全処分（民事執行法55条の売却のための保全処分、同77条の買受人のための保全処分）において、その相手方を「占有補助者」概念を使いつつ「債務者（担保権実行の場合は所有者・債務者）」だけでなく第三者にまで拡張していった。

この背景には、最高裁判決が抵当権者自らはもちろん所有者に代位しても、濫用的短期賃借権に基づいて抵当物件の占有者を排除できないと示したことから（最判平3・3・22民集45巻3号268頁）、抵当権を被保全権利とする民事保全法による仮処分を使用することができないという事情もあった。抵当権者は、民事執行法上の保全処分による以外、執行妨害的占有者を排除する手段を持っていなかったのである。

このような事情を受けた前述の実務の努力は、平成8年の住専国会（第136回国会）における民事執行法の一部の改正によって追認されるかたちとなった。55条、77条および83条では、保全処分の相手方は、「債務者」だけでなく「不動産の占有者」が含まれることとされた。そして特に55条では、それらの者が「価格減少行為」をしていることが認められればそれらの行為の禁止、および一定の行為を命ずることができるようになり（55条1項）、それらに違反した場合のみならず1項では価格減少を防止することができないと認められる場合にも執行官保管命令が発令されることによって相手方の占有を解くことができるようになったのである（同2項）。また、抵当権者

に競売開始決定前に不動産の価値保全手段を与えた187条の2も新設された。

さらにその後平成10年には，金融再生関連法の一つとして「競売手続の円滑化等を図るための関係法律の整備に関する法律（平成10年法律第128号）」が成立し，競売の迅速化，執行妨害の排除が図られた。売却前の段階で執行妨害行為をする占有者を排除するため，差押え債権者の申立による保全処分も新設され（民執法68条の2），濫用的な執行抗告については，「民事執行の手続を不当に遅延させることを目的としてされた」として原審却下すべき旨が規定された（民執法10条5項4号）。

③　**動産執行の間接強制的効果の排除**　このような方策から，不良債権処理の最前線として不動産競売の利用件数が高まっているのに対し，動産執行の方は申し立て件数が減少している。

従来から動産執行については，そもそも動産の価値自体が低いことから執行制度によって回収できる金額が少なくむしろ間接強制的効果をねらって執行申立てが行われているということや，いわゆる道具屋などの立ち会いによる軒下競売になりがちであることに対しての批判が多かった。これを受けて東京地裁が間接強制的効果をねらった動産執行の申立てを排除するために動産執行の運用を一部改め，これにより利用が減少したようである。

動産執行を利用する申立債権者は，これまで信販会社等の組織債権者が大半を占めていた。これらの債権者は動産執行の間接強制的効果により，執行手続外で債務者が任意に支払をすることを期待するか，そうでなくても執行不能調書さえ手に入れば税務処理が可能となるので，それを目的としていたと言えよう。つまり，差押え──換価──満足という執行プログラムを経ることを必ずしも目的としていなかったのであり，東京地裁の運用の変更は，この点を考慮してのものであると考えられるのである。

◇　**軒下競売**

動産執行の場合，差押え物の90％以上が家財道具であるということから，債務者に保管させるため，売却場所が債務者方となることが多い。これを軒下競売といい，民事執行法成立以前から批判されてきたところであるが，現在でもこの傾向は続いている。

軒下競売の弊害は，債務者宅という閉鎖的な空間で競売が行われるため，大都市の場合，道具屋といわれる古物業者がさしたる競争もなく評価

額前後で動産を買い受け，搬出しないまま債務者やその近親者に買い戻させることにある。執行によって債権者・債務者にとってはわずかな金額の回収がなされただけという結果に終わり，古物業者が利益を得るだけということになるからである。

しかしながら，現状では家財道具については運搬方法や保管の費用，保管場所，売却場所の確保など問題は多く，人的側面，費用的側面から軒下競売からの脱却は難しいと言われている。不動産執行についてはインターネットによる情報提供がなされているようであるが，動産執行についてもネットによる売却など新しい手段は考えられないだろうか。もっとも，古物業者の介入を正面から認め，買い戻し交渉が債務者に極端に不利にならないような指導をしている地域もあるようだ。

4 **執行制度が果たすべき機能とは？**　以上のように，現在，民事執行においては実務および立法の方向として，より迅速で効率的な執行が目指されているようであり，それはまた，景気回復を期待する政財界のみならず国民全体の期待によるものでもあると考えられるであろう。不動産執行における執行妨害の排除も，動産執行の運用改善による間接強制的効果の排除も，迅速かつ効率的な執行という側面からは正当化されるものである。

しかしながらこれらの改革は，執行手続というフォーマルな場面からそれらの問題を消し去ったというだけあり，執行手続の外に問題が押しやられているのではないだろうか。そしてこのような方策は，現代社会における執行制度のあり方としてふさわしいのであろうか。

例えば，従来，間接強制的効果や執行不能調書を目的としていた債権者は，動産執行を申し立てることを抑制された結果，債務者と任意に交渉するほかない。最近社会問題となった「商工ローン」の取立てを想起するまでもなく，そこでの債権者と債務者の交渉が対等に行われているのかどうかは問題とされねばならない。

また，今後は，少額訴訟判決の実現という問題も生じうる。少額訴訟手続により1日で判決を勝ち得たとしてもそれを債務者が任意に履行しない場合には，通常の事件と同様の強制執行手続しか存在しないのが実情である。執行費用や債務者の財産状態の調査コストを考えあわせると，少額判決債権者は動産執行手続を利用する可能性が高いのではないだろうか。その際にも，

動産執行は効率的でないからという理由で手続の利用を妨げるのでは，せっかく少額訴訟手続が新設されても，執行までを考えあわせると利用者にとってはまったく効率的ではないということになってしまうだろう。

現代社会における執行制度は，その果たすべき機能や位置づけについて再検討する時期にきているのではないだろうか。

III 展 望

多発する執行妨害や動産執行の間接強制化は，確かに現在の迅速性と効率性という基準からみれば病理現象と言えるだろう。しかしそれはそもそも現代社会における債権者債務者を取り巻く状況と，執行制度の基本構造がマッチしていないからこそ生じているとも考えられるのである。

金銭消費貸借一つをとっても，返済不能時には法の世界とは別の共同体内でのサンクション発動が期待される社会と，無人契約機であたかも自分の口座から金銭を引き出すかのような錯覚を受けるくらい簡単に借り入れが可能であり，たとえ返済が遅れたとしても日常生活にはほとんど影響のない現代社会とでは，法や執行制度・執行機関に期待される役割は異なるのではないだろうか。現代社会においては動産執行が開始され，執行官が自宅にやってきてはじめて自分のおかれている状況を認識したり，執行官との対話こそが当該金銭消費貸借に関して人と直接向き合って話す最初の機会であるということも考えられるのである。

債務名義や担保権実行名義の作成過程をみても，支払督促のようにそもそも債務者の関与なしに作成されうるものもあれば，公正証書や抵当権の登記のように紛争発生以前に行われるものもある。また，対審構造をとっている判決手続であっても，欠席判決の割合が多いことは周知のことである。たとえ両当事者が判決手続で対面し攻防を尽くして判決が出たとしても，その攻防の対象は訴訟物たる権利義務の存否に絞られているのであり，支払いの見込みや可能性，支払方法については判決が下された後に当事者間であらためて話し合わなければならないという構造となっているのである（この点，少額訴訟手続において新設された支払猶予判決等は，判断手続と執行手続との分離を相対化するものとして今後の運用が期待される）。

このような執行前の手続の貧困や，執行制度外での交渉がうまく進まない，

あるいは交渉の場を持つことすら難しいということが執行妨害につながったり，また，動産執行の申立てにより債務者側の様子を探るという利用形態となると考えられるとするならば，正当性や迅速・効率の観点のみで執行制度を考えることではもはや現代社会においては対応できないということではないだろうか。個々のケースにおいて何が最適な執行であるのかは具体的状況によって異なるのであり，それを考え実現するのはやはり当事者自身であることが認識されねばならず，それをサポートするための場の確保が執行制度・執行機関に求められていると考えられるのである。

◇ 参考文献

最近の民事執行実務については「特集・民事執行実務の新展開」債権管理85号10頁以下。

平成8年執行法改正前の執行妨害に対する実務の対応については，東京地裁民事執行実務研究会編『民事執行法上の保全処分』（きんざい，1993年），平成8年執行法改正後の実務については，高木新二郎監修・民事執行保全処分研究会編『執行妨害対策の実務（新版）』（きんざい，1997年）。

東京地裁の動産執行改善策については，粕谷和雄「動産執行をめぐる問題点と運用改善の動き」執行官雑誌28号58頁以下。

民事執行法制定当初の問題状況や実務の様子がわかる興味深い文献として，ジュリスト増刊『民事執行セミナー』（有斐閣，1981年）。

理論的なものとしては，竹下守夫『民事執行における実体法と手続法』（有斐閣，1990年）を参照されたい。

13 国際裁判管轄と裁判を受ける権利

［元永和彦］

I 現状分析

1 裁判権の行使も国権の行使の一形態である以上，当然国際法上の制約を受けるが，裁判権の行使が国際法上容認される範囲において，個々の国家が自国裁判権の行使範囲を画定することは，もとより可能である。後者の問題，即ち，裁判権の行使に関する国内法上の制約を指して国際裁判管轄の問題とするのが有力である。

国際裁判管轄の基準に関しては，これを定めた法律がないとされるところから，学説上争いがあった。主たる学説の一つは，民事訴訟法中の土地管轄の規定に従って日本国内に裁判籍が認められる場合には日本の国際裁判管轄が認められるとする逆推知説であり，これに対して，国際裁判管轄は当事者の公平，裁判の適正・迅速を期するという理念により条理に従って決定すべきであるとする管轄配分説が主張された（学説の詳細については，高橋宏志「国際裁判管轄－財産関係事件を中心にして」澤木敬郎＝青山善充編「国際民事訴訟法の理論」（有斐閣，1987年）31頁，47頁以下を参照）。

この点につき，最高裁判所は，最判昭56・10・16民集35巻7号1224頁において，外国に本店を有する外国法人については原則として日本に国際裁判管轄がないが，例外的に日本に国際裁判管轄が存在する場合もあり，どのような場合がこれに当たるかは「当事者間の公平，裁判の適正・迅速を期するという理念により条理に従って決定するのが相当」としながら，その条理の内容については，「民訴法の規定する裁判籍のいずれかがわが国内にあるときは，これらに関する訴訟事件につき，被告をわが国の裁判所に服させるのが右条理に適うものというべきである」と判示した。実質的に逆推知説を採用

したわけである。

　しかし，その後の下級審裁判例では，民事訴訟法に定められている土地管轄の規定に従えば日本国内に裁判籍が認められる場合でも，「わが国の裁判所において審理した場合に，当事者間の公平，裁判の適正・迅速を期するという理念に反する結果となるような特段の事情」があるときには，日本の国際裁判管轄は認められないという立場が採用されるようになった（例えば，東京地判昭61・6・20判時1196号87頁）。この立場は最高裁判所においても追認され（最判平9・11・11民集51巻10号4055頁），判例の流れはほぼ固まったと言える。但し，このように「特段の事情」によって国際裁判管轄の認められる範囲を調整することについては，管轄判断についての予測可能性をきわめて低くするものとして批判されているところでもある（道垣内正人「国際裁判管轄および外国判決承認執行条約案の検討(1)」NBL 675号12頁，14頁）。

　② ところで，国際裁判管轄は，日本国において訴訟手続を開始するための要件であり，それが欠けていると判断される場合には，訴えは却下される。国内事件において管轄が問題になった場合には，訴訟の全部又は一部が管轄裁判所に移送され（民訴16条1項），確定した移送の裁判は移送を受けた裁判所を拘束し（民訴22条1項），訴訟は初めから移送を受けた裁判所に係属していたものとみなされる（同条3項）ので，訴訟自体は続行されるのであるが，国際裁判管轄においては，その有無は，条約等の国際的合意がない限り，各国裁判所が独自の判断によって決定するものであるから，他国裁判所を拘束するような形で訴訟を他国に移送することはできず，従って国際裁判管轄がないという結論に達した場合には訴えを却下する他はないのである。

　このため，国際裁判管轄を如何に定めるかという問題は，裁判を受ける権利の保障（憲法32条）と密接に関係があることになる。というのは，原告にとってみれば，国際裁判管轄がないという理由で訴えが却下された場合には，他にいずれかの国で訴えを提起する必要に迫られることになるが，いかなる国が当該事案について国際裁判管轄を有するかは，厳密に言えばその国で実際に訴えを提起してみないと分からないし，場合によっては，訴えを却下された原告が他の国において再度訴えを提起することは困難である場合がありうるからである。後者のような場合は実質上裁判が拒絶されたのと同じ効果が生じてしまう。前述のように，国際裁判管轄は裁判権の行使に付せられた国際法上の制約ではなく，国際法上容認される範囲内でどのように裁判権を

行使するかという国内法上の問題であるから，ここに憲法上の問題が生じることは当然である。

そこで，国際裁判管轄の規則をそのまま適用したのでは十分に裁判を受ける権利が保障されない場合の解決策として「緊急管轄」が提唱されている。緊急管轄とは，本来自国には管轄が認められないのだが訴えを却下すると国際的な裁判の拒否が生ずる場合（たとえば，管轄肯定の可能性のある他国がすでに無管轄を宣言している場合）いわば緊急措置として例外的に自国の管轄が肯定されることを言う（高橋・前掲・38頁注(3)）。この緊急管轄という枠組みを設けることによって，国際裁判管轄の有無の判断に当たって原告の裁判を受ける権利を考慮することが可能になるわけである。なお，スイス国際私法典3条は，「本法による管轄がスイスに存せず，かつ，外国での手続が不可能であるか又は不適切でそれを要求することができない場合（unzumutbar）には，事実関係と十分な関連を有する地のスイスの裁判所もしくは官庁が管轄を有する」と規定して（訳文は，unzumutbar の翻訳を除き，石黒一憲「国際裁判管轄（上）」NBL 512号40頁，44頁による），緊急管轄の考え方を立法的に取り入れている。

II 問題点

1 緊急管轄に関しては，いかなる場合に緊急管轄を認めるかという要件が問題になる。

緊急管轄はドイツで有力に主張される考え方であるが，そこでは，緊急管轄が認められる場合として，国際裁判管轄の消極的抵触の場合（法律上又は事実上の理由から外国裁判所の判決が取得できない場合）と，外国判決がドイツで承認されない場合が挙げられている（貝瀬幸雄「国際裁判管轄の合意の効果」澤木敬郎＝青山善充編『国際民事訴訟法の理論』（有斐閣，1987年）77頁，112頁）。

法律上の理由から外国裁判所の判決が取得できない場合とは，「法制度上いずれの地にも国際裁判管轄が認められない場合」（山内惟介ほか『国際手続法（上）』（中央大学出版会，1997年）176頁［野村啓介執筆］）を指すと思われる。国際裁判管轄はそれぞれの国が独自に定めることができるのでこのような間隙が生じうるのであるが，この場合には原告が「国際的に裁判を拒絶さ

れる」ことは明白であり，まさに緊急管轄がその機能を発揮すべき場面であると言える。これに対し，事実上の理由から外国裁判所の判決が取得できない場合とは，原告に外国での訴訟追行を期待することができないような場合であろう。理論的には可能であるとしても，外国における訴訟追行が現実的でない場合には，やはり原告の裁判を受ける権利は脅かされるのであるから，この場合も管轄を認める必要性があることに変わりはない。

　一方，外国判決がドイツで承認されない場合に緊急管轄を認めるべき理由は，内国において財産が存在するためにドイツにおいて権利保護の必要が存する場合が挙げられている（貝瀬・前掲・112頁）が，これは，「内国から見て国際判決管轄のある外国で勝訴判決を得た当事者が，その判決の効力の内国における承認（あるいはその判決に基づく内国の執行判決）を求めたのに，それが拒絶されたため，内国において同旨の訴えを再度提起したという場合」（竹下守夫「権利保護の拒絶の回避と国際裁判管轄」駿河台法学10巻2号63頁，79頁）を意味するのであろうと思われる。

　2　さて，緊急管轄を日本で認めたものとして，最判平8・6・24民集50巻7号1451頁が引用されることが多い（この判決に対する学説の評価については，鳥居淳子「渉外離婚事件の国際裁判管轄・準拠法」判夕996号171頁，173頁を参照されたい）。この事件の事実関係は概ね以下の通りである。X（日本人・男）とY（ドイツ人・女）は，統一前のドイツ民主共和国で婚姻し，統一前のドイツ連邦共和国で婚姻生活を営んでいたが，YはXとの同居を拒むようになった。Xは旅行の名目で長女を伴って来日したが，その後，Yにドイツに戻る意思がないことを告げて日本で生活していた所，YはドイツでXに対する離婚と長女の親権者をYと指定することを求める訴訟を提起し，この裁判はY勝訴で確定した（以下，この確定した判決をドイツ判決という）。この一方で，XがYに対して日本において離婚と長女の親権者をXと指定することを求めて提起したのが本件である。

　本件では，ドイツ判決におけるXへの送達が公示送達によって行われたため，日本における外国判決承認の要件を充たしていない（当時の民訴法200条2号（現行民訴法118条2号に相当）参照）ことが特徴であるが，最高裁は，この点を踏まえて次のように判断した。「原告が被告の住所地国に離婚請求訴訟を提起することにつき法律上又は事実上の障害があるかどうか及びその程度をも考慮し，離婚を求める原告の保護に欠けることのないよう留意しな

ければならない。」本件ではドイツ判決の確定により「離婚の効力が生じ，被上告人と上告人との婚姻は既に終了したとされているが，わが国においては，右判決は民訴法200条2号の要件を欠くためその効力を認めることができず，婚姻はいまだ終了していないといわざるを得ない。このような状況の下せは，仮に被上告人がドイツ連邦共和国に離婚請求訴訟を提起しても，既に婚姻が終了していることを理由として訴えが不適法とされる可能性が高く，被上告人にとっては，わが国に離婚請求訴訟を提起する以外にないと考えられるのであり，右の事情を考慮すると，本件離婚請求訴訟につきわが国の国際裁判管轄を肯定することは条理にかなるというべきである。」

緊急管轄を認めるべき場合としての「外国判決不承認の場合」は，前述の通り，外国判決における勝訴当事者が内国での当該判決の不承認の場合に改めて内国で訴えを提起する場合を想定していたのであり，本件最判の事例は若干これと異なる（原被告が逆転している）ことは既に指摘されている通りであり（竹下・前掲・79-80頁，村上正子「本件批判」一橋論叢119巻1号162頁，166頁），また，緊急管轄が「本来国際裁判管轄が認められない場合に問題になるもの」である以上，緊急管轄を認めたと評価するためには国際裁判管轄決定のルールが明確になっている必要があるが，現状ではこの点に関するルールが明確であるとは言い難いので，この判決を緊急管轄を認めたものとするには疑問があるともされている（鳥居・前掲・173頁）。

しかしながら，この最高裁判決は，以下のようにも解しうるのではないかと思われる。緊急管轄が認められる場合として，国際的裁判管轄の消極的抵触の場合があるが，ここに言う「消極的抵触」とは，いかなる外国においても国際裁判管轄が認められないことを意味するのではなく，日本から見てその国の判決を承認できる可能性がある国のいずれにおいても，その国の国際裁判管轄に関する規則によればそれが認められないことを意味すると考えるべきである（山本和彦『注解民事訴訟法(5)〔第2版〕』（第一法規，1991年）446頁参照）。日本では承認できない判決を下しうる国があったとしても，日本における紛争の解決には役立たないからである。そうすると，日本から見て当該事件についてその国に国際裁判管轄権を有しうると判断され（民訴法118条1号参照），かつその国の判決の承認につき相互の保障がある（同条4号参照）ような国についてのみ，その国で訴訟追行が可能であるかどうかを判断すれば足りることになる。そして，本件においては，認定事実からは本件

についてドイツ以外に（合憲管轄以外の）の国際裁判管轄が認められる国があるとは考え難く，かつドイツ判決の存在によりドイツでの訴訟追行も不可能であるから，国際裁判管轄が消極的に抵触している場合として緊急管轄を認めたものとも言いうるのではないかと思われる。もっとも，緊急管轄に該当して管轄が認められるかどうかという点も，現在の判断枠組みにおいては結局は国際裁判管轄を認めるか否かにあたっての「特段の事情」の中で判断されるのであるから，この判決が緊急管轄を認めたと言えるか否かはさほど重要ではなく，「特段の事情」の中では原告の裁判を受ける権利も考慮されることが明確にされたことに留意すれば十分であるとも言いうる。

III 展望

今後の問題は，緊急管轄ないし原告の裁判を受ける権利の保護の必要性を特段の事情として認められる国際裁判管轄の要件の精緻化であろう。但し，特に当該事件について国際裁判管轄を有し，かつその事件について下されるであろう判決が日本で承認できないと考えるべき事情が存在しないような国がある場合において，原告のその国における訴訟追行が実質上期待できないことを理由に管轄を認めるような場合については，結局事案の全体を考慮して判断する他はなかろう（米国所在の不動産に関する売買契約上の債務の不存在の確認を求めた訴訟につき，米国での訴訟追行に著しい困難があるとは言えないとした例として，静岡地浜松支判平3・7・15判例時報1401号98頁）。

一方，原告の裁判を受ける権利は必ず日本において保護されなければならないかという問題もある。前述最高裁判決の事例は，現実に原告と原被告の長女が日本で生活をしていることもあり，日本において裁判を行う必要性が高いことが明白であったケースであったが，国際裁判管轄が消極的に抵触している場合には，事件が日本と全く関係ないとき（原被告共に日本人でなく，日本に住所・居所も有さず，係争事実も日本と関係がないような場合）でも日本に緊急管轄を認めるべきかどうかは一考の余地があるのではないか（山本・前掲446頁も「最低限度の関連性」を要件とする）。ここに法廷地である日本との最低限の関連性（国際裁判管轄の肯定に比して遙かに低いそれ）を要求したとしても，それは他の国において保護を受けるべきことの表明に過ぎず，裁判を受ける権利の拒絶とは必ずしも考えなくてもよいように思われる。

14 外国法の適用と憲法

［元永和彦］

I 現状分析

1　渉外的要素が含まれる事件については，法例の定める所に従い，外国法が適用されることが有り得るが，この場合に，準拠外国法とわが国の憲法がいかなる関係に立つかということが問題になりうる。その際には，法例33条の公序との関係も問題となる。

ところで，準拠外国法とわが国の憲法の関係を考える前提として，そもそも準拠外国法はいかなる形でわが国の裁判所において適用されるのかという準拠外国法の性質論を行うことも可能である。この準拠外国法の性質論，例えば，外国法は事実か法律かということは，主としてわが国の訴訟手続における外国法の取り扱いに関する若干の問題点，即ち外国法の証明の方法や外国法の違背が上告理由になるかどうかなどの問題の前提として，かって行われたこともあったが，現在ではこれらの訴訟上の問題は，外国法の性質から直ちにその解決が導かれるものではなく，個別の問題ごとに考察するべきであるとするのが有力である（木棚照一＝松岡博＝渡辺惺之『国際私法概論〔第3版〕』（有斐閣，1998年）71頁，櫻田嘉明『国際私法〔第2版〕』（有斐閣，1998年）117頁）。この例に倣えば，準拠外国法と憲法の関係を考察するにあたっても，当然に準拠外国法の性質から結論を導くべきであるとは言えず，その関係が具体的に問題になる場面に即して考察する必要があることになろう。

2　準拠外国法とわが国の憲法の関係をめぐる最も大きな問題であり，議論もなされてきたのは，前者の内容が後者に違反する場合をどう考えるかということである。例えば，日本の民法において非嫡出子の相続分が嫡出子の2分の1とされていること（民法900条4号但書）は憲法14条の定める法の下

の平等に反しないかが問題になる（但し，最決平7・7・5民集49巻7号1789頁は，反しないとする）ように，法例26条によって相続に適用されることとなる被相続人の本国法たる外国法についてもそれが文言上日本の憲法に適合するかどうかが問題になりうるからである。

しかし，準拠外国法は，直接には日本の憲法との関係で合憲性・違憲性が判断されるのではないとするのがむしろ一般であると言える。これは，法例33条の定める国際私法上の公序との関係の問題である。法例33条は，法例によって指定された準拠法が外国法である場合には，それが必ず事件に適用されるわけではなく，その規定の適用が公の秩序または善良の風俗に反するときは適用されない旨を定めているが，準拠外国法の日本における効力の制約は専らこの公序によるべきであって，他の内国法（憲法を含む）の制限を受けるべきではないとされるのである（溜池良夫『国際私法講義〔第2版〕』（有斐閣，1999年）236頁）。

前述した準拠外国法の性質論も，準拠外国法が日本の憲法に違反して無効とされることがありうるかという観点からも議論されている。ここでは，準拠外国法を法律と考えるとしても，それが法廷地の国際私法により準拠法として選択されることによって国内法に変質する（外国法変質説）とすると，準拠外国法を日本の憲法の下に位置させることとなり，日本の憲法に違背しないかどうかを問題にせざるを得なくなって不都合だとされる（前掲参照）。

このように考えると，法廷地たる日本の公序には反しない限り日本の憲法に反する外国の法律も適用できるかの如くであるが，法例33条のいう公序それ自体が憲法秩序の下にあるのであり，外国法が適用されて憲法違反の結果が生じていながら公序違反とならないことは考えられないとも言える（澤木敬郎＝道垣内正人『国際私法入門〔第4版補訂版〕』（有斐閣，1998年）52頁）。そうなると，準拠外国法が日本の憲法に反する場合にどうするかという問題は，法例33条の公序の問題として考えればよいことになり，特に問題は生じないことになる。

3　一方，渉外事件の解決に当たって準拠外国法ではなく日本の憲法に直接従った処理が必要な場合があると説かれることもある。憲法直結型の処理と呼ばれるものである。

これは，特に子の監護・引渡しに関して主張されている。子の監護・引渡しの問題も親子間の法律関係の問題の一環として法例21条によって指定さ

III 民事訴訟法編

れる準拠法によるのが原則であるが，これが外国の法律になった場合であっても，子の監護・引渡しは準拠外国法の内容に盲目的に従うのではなく，「子の最善の福祉」が何であるかを検討して決定すべきであるとされるのである（石黒一憲『国際家族法入門』（有斐閣，1981年）134頁。その際には，引渡しが子の精神状態にいかなる影響を及ぼすかについての専門家の鑑定意見を重視すべきことが強調される）。この「子の最善の福祉」に沿った処理の究極の根拠が憲法13条に求められているため，憲法直結型の処理と呼ばれるのだと思われる。

II 問題点

1　準拠外国法の内容についても日本国憲法の下での合憲性を考える必要性があるかどうかを考える前提として，準拠外国法が日本国憲法に反しないかどうかの判断と準拠外国法の適用結果が法例33条に定める公序に反しないかどうかの判断の異同を検討しなければならない。

法例33条の公序は，適用される外国法の内容そのものではなく，その適用の結果を判断の対象とするが，その際には事案の内国牽連性も考慮される。同じ外国法の規定が適用されて同じ結果が生じたとしても，その事案の内国牽連性が強ければ当該外国法の適用が排除される可能性が高くなり，弱ければ排除されない可能性が高くなる。

例えば，婚姻成立の要件は各当事者の本国法によるものとされている（法例13条1項）ので，イスラム法のように一夫多妻婚を認める婚姻法がその準拠法になったとすると，長年日本に居住しかつ婚姻後も日本国内で婚姻生活を継続しようとする者の間にあっても一夫多妻婚が成立するかの如くであるが，このような場合には法例33条の公序により当該婚姻法の適用は認められないこととなろう。しかるに，当該外国の中で一夫多妻婚が成立した後に婚姻当事者の一人が他者を遺棄して日本に移住したので，遺棄された者が遺棄者に日本で財産的給付を求めるような場合には，その前提として問題となる婚姻関係の成否については一夫多妻婚を認める婚姻法を適用しても公序に反しないと考えてもよいと思われる。

一方，違憲審査の方法にもいろいろあり，その詳細をここで述べるのは筆者の力の及ぶ所ではないが，少なくとも国際私法上の公序におけるような内

国牽連性は問題にされていないように思われる。つまり、少なくとも現在の所は、準拠外国法が日本国憲法に反しないかどうかの判断に当たっては、当該の事案と日本との関連性を問題とせずにこれを行なうとしうる余地があるとも考えられる。もし、準拠外国法の適用について法例33条の公序に加えて日本国憲法の下での合憲性を要求する意味があるとしたら、まさしくこの点にあるのだと考えられよう。

　２　但し、この点を考えるについては、以下のことを考慮にいれる必要があろう。渉外的要素を含む事案についての憲法判例としては、外国人の人権が争われた事案があり、その数も決して少なくはない。しかし、それは出入国管理法や公職選挙法などの日本法の規定の適用が日本国憲法に違反しないかどうかが争われたものであることに注意する必要がある。下位規範が上位規範に抵触しないことは、下位規範が形式的に有効である為に必要であるから、ここでは、内国との関連性を考慮して合憲性の判断をするかしないか考える余地はなかったと言わなければならない。それは、日本において外国法を適用する場合において、その法律が当該外国の憲法に違反して無効とされるような場合には、これを適用できないとされている（溜池・前掲238頁）のと同様である。このように、ある国の法律がその国の憲法に反しないことはその法律の形式的な有効性の問題であるから、それについて憲法の適用可能性を論じる余地はないと思われる。すると、外国法について日本国憲法の下での合憲性を判断する場合について、事案と日本に何らかの関連性を要求するべきかどうかは未知数であると考えられる。

　そうなると、問題は日本国憲法が体現している憲法秩序は日本の裁判所において外国法が適用される場合であっても「常に」貫徹されなければならないかということであることになる。

　確かに、ドイツ民法施行法6条第2文は、「それ（外国の法規定）は、特に、その適用が基本権（Grundrecht）と両立しない場合には、適用されない」としており、基本権に関する規定による審査は、事案の内国との関連性の程度に関らず行われることを定めているようにも読めるが、基本権が強調されているのは、全ての場合に基本権から逸脱している外国法の適用が妨げられることを意味するわけではなく、むしろ個々の事案においてその違反が堪え難いものであるか否かに依存するとするものもある（GERHARD KEGEL, "INTERNATIONALES PRIVATRECHT (7. Aufl.)" (Beck, 1995) 383）。

III 民事訴訟法編

　思うに，人権規定の普遍的性格を考慮するとしても，現実の憲法は各国の実定法であり，その国における解釈を加味した上で考えられる各国憲法の内容は，必ずしも同一であるとは限らないのが実際であると言えよう。たとえ複数の国において成文法規の文言が同一であるとしても，相互に独立した体系を構築する裁判所によってその解釈が行われる限り，その解釈が統一される保証はなく，実質的意味における法規の内容が国によって異なりうることは，統一私法条約の解釈をめぐって既に指摘されている通りであり（したがって，統一私法条約が批准されている領域においても，国際私法は必要である。石黒一憲『国際私法』（新世社，1994年）103頁以下，特に110-112頁），そうであるなら，自国憲法が普遍的妥当性を有するが如くにすべての準拠外国法について自国憲法の下での合憲性を判断すべきであるとする根拠は十分ではない。自国憲法を当該の事案に及ぼすべき何らかの実質的根拠を要すると考えられる。それは結局の所，当該事案と自国との関連性ということになろう。

　3　このように，準拠外国法の日本国憲法下での合憲性を問題にするとしても，事案と日本との関連性を前提にする必要があるのであれば，これを法例33条の公序と独立に問題にする必要性は薄い。法例33条の公序は前述の通りその発動に内国牽連性を要件としており，また，それ自体が憲法秩序の下にあることも前述の通りであるから，準拠外国法の日本国憲法下での合憲性は法例33条の枠組みの中で実質的に十分判断することができるからである。もっとも，法例33条の公序においても，外国法適用結果の異常性がある限度を超えると，もはや内国関連性の度合にかかわりなく，一律に公序違反とされるという立場もあり（澤木＝道垣内・前掲59頁），その場合には，結果として準拠外国法の違憲性が当該事案と日本との関連性に関わらず指摘されることとなろう。

　4　一方，以上とは逆に，日本の憲法秩序が当該の事案において強いプレゼンスを示すべき場合が「憲法直結型の処理」であると位置付けることができる。これが憲法直結型という名称で呼ばれるのは，それが「準拠法の選択・適用という通常の抵触法的処理とは別に」（石黒・前掲155頁）行われるものであって，憲法（ないしそれを究極の根拠とする子の福祉という理念）が直接に適用されるということ，及び，「『子の福祉』という，単なる私法的な権利義務関係を超えた問題が，重視されればされるほど，人身保護手続は憲法的理念と直結し，その意味では私法的色彩を乏しくしていく」（石黒一憲

「国際的な人身保護請求事件(渉外判例研究)」ジュリ733号159頁)ことに理由を求めることになろう。

確かに,その事件と日本の関連性が認められる限りにおいては,日本の憲法(ないしその理念)が言わば直接適用されることがあってよい。ただその場合には,そのような憲法秩序の下にある日本の実質法が直接適用されるというように考えることも可能であろう。一方,前述の通り,各国に異なった憲法秩序が現在していると考える限り,日本国憲法の適用が当該事案と日本との関連性に関わらず可能であると考えることは困難である。つまり,憲法的利益の擁護のためであっても,自国憲法の適用範囲をどこまでも拡張していくことは適当ではない。裏返して言えば,他国の憲法秩序がどこまでも拡張してくることを認めるべきではないということでもある。

III 展 望

各国における憲法ないし憲法的保障の内容が異なるという状態を前提とする中で自国憲法の適用範囲を考えるに当たっては,国際私法とは区別された国際基本権法 (Internationales Grundrectsrecht. KEGEL, supra, 382) を考えることも可能である。つまり,ある事実関係に自国の憲法の人権規定が適用されるかを,国際私法上の公序とは別の問題として考えるわけである。

これは,実質的には憲法の空間的適用範囲の問題であるが,結局のところ,ある事案に自国の憲法が適用されるかどうかだけを判断すれば足りるのではなく,日本との関連性の程度によって,どのような権利がどの程度保障されるのかは変化してくるのではないかと思われる。してみると,それは法例33条の公序の問題としてこれを考える場合と全く同じことになる。であるならば,私法の問題に関して言えば,実質私法的正義の問題は国際私法上の公序の下にまとめてしまう方がすわりがよいということになろう (See, Ibid.)。

むしろ問題の中心は,憲法の規定は法例33条の公序の中でどのような働きをするのか,例えば人権の種類によって差が出てくるのかという具体的な問題になるのであろうが,現実にはこれは個別のケースによって判断すべき問題であり,理論化にはなじまないと言うべきであろう。

15　法曹人口

［菅原郁夫］

I　現状分析

　わが国の法曹人口は，欧米諸国と比較して著しく少ない。多少古い資料ではあるが，1990年前後の法曹人口を比較してみると，たとえば，法曹人口で国民人口を除した法曹1人あたりの人口数は，アメリカ合衆国で330人，ドイツで817人，イギリスで359人，そして，最も法曹人口の少ないフランスでも2,351人なのに対し，わが国では同様の数値が6,390人となっている（法曹養成制度改革・ジュリスト増刊基本資料104頁参照）。これらの数値は，それぞれの国の法制度や産業構造，さらには文化的な差異を捨象したものであり，これをストレートに比較することは必ずしも適切とはいえない。しかし，欧米に比べ一見してわが国の状況との間に著しい開きがあることを示すには有益な数字といえる。わが国におけるこのような法的インフラ整備の遅れが種々の弊害をもたらしているとの指摘は繰り返しなされるところである。たとえば，①法曹が身近な存在となっておらず，国民の権利擁護の観点から問題が少なくない。②近年における急激な経済的発展と社会構造の変化，国際化の進展に伴う法的ニーズの対応が立ち後れている。③今後，国や自治体はもちろん個人や法人も法的な基準に沿った行動や紛争解決を求められることへの対応が十分でない，といった指摘がなされている。とくに近年においては社会構造が，行政主導の事前統制の社会から，司法中心の事後統制の社会へと変容しつつあり，司法の社会における重要性が増加しつつあることを考えると，これらの指摘が一層あてはまる。国内産業の発展や社会の法化にもかかわらず，司法の利用がのびず，二割司法と評される一因はこの法曹人口の不足にあるともいえよう。

15 法曹人口

　ところで，法曹といった場合，その中には主に裁判官，検察官，弁護士が含まれる。このいずれに関しても不足が指摘されているが，日常的市民生活に密接にかかわる範囲でいえば，とくに裁判官と弁護士の不足が深刻な問題といえよう。ここではこの両者に関してとくに踏み込んで考えてみよう。

　1　裁判官数　　はじめに裁判官数について考えてみる。上記の他国との比較を待つまでもなく，わが国における裁判官数の不足については，その国内での人口や訴訟数との関連からも明らかであろう。たとえば，明治初期と比較した場合，人口は，明治15年の約3,700万人が平成9年1億2,000万人と4倍近くに増加している。にもかかわらず，裁判官数は，明治15年の1,169人であったものが平成9年の2,899人に増加するものの，その伸び率は3倍弱の増加を示しているに過ぎない。さらに注意を要するのは，後者の裁判官数には簡易裁判所判事の数も含まれており，これを地裁以上の事件を担当する判事・判事補等に限ってみた場合，その数は，平成9年で2,093人で明治初期に比べ2倍の数にも至っていないことがわかる（【グラフ1】参照）。人口数の増加は潜在的に紛争の増加をもたらすと考えられる。加えて，近時の法化社会を考えるとき，裁判官数の少なさは歴然たるものがあるといえよう。

　もちろんこのような状況は徐々に改善されつつある。たとえば，平成3年頃からは法曹三者を中心とした改革の経緯に対応して，判事補定員の増加が毎年10人から20人の範囲でおこなわれてきているし，司法研修終了者からの判事補任官数も，かつては60人程度であったものが近時は100人近くに増加している（六本佳平「法曹人口」ジュリ1170号47頁）。しかし，上記の趨勢から見ると，これらの努力も決して十分なものとはいえまい。

　2　弁護士数　　裁判官数の伸び率の低さに比べ，弁護士数は比較的高い伸び率を示している。こちらは，明治17年に1,029人であったものが，平成9年には15,866人となっており，人数的には約15倍に増えたことになる。しかも，平成7年の法曹養成制度協議会（改革協）の意見書をうけて，平成9年には司法試験の合格者が従来の500人から800人に増加し，平成10年度には1,000人と増加している。それによって，裁判官，検察官，弁護士数がそれぞれ増加することが予定されている。そして，そのなかでもとくに弁護士の場合は増加率が高く，試算によると，平成23年までには，現在の1.5倍の25,820人に増えることが予想されているし，さらに今後，年間1,500人の合格体制に入った場合，平成23年には弁護士数が約28,000人となることが予想

されている（日本弁護士連合会資料「2010年への司法改革」自由と正義49巻4号166頁）。このように，弁護士数に関しては，裁判官数に比べ，かなりの伸び率を示し，かつ，今後も増加が見込まれる。しかし，はたしてそれで十分な数の弁護士がわが国に存在しているといえるのであろうか。残念ながらその答えは否定的に解すべきであろう。というのは，前記平成7年の改革協および平成9年の法律扶助研究会の行った調査からの推定によると，成人人口の約20〜27％が，過去10年間に法律問題を抱えていたことが示されている（法律扶助制度研究会報告書（平成10年）資料47頁参照）。これから推計すれば，平均して1年に成人人口の約2％程度が法律問題を抱えていたことになり，今日の成人人口（平成10年，99,619,000人）を掛け合わせた場合，年間約200万人の人々が法律問題に直面しているからである。かりに弁護士が年間50件の問題を処理したとしても，4万人程度の弁護士が必要なことになるのである。

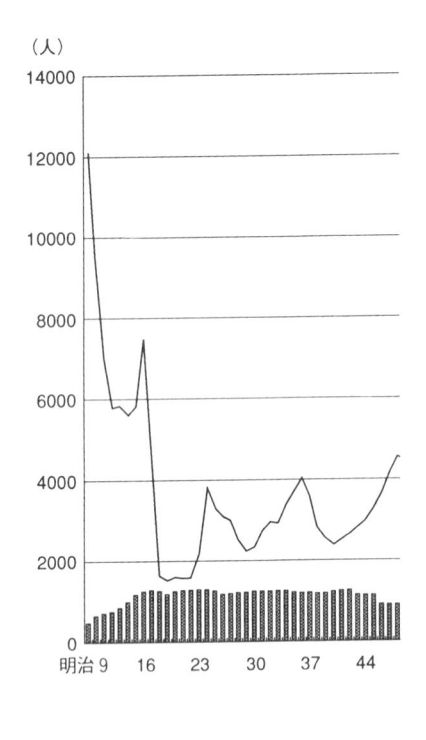

II 問題点

それでは，このような状況の下で果たして如何なる問題点が指摘されうるのであろうか。裁判官の不足によってもたらされると一般に指摘される問題点は，訴訟の遅延と審理の粗雑化という点であろう。しかし，審理期間の点に関しては，客観的なデータは必ずしもわが国の訴訟が目立って遅いことを

15 法曹人口

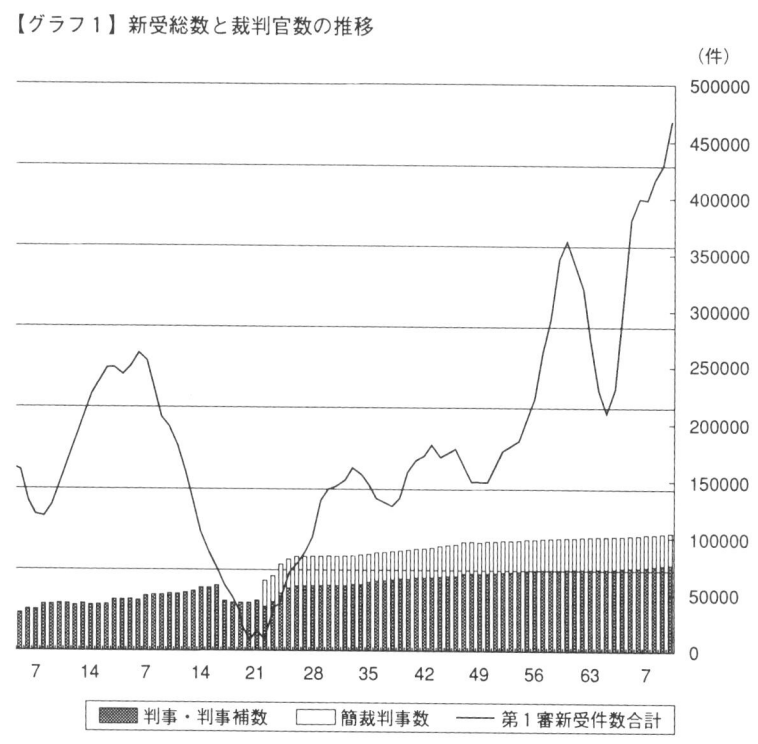

【グラフ１】新受総数と裁判官数の推移

（件）

判事・判事補数　簡裁判事数　第１審新受件数合計

示しておらず，かつ，平成８年の民事訴訟法の改正以降，審理の迅速化がはかられ，審理時間が一般的に短縮されることが予想されている（最高裁判所「21世紀の司法制度を考える — 司法制度改革に関する裁判所の基本的な考え方」判タ1017号７頁参照）。しかし，問題は時間の点のみではなく，その審理内容の方にも目を向けなくてはならない。実際，裁判利用者に対するアンケートは，期日の間隔があきすぎる点のほかに十分に話を聞いてくれない点などを指摘している（司法改革推進センター編『裁判官が足りない日本』（時の時報社，1998年）48頁以下）。また，裁判官数の不足による加重負担が，審理形態等に影響を及ぼしていることを示唆する客観的なデータも存在する。たとえば，戦後の民事訴訟数は経済変動と連動し，大きく上下動している（この点に関しては，林屋礼二編『データムック民事訴訟』（有斐閣，1993年）６頁以下参照）。前述のように，にもかかわらず裁判官数はほぼ一定しているわけであるから，

III 民事訴訟法編

事件数の変動によって裁判官一人当たりの処理事件数も大きく変動していることになる。その間，昭和43年および昭和57年に裁判官の一人当たりの事件処理数がピークに達している。そしてまさにこの時期に，地方裁判所では訴訟上の和解の件数が対席判決数を上回る（【グラフ2】参照)，あるいは，簡裁の事物管轄が30万円から90万円に引き上げられ，多量の事件が地裁管轄から簡裁管轄に代わるといった状況が生じている。これらの状況は，裁判官の事件負担の増加が審理内容や司法行政に大きな影響を及ぼしていることを示しているといえる。その意味で

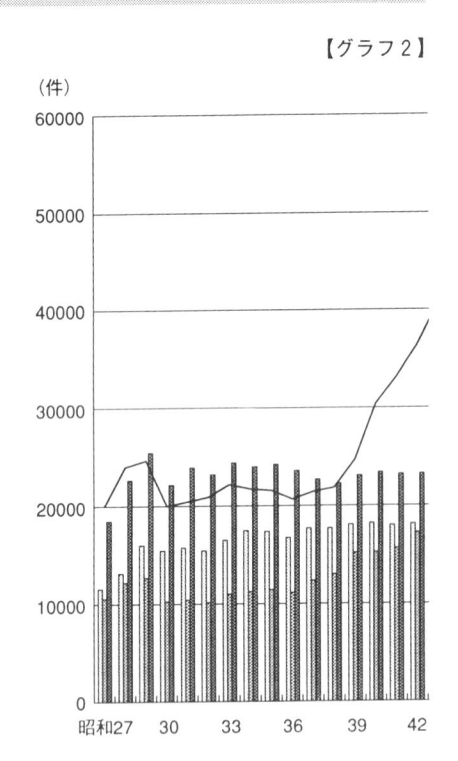

【グラフ2】

は，裁判官不足は，目に見えにくい部分で利用者に影響を及ぼしている可能性は否定できない。とくに，裁判官が和解に深く関わる日本の実務では，裁判官の時間が具体的なケースについて法的判断を下し，それをとおして法的ルールを明確化したり，細密化したり，創造したりするというルール形成機能以上に，個別的な紛争処理に相当割かれる結果になっているといった指摘もある（六本・前掲論文49頁）。

つぎに，弁護士数の不足はどのような問題をもたらすのであろうか。わが国の場合，弁護士数の不足は，単に絶対数の不足ということだけではなく，弁護士の大都市偏在という形でも生じている。すなわち，弁護士の多くが東京，大阪などの大都市に集中し，日本各地に「無弁護士地域」と呼ばれる地域が大きく広がっているといった形でも問題が生じている。その結果，地域

15 法曹人口

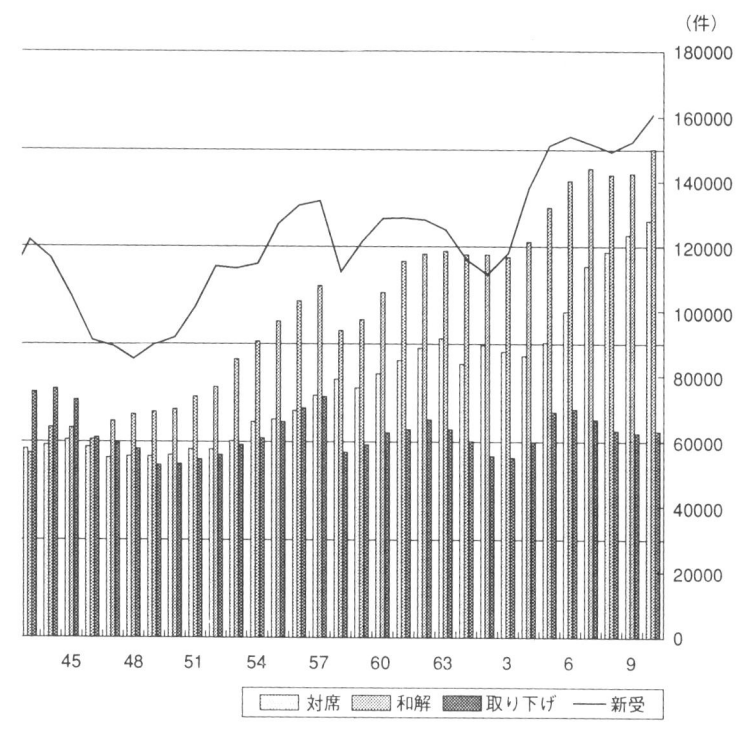

新受件数と対席判決、和解、取下げ数の推移

(件)

凡例: 対席 / 和解 / 取り下げ / ── 新受

によっては十分な法的サービスが受けられないといった問題が生じている。また，限られた数の弁護士層では，専門分化が生じず，利用者のニーズに合わせたサービスの提供がなされないといった問題も生じる。とくに，近時の規制緩和に伴い行政指導中心の事前統制の社会から，訴訟など事後統制の社会に変化するにあたって，知的財産関係事件など専門性の高い事件を扱うことのできる弁護士の不足，企業や公官庁内で内部の法的需要に応える法律家が不足しているといった点も指摘されている。

III 展望

それではこのような問題に対し，どのような対応が必要なのであろうか。

III 民事訴訟法編

　裁判官不足に対しては，端的にその数を増加させることが急務であろう。しかし，現行制度内において裁判官数を増加させることはそれほど容易なことではない。司法試験合格者のなかから裁判官を選任する現在のキャリアシステムのもとでは，裁判官ははじめから判事となるのではなく，まず判事補として任官し，相当期間（特例で5年（判事補の職権の特例等に関する法律1条），通例で10年）単独事件を担当できない期間が存在する。そのため，今日，裁判官数の増大を目指し，判事補数の増加をはかっても，実際上十分な効果が現れるのは相当年数先になるのである。そのため，今日の裁判官不足を解消するためには，このような基本的な裁判官任用システムを抜本的に変えるか，あるいは，今日の任用システムを基本的に維持し，漸次裁判官数の増員を試みると同時に，並行して，裁判官不足を補完する対応を試みることの二つの方向が考えられることになる。

　前者のアプローチが法曹一元制度の導入である。これは英米においてとられている制度であるが，裁判官はすべて相当の経験を経た弁護士のなかから選ばれる制度である。わが国もかつてこの制度の導入が検討されたが（臨時司法制度調査会），その時点では，時期尚早として見送られている。しかし，現時点では弁護士数の大幅な増員も目指されており，それと併行して，裁判官の任用システムを変えることによって，より多くの経験ある裁判官を弁護士のなかから登用しようという意見も強く主張されている（ただし，法曹一元制度導入論の根拠にはこのような裁判官数の確保のほかに，一般には弁護士を機軸とした法曹の一元化が国民に直結した司法制度を導くという理由の方がより強く主張される。これらの点については，日本弁護士連合会「法曹一元要綱」日本弁護士連合会編『市民に身近な裁判所へ』（日本評論社，1999年）311頁以下参照）。

　これに対して，後者のアプローチはさらにいくつかの方向性が生じうる。一つは，現状の制度内で裁判官の能力を最大限効率的に用いる方向であり，具体的には，訴訟手続の合理化や現在司法行政に割かれている裁判官能力を裁判実務に集中させるといった試みとして現れてくる。近時盛んとなり訴訟法の改革というかたちで結実をみた各種の民事訴訟実務改善の動きもその中に含まれよう。もう一つの方向性は，現在の裁判官に加え，パートタイムの裁判官制度を導入し，現状での事件負担の一部を弁護士や大学教師教員が努めるパートタイムの裁判官に負担させるといった試みである。現状では増加

する訴訟事件数も経済変動に伴い将来的には減少することも考えらる。それらの訴訟数の増加にあわせ今日のような身分保障のある裁判官を増員することは国家に過大な負担をしいることになる。そのような弊害を避ける意味でもパートタイム裁判官制度の導入が有益であるとされる（六本・前掲論文48頁，那須弘平「法曹人口の増加を最重点に ― 市場による選別への途」ジュリ1170号122頁）。

　また，弁護士数の不足に関してはどのような対応が可能であろうか。弁護士の数を増やすことは裁判官と比較した場合，比較的容易である。現状でも司法試験の合格者の増加は一定範囲での弁護士数の増加を意味している。しかし，前述のように弁護士の不足が懸念される一方で，安易な弁護士数の増加に対しては批判の声も大きい。すなわち，弁護士数の増加は，これまで閉鎖的であった弁護士会の中に競争原理をもたらし，利用者ニーズに応える多様なサービスをもたらすと見られる反面，競争原理の導入は，弁護士の生き残りのための競争を激化させ，これまで個々の弁護士が必ずしも採算にこだわらずに行ってきた多くの社会的活動，たとえば，刑事弁護活動や弱者の権利擁護運動などが行われなくなるといったことも指摘されている。また，単純な弁護士の増員は，必ずしも弁護士偏在への有効な対応手段にはなり得ず，増加した弁護士は都市にとどまり，ますます弁護士の偏在が加速するともいわれている。加えて，急激な弁護士の増加は研修期間の短縮をもたらし，弁護士全体の質の低下をもたらす可能性も指摘されている。その意味では，弁護士不足の問題に関しても，単純な増員論のみでは問題は解決せず，相当数の増員と同時に多くの施策が必要とされよう。

　その一つは，増員と併行し，その増えた弁護士が適正な方向に流れるよう受け皿を整備することである。たとえば，法律扶助制度の改革，国費による被疑者弁護，公設事務所の設置，法律相談センターの拡充といった施策がそれにあたる。これらの施策を弁護士の増加政策と並行して行い弁護士ニーズも拡大することによって，弁護士業務の過度の商業化を防止し，かつ弁護士の地方分散への道筋となることが期待されている（亀井時子「弁護士像と法曹人口」法時72巻1号72頁以下参照）。また，もう一つの法曹人口不足への対応は，弁護士以外の法律専門家への法律業務の開放という形でも議論される。すなわち，現状では法律関係業は弁護士法72条により弁護士に独占されている。にもかかわらず，前述のように弁護士の数が十分ではなく，その弊

III 民事訴訟法編

害はとくに地方の「無弁護士地域」において顕著である。この現実は，そのような「無弁護士地域」においては弁護士以外の法律専門職，具体的には，司法書士，税理士，弁理士などへの法律業務の一定範囲（たとえば，法律相談，簡裁の訴訟代理権の授与など）の解放といった主張をもたらしてもいる。裁判官数同様，弁護士に関しても一定の質を維持したかたちでの微増路線しか取りえないとしたならば，利用者たる国民の視点からは，当然このような一定範囲での法律業務解放が必要とされよう。数多く存在する法律問題の中にも，必ずしも弁護士の関与までも必要としない問題もあることは十分に考えられる。とすれば，それらを常に弁護士が扱わなくてはならいとするのは合理的ではない。弁護士の質を維持しつつも，隣接法律専門職との適切な棲み分けを模索することも一つの向かうべき方向であろう。

以上の議論から示唆されることは，共通した法曹人口不足の認識であろう。しかし，その具体的な対応に関しては法曹一元論や陪審制度導入論に見られるような法曹養成制度，司法制度全般へと問題がつらなっている。そして，これらの問題に関しては，1999年より司法制度改革審議会が本格的議論を開始している。それらの議論のなかでは，現在，多くの法曹の供給源となっている大学の法学部を実務家養成機関としてのアメリカ型のロースクールに改変しようといった提言もなされている。法曹人口の増加は急務であるとしても，裁判官であれ，弁護士であれ，いったん生み出された法曹はその社会に長くとどまるものである。その意味で，社会全般との有機的な結合を視野に入れた長期的な視野のもとでの議論が今後必要とされよう。

◇ **参考文献**

これまでの法曹人口にかかる改革の試みの結果を示すもので，法曹人口に関する多くの資料を含むものとしては，法務大臣官房人事課編「司法試験改革を考える」ジュリ増刊（有斐閣，1990年），法務大臣官房司法制調査部編「法曹養成制度改革」ジュリ増刊（有斐閣，1991年）がある。

なお，本章で言及した法曹一元や弁護士の大都市集中といった点に関しては，本文中に引用した日弁連『市民に身近な裁判所へ』（日本評論社・1999年），棚瀬孝雄「弁護士の大都市集中とその機能的意義」現代社会と弁護士1頁以下（日本評論社，1987年）などの文献が詳しい。さらに，今日の民事訴訟の客観的状況を示すものとして，林屋礼二編『データムック民

事訴訟』（有斐閣，1993年），同『民事訴訟の比較統計的考察』（有斐閣，1994年）がある。また，本項の問題は，本書憲法編「*13　司法行政*」および行政法編「*11　司法国家制と行政訴訟制度改革*」での議論も関連性を有する。あわせて参照していただきたい。

索　引

あ　行

斡　旋 …………………………… 209
アミカス・キュゥリィ …………… 47
アメリカの行政審判制度 ………… 70
アメリカ連邦最高裁判所裁判官の
　選任制度 ………………………… 50
アンパイア型裁判官 …………… 247
意　見 …………………………… 41
違憲確認判決 …………………… 67
違憲警告判決 …………………… 67
違法審査権の性質 ……………… 29
違憲判決の効力 ………………… 63
一期日審理の原則 …………… 269
一般概括主義（概括主義） …… 145
一般概括主義への転換 ……… 108
一般公開 ………………………… 7
一般的効力説 …………………… 63
違法性の承継 ………………… 166
インカメラ審理 …………… 11, 141
インカメラ手続 ……………… 245
ADR ……………………………… 209
ADR 基本法 …………………… 216
横断条項 ……………………… 159
大型店舗の出店計画の変更勧告 … 125
押しつけ和解 ………………… 240

か　行

概括主義 ……………………… 116
外国法変質説 ………………… 291
価格減少行為 ………………… 279
科学的陪審選任手続 …………… 24
隠された列挙主義 …………… 116
仮処分 …………………… 128, 132
仮の権利保護 ………………… 127
仮の権利保護のエアポケット …… 132
仮命令 ………………………… 131
下級裁判所裁判官の再任制度 …… 90
下級裁判所裁判官の任命プロセス … 88
管轄配分説 …………………… 284
環境基準の告示 ……………… 125
簡裁のミニ地裁化 …………… 268
管理型裁判官 ………………… 247
機関訴訟 ……………………… 170
期日間（期日外）釈明 ……… 220
規範統制請求訴訟 …………… 109
逆推知説 ……………………… 284
客観訴訟 ………………… 80, 97, 161
　──の拡大 …………………… 83
客観的立証責任 ……………… 135
キャリアシステム …………… 302
救済法的見地 ………………… 124
休日・夜間開廷 ……………… 274
求問権 ………………………… 231
行政改革会議最終報告 ………… 77
行政型 ADR …………………… 210
行政過程論 …………………… 149
行政機関 ……………………… 170
行政機関相互の行為 ………… 171
行政決定 ……………………… 125
行政行為 ……………………… 121
　──の瑕疵 ………………… 144
行政国家制 …………………… 181
行政裁判所 ……………… 178, 181
　──の廃止 ………………… 182
行政主体 ……………………… 170
行政審判 ……………………… 70
　──に対する取消訴訟 ……… 75
行政責任（追及）型訴訟 … 162, 165
行政訴訟制度史 ……………… 107
行政訴訟の事件数 …………… 102
行政訴訟へのアクセス …… 96, 111

索　引

行政の「時間切れ心勝」… 128, 131, 133
行訴法改正論議 …………………… 106
共同訴訟 ……………………………… 250
許可上告 ……………………………… 263
緊急管轄 ……………………………… 286
空港管理権 …………………………… 154
国地方係争処理委員会 …………… 174
国の関与に関する国と地方公共
　団体間の紛争 …………………… 174
クラス・アクション ………………… 252
形式的処分論 ………………………… 124
原因行為者＝財務会計行為者 …… 168
原因行為の違法性 …………… 162, 167
原因行為の公定力 ………………… 166
厳格な証明 ………………………… 201
権限不行使 ………………………… 168
原告適格 …………………………… 111
現在の法律関係に関する訴え …… 148
現代型行政訴訟 …………………… 106
現代型訴訟 ………… 25, 227, 243, 246
現地和解 …………………………… 236
憲法裁判所 ………………………… 32
憲法上の上訴の保障 ……………… 19
憲法直結型の処理 ………………… 291
憲法判例 …………………………… 58
権利拡張的処分 …………………… 140
権利義務変動要件 ………………… 121
権利救済における概括主義 … 153, 182
権利主体間の提起する訴え ……… 173
権利上告 …………………………… 263
権力的事実行為 …………………… 121
権力的妨害排除訴訟 ……………… 157
行為規範的拘束 …………………… 157
行為規範的コントロール ………… 156
行為形式論 ………………………… 125
行為に関する訴訟 ………………… 120
公害訴訟 …………………………… 243
公開・対審の原則 ………………… 201
公共事業 …………………………… 129
公共施設の差止を求める訴訟 …… 157

公共用営造物に関する訴訟 ……… 109
航空行政権 ………………………… 154
合憲限定解釈 ……………………… 57
公権力の行使 ………………… 111, 120
抗告訴訟 ……………………… 143, 178
　──の守備範囲 …………… 157, 158
交互面接方式 ……………………… 236
公序説 ……………………………… 10
公序良俗 …………………………… 12
公正手続 …………………………… 72
公正取引委員会 …………………… 78
公設事務所 ………………………… 303
拘束的行政計画 …………………… 122
公定力 ……………………………… 145
公法上の当事者訴訟 ……………… 147
公法と私法の区別 ………………… 155
合理的期間 ………………………… 65
国際基本権法 ……………………… 295
国際裁判管轄 ……………………… 284
国際仲裁 …………………………… 212
国際的裁判管轄の消極的抵触 …… 288
国民審査 …………………………… 41
　──の機能 ……………………… 38
　──の法的性質 ………………… 36
　──「不要」論 ………………… 37
国民審査制度 ……………………… 54
　──改善に関する立法案 ……… 39
異なる行政主体の機関の間の権限
　争議 ……………………………… 170
個別具体性要件 …………………… 121
個別（ad hoc）仲裁 ……………… 210
個別調停 …………………………… 214
個別的効力説 ……………………… 63
個別面接方式 ……………………… 214

さ 行

最高裁判所裁判官国民審査法 …… 35
最高裁判所裁判官の選任 ………… 48
最高裁判所裁判官の任命資格 …… 49
最高裁判所の機構改革 …………… 33

307

索　引

最高裁判所の負担 …………… 31
財団法人法律扶助協会 ……… 197
裁定 ……………………………… 209
最低限の関連性 ……………… 289
在廷尋問 ……………………… 225
裁判 ……………………………… 70
裁判外紛争解決制度 ………… 209
裁判官合議 ……………………… 87
裁判官に対する服務監督 …… 88
裁判官任命諮問委員会 ……… 48
裁判官の独立 …………………… 89
裁判所自治の原則 ……………… 87
裁判所等が定める和解条項 … 239
裁判所による権利侵害 ………… 18
裁判の公開 ……………………… 6
裁判を受ける権利 …… 12, 16, 130, 176, 182, 194
── の保護 ………………… 289
財務会計行為 …………………… 162
── の違法性 ……………… 162
── の違法性への翻訳可能性 … 167
財務会計行為者 ……………… 165
財務会計法規上の義務違反 … 165, 168
債務名義 ……………………… 277
裁量上告制度 ………………… 263
裁量処分に関する立証責任 … 139
裁量調査制 …………………… 259
サーシオレーライ …………… 266
五月雨式審理 ………………… 219
参審員選任手続 ……………… 26
参審制 …………………………… 21
三（多）当事者型紛争 ……… 113, 116
事案解明義務の導入 ………… 207
事件性の要件 …………………… 29
事件・争訟 ……………………… 82
事件類型に適合した審理方式による裁判 …………………… 176
自己使用文書 ………………… 232
事後統制社会 ………………… 296, 301
事実行為 ……………………… 133

── 取消の訴え ……………… 109
事実上の拘束力説 …………… 56, 57
事情判決の法理 ……………… 64
始審的争訟としての行政審判 … 72
事前統制社会 ………………… 296, 301
自治紛争処理委員 …………… 174
執行停止 ……………………… 127
── 手続の本案化 ………… 129
実効的権利救済 ……………… 96, 152
執行不停止示則 ……………… 128, 130
執行不能調査 ………………… 280
執行妨害の顕在化 …………… 279
執行名義提出責任 …………… 277
実質的証拠法則 ……………… 73, 74, 75
実体公法の復権 ……………… 155
司法委員の積極的活用 ……… 274
司法型ADR …………………… 210
司法行政 ……………………… 86
司法行政権 …………………… 58
司法行政の分権化 …………… 92
司法権 ………………… 80, 92, 112, 179
── 限界 …………………… 178, 181
── の独立 ………………… 86
── の本質 ………………… 81
司法権概念 …………………… 13
司法権観念 …………………… 66
司法国家制 ……………… 107, 178, 181
── への転換 ……………… 182
司法制度改革審議会 ………… 304
司法制度平等利用保障法(EAJA) … 199
司法消極主義 ………………… 30
司法の危機 …………………… 90
自由基準説（権利制限・拡張区分説） ……………………… 138
自由制限的処分 ……………… 140
重大な瑕疵 …………………… 149
重大明白な瑕疵 ……………… 146, 149
集団訴訟 ……………………… 250
集中証拠調べ ………………… 220
集中審理 ……………………… 220

308

索　引

自由な証明 …………………… 202
住民訴訟 ……………………… 105, 161
授益的行政行為の拒否処分 … 128, 131
主観訴訟 ……………………… 97, 112
主観訴訟制度 ………………… 174
受諾書面 ……………………… 238
出訴期間 ……………………… 145, 146, 149
準拠外国法 …………………… 290
　　――の性質論 …………… 291
準備的口頭弁論 ……………… 221
準法律行為的行政行為 ……… 121
少額裁判制度 ………………… 268
少額訴訟手続 ………………… 269
　　――の支払猶予判決 …… 270
　　――の単純執行文の不要化 … 270
　　――の調書判決 ………… 270
　　――の必要的仮執行宣言制度の
　　　導入 …………………… 270
　　――の分割支払判決 …… 270
少額訴訟判決の実現 ………… 281
上告受理の申立て …………… 263
上告審としての機能 ………… 31
上告制限 ……………………… 33
証拠提出責任（主観的挙証責任）… 135
証拠の構造的偏在 …………… 227, 244
少数意見の減少傾向 ………… 42, 44
上訴制限 ……………………… 15
少年審判手続 ………………… 9
将来効判決 …………………… 65
情報公開関係訴訟 …………… 105
証明責任配分規範 …………… 139
将来的救済 …………………… 253
職員個人の損害賠償責任 …… 168
職権証拠調べ ………………… 141
処分権主義 …………………… 201
処分性 ………………………… 120
書面による準備手続 ………… 222
自力救済の禁止 ……………… 276
審級制 ………………………… 15
進行協議期日 ………………… 222

人事訴訟の家裁移管問題 …… 205
申請拒否処分の無効確認 …… 150
真正争訟事件 ………………… 204
審判事項の附帯申立て ……… 205
随時提出主義 ………………… 222
スライド制 …………………… 195
請求認容判決の「第三者効力」… 149
成功報酬制度 ………………… 197
政治の裁判化 ………………… 32
説明義務 ……………………… 223
専決権者の違法行為 ………… 167
選挙無効訴訟 ………………… 83
戦後改革 ……………………… 108
選定当事者制度 ……………… 244
専門技術の問題に関する立証責任… 136
占有補助者 …………………… 279
先例拘束主義 ………………… 57
早期中立評価 ………………… 256
相対的行政処分論 …………… 125
送達 …………………………… 220
争点訴訟 ……………………… 128, 147
争点整理手続 ………………… 220
送付 …………………………… 220
訴願前置主義 ………………… 145
組織や手続の構成原理 ……… 78
訴訟記録の閲覧権 …………… 8
訴訟形式 ……………………… 97
訴訟参加 ……………………… 250
訴訟事件 ……………………… 201
訴訟上の救助 ………………… 196
訴訟の非訟化 ………………… 202
訴訟類型間の選択 …………… 159
損害賠償額の裁量的認定 …… 245
損害賠償責任の帰責事由 …… 167

た　行

大規模訴訟の特例 …………… 245
第三者 ………………………… 113
対質 …………………………… 225
対審 …………………………… 6

索　引

対席面接方式 …………………… 214
代替的紛争解決制度 …………… 209
多数当事者訴訟 ………………… 250
団体訴訟 ………………………… 252
担保権実行名義 ………………… 277
地方自治関係訴訟 ……………… 103
仲介 ……………………………… 209
仲裁 ……………………………… 209
抽象的違憲審査 ……………… 83, 85
中立的和解協議 ………………… 256
調査官制度の見直し …………… 47
調査義務 …………………… 138, 140
調書判決の制度 ………………… 224
調停 ……………………………… 209
懲罰的損害賠償制度 …………… 197
直接主義の形骸化 ……………… 219
直送 ……………………………… 220
定額制 …………………………… 195
定期金賠償判決の変更を求める訴え
　………………………………… 245
提訴手数料 ……………………… 194
適法性統制訴訟としての住民訴訟… 162
手続的デュー・プロセスの権利 … 17
伝統型訴訟 ……………………… 246
ドイツの参審制度 ……………… 25
動産執行の間接強制的効果 …… 280
当事者照会 ……………………… 220
　──制度 ………………… 230, 245
当事者主義 ……………………… 201
当事者訴訟 ………… 128, 153, 159
　──活用論 …………………… 153
当事者対等性の保障 …………… 182
当事者適格の拡張 ……………… 253
同時審判申出共同訴訟 ………… 252
同席調停 ………………………… 214
特別裁判所 ……………………… 179
都市計画決定 …………………… 122
取消しうべき行政行為 ………… 144
取消訴訟中心主義 ……………… 148
取引訴訟中心主義 ……………… 143

な　行

内閣総理大臣の異議 …………… 133
内国牽連性 ……………………… 292
内部的な決定 …………………… 173
二重効果的行政処分 …………… 141
二当事者型紛争 ………………… 113
二割司法 ………………………… 296
任意的口頭弁論 ………………… 202
軒下競売 ………………………… 280

は　行

陪審員の答申 …………………… 22
陪審制 …………………………… 21
敗訴者負担の原則 ……………… 195
パートタイム裁判官 ……… 274, 303
判決 ……………………………… 7
　──の自己拘束力 …………… 201
反射的利益 ……………………… 114
反対意見 ………………………… 41
　──の意義 …………………… 42
反対名義提出責任 ……………… 277
判例の変更 ……………………… 55
判例の法的拘束力の根拠 ……… 61
判例変更の条件 ………………… 59
非公開審理を求める権利説 …… 10
被疑者弁護 ……………………… 303
非訟事件 …………………… 8, 201
　──手続 ……………………… 202
　──手続法 …………………… 201
必要的口頭弁論 ………………… 201
費用取立手続の簡易化 ………… 198
漂流型長期間審理 ……………… 219
不可争力 ………………………… 149
不可分一体論 …………………… 152
覆審的争訟としての行政審判 … 72
不服申立期間 ……………… 146, 149
文書提出義務の一般義務 ……… 245
文書提出命令 …………………… 227
紛争管理権論 …………………… 252

索引

弁護士費用 …………………… 194
　——額の偏面的敗訴者負担 …… 199
　——の各自負担の示則 …… 195, 199
弁論兼和解 ……………… 221, 236, 237
弁論主義 ……………………… 201
弁論準備手続 ………………… 221
包括的公権力の行使観念 ……… 154
法曹一元制度 ………………… 302
法曹人口 ……………………… 296
法治主義的見地からの立証責任論 … 140
傍聴の自由 …………………… 8
法的拘束力説 ……………… 56, 57
法的審問請求権 …………… 204, 206
法的保護に値する利益説 ……… 116
法の支配 ……………………… 69
法律委任説 …………………… 63
法律上の裁判官 ……………… 20
法律上の争訟 … 112, 121, 170, 171, 174, 175, 178
法律上の利益 ………… 111, 148, 173
法律上保護された利益説 ……… 111
法律相談センター …………… 303
法律扶助制度 …………… 197, 303
法律要件分類説 ……………… 136
傍論 …………………………… 55
補足意見 ……………………… 41
ボン基本法97条 ……………… 23

ま 行

満足的執行停止 …………… 129, 132

ミータブ (Med Arb) …………… 215
民間型ADR …………………… 210
民事差止訴訟 ………………… 152
民事執行制度 ………………… 276
民事上告事件特例法 ………… 259
民事訴訟費用等に関する法律 …… 194
民事訴訟へのアクセス ……… 194
民事法律扶助法 ……………… 197
無効確認訴訟 …………… 143, 147
無効確認訴訟における立証責任 … 141
無効確認訴訟の補充的性格 …… 148
無効確認判決の第三者効 …… 150
無効の行政訴訟 ……………… 144
無弁護士地域 ………………… 301
無名抗告訴訟 ………………… 157
メリット・システム …………… 53

や・ら 行

要件事実の存否不明(non liquet) … 135
4号請求 …………………… 162, 167
濫用的短期賃借権 …………… 279
立証責任 ……………………… 135
Rule of Four ………………… 266
レイシオ・デシデンダイ ……… 55
例示説 ………………………… 10
列挙主義 ……………………… 145
和解裁判 ……………………… 240
和解的解決 …………………… 254
和解の謙抑論 ………………… 240

執筆者紹介 (執筆順)

笹田栄司 (奥付編者紹介参照)

亘理 格 (奥付編者紹介参照)

菅原郁夫 (奥付編者紹介参照)

日野田浩行 (ひのだ ひろゆき)
久留米大学法学部助教授
1961年生まれ 九州大学大学院法学研究科博士課程単位取得
主要著作:「中央銀行の独立性に関する憲法的考察」阪本昌成編『畑博行先生古稀論文集・立憲主義—過去と未来の間』(有信堂, 2000年)所集

片山智彦 (かたやま ともひこ)
福井県立大学看護福祉学部助教授
1967年生まれ 大阪大学大学院法学研究科博士課程修了・法学博士 (大阪大学)
主要著作:『憲法と人権保障』(共著, 晃洋書房, 1998年)/「審尋請求権侵害と連邦憲法裁判所の審査の範囲」阪大法学44第1号173頁以下 (1994年)/「憲法と上訴制度—裁判所による権利侵害と権利保護」阪大法学45巻1号107頁以下 (1995年)/「裁判所による基本権侵害と上訴—『専門裁判所 (Fachgericht)』の憲法判例の研究」阪大法学46巻3号115頁以下 (1996年)/「裁判を受ける権利と上訴制度」阪大法学47巻6号133頁以下(1998年)/「憲法と許可抗告制度の関係についての一考察」国際公共政策研究4巻1号113頁以下 (1999年)/「裁判所における合議体の構成と『法律上の裁判官』の保障」自治研究76巻5号138頁以下 (2000年)

ジョージ・R・ハラダ
広島経済大学教授
1960年生まれ カリフォルニア大学バークレー校卒業・九州大学大学院法学研究科博士後期課程単位取得退学
主要著作: The Changing Japanese Society and the Law (広島経済大学研究双書, 共編著, 広島経済大学地域経済研究所, 2000年)/「司法審査と司法行動論」阪本編『立憲主義の過去と未来』(有信堂, 2000年)/「日系アメリカ人強制移住事件に関する一考察—法的歴史的観点より」『中・四国アメリカ学会創立25周年記念論文集 (中・四国アメリカ学会, 1999年)

神橋一彦 (かんばし かずひこ)
金沢大学法学部助教授
1964年生まれ 東北大学大学院法学研究科博士課程修了・博士 (法学)
主要著作:「公権論に於ける基本権の位置づけ—行政行為に於ける憲法と法律の交錯」『法学』58巻3号, 4号, 6号 (1994〜1995年)/「行政法に於ける『義務』の概念—その序論的考察」新・早坂・赤坂編『公法の思想と制度—菅野喜八郎先生古稀記念論文集』(信山社, 1999年)

大貫裕之 (おおぬき ひろゆき)
東北学院大学法学部助教授
1958年生まれ 東北大学大学院法学研究科博士前期課程修了
主要著作:「行政内部法について(1)(2)」法学52巻1号, 2号/「事案の特殊事情審査義務について(1)(2)」自治研究64巻

執筆者紹介

10号，11号／「立法裁量の一考察」新・鈴木編『憲法制定と変動の法理』木鐸社所収／「行政訴訟による国民の権利保護」公法研究59号／「国と地方公共団体との係争処理の仕組み」ジュリスト1127号／「行政行為の効力，効果に関する覚書」新・早坂・赤坂編『公法の思想と制度－菅野喜八郎先生古稀記念論文集』信山社所収／成田・園部・金子・塩野編『注釈地方自治法〈全訂〉2』（分担執筆）第一法規

井坂正宏　（いさか　まさひろ）
東北学院大学法学部講師
1963年生まれ　東北大学大学院法学研究科博士後期課程
主要著作：「環境親和性審査とドイツ行政法―環境親和性審査法一二条のもたらした問題について」自治研究第70巻第2号（1994年）／「インフォーマルな行政活動と行政責任」東北学院大学論集・法律学第46号（1995年）

松村和徳　（まつむら　かずのり）
山形大学人文学部法学科助教授
1959年生まれ　早稲田大学法学研究科博士課程後期（博士課程）中退・法学博士
主要著作：「民事執行救済制度論」（成文堂，1998年）／「新民事訴訟法ノートⅠ」（成文堂・共編著）／「法学最前線」（窓社，1996年，共著）

勅使河原和彦　（てしがはら　かずひこ）
早稲田大学法学部助教授
1968年生まれ　早稲田大学大学院法学研究科修士課程修了
主要著作：「民法202条の訴訟法的考察」早稲田法学70巻1号（1994年）／"Die eventuelle subjektive Klagenhäufung im japanischen Zivilprozeß " DIKE International 1995, Vol. 2／「適時提出主義」新民事訴訟法大系二巻（1997年）／「一部請求と隠れた訴訟対象」早稲田法学75巻3号（2000年）

西川佳代　（にしかわ　かよ）
國學院大学法学部助教授
1967年生まれ　九州大学大学院法学研究科博士課程単位取得退学
主要著作：「民事紛争処理過程における執行制度の機能（一）（二・完）」民商法雑誌109巻3号4・5号（1993年・1994年）

元永和彦　（もとなが　かずひこ）
筑波大学大学院経営・政策科学研究科助教授
1961年生まれ　東京大学大学院法学政治学研究科博士課程修了
主要著作：「国際的な相殺に関する諸問題」法学協会雑誌113巻5～10号（1996年）

編者紹介（執筆順）

笹田栄司（ささだ えいじ）

金沢大学法学部教授
1955年生まれ　九州大学法学部卒業・法学博士
主要著作：『実効的基本権保障論』（信山社，1993年）
　　　　　『基本的人権の事件簿』（共著，有斐閣，1997年）
　　　　　『裁判制度－やわらかな司法の試み』（信山社，1997年）

亘理　格（わたり ただす）

北海道大学法学部教授
1953年生まれ　東北大学大学院法学研究科修士課程修了
主要著作：「行政上の命令・強制・指導―社会的合意論の視点からの展望」『岩波講座　現代の法4』（岩波書店，1998年）所集
　　　　　「行政裁量権概念の再検討－Ｊ．Ｃ．ヴェネズィア『自由裁量権』を手がかりに」新・早坂・赤坂編『菅野喜八郎先生古稀記念論文集・公法の思想と制度』（信山社，1999年）所集

菅原郁夫（すがわら いくお）

千葉大学法経学部教授
1957年生まれ　東北大学法学部卒業・博士（法学）
主要著作：『民事裁判心理学序説』（信山社，1998年）
　　　　　『同一性識別の法と科学―デブリン・レポート』（共訳，庭山英雄監訳，信山社，2000年）

司法制度の現在と未来

初版第1刷　2000年10月30日

編　者

笹田栄司＝亘 理 格＝菅原郁夫

発行者

袖 山 貴＝村岡倫衛

発行所

信山社出版株式会社

113-0033　東京都文京区本郷 6-2-9-102
TEL 03-3818-1017　FAX 03-3818-0344

印刷・製本　松澤印刷株式会社

PRINTED IN JAPAN © 笹田栄司・亘理格・菅原郁夫，2000
ISBN4-7972-5238-3 C3032

信山社

林屋礼二＝小野寺規夫 編
民事訴訟法辞典　四六判 本体2500円

山村恒年 編
市民のための行政訴訟制度改革　Ａ５判 本体2400円

ドゥオーキン著　水谷英夫＝小島妙子訳
ライフズ・ドミニオン　Ａ５判 本体6400円
＊中絶と尊厳死として個人の自由＊

山村恒年＝関根孝道 編
自然の権利　Ａ５判 本体 2816円

ダニエル・ロルフ 著・関根孝道 訳
米国種の保存法概説　Ａ５判 本体 5000円

浅野直人 著
環境影響評価の制度と法　Ａ５判 本体 2600円

松尾浩也＝塩野宏 編
立法の平易化　Ａ５判 本体 3000円

水谷英夫＝小島妙子 編
夫婦法の世界　四六判 本体 2524円

伊藤博義 編
雇用形態の多様化と労働法　Ａ５判 本体 11000円

三木義一 著
受益者負担制度の法的研究　Ａ５判 本体 5800円
＊日本不動産学会著作賞受賞／藤田賞受賞＊

外尾健一著作集

第1巻	団結権保障の法理Ⅰ	第5巻	日本の労使関係と法
第2巻	団結権保障の法理Ⅱ	第6巻	フランスの労働協約
第3巻	労働権保障の法理Ⅰ	第7巻	フランスの労働組合と法
第4巻	労働権保障の法理Ⅱ	第8巻	アメリカ労働法の諸問題